教育部人文社会科学研究一般项目（项目编号：13YJAZH007）
北京工商大学学科建设–博士点申报专项经费出版资助
（马克思主义理论19008020140）

RESEARCH ON
CHINESE MODERN FOREIGN TRADE AND
DOMESTIC RESIDENTS' CONSUMPTION LIFE
(1927-1936)

中国近代对外贸易与
国内居民消费生活研究
（1927—1936）

陈晋文 著

天津出版传媒集团
天津人民出版社

图书在版编目(CIP)数据

中国近代对外贸易与国内居民消费生活研究：1927
—1936 / 陈晋文著. -- 天津：天津人民出版社，
2022.2
ISBN 978-7-201-18116-5

Ⅰ.①中… Ⅱ.①陈… Ⅲ.①对外贸易—研究—中国
—1927-1936②居民消费—消费生活—研究—中国—
1927-1936 Ⅳ.①F752.96②F129.6

中国版本图书馆CIP数据核字(2022)第001764号

中国近代对外贸易与国内居民消费生活研究：1927—1936
ZHONGGUO JINDAI DUIWAI MAOYI YU GUONEI JUMIN
XIAOFEI SHENGHUO YANJIU：1927—1936

出　　版	天津人民出版社
出 版 人	刘　庆
地　　址	天津市和平区西康路35号康岳大厦
邮政编码	300051
邮购电话	(022)23332469
电子信箱	reader@tjrmcbs.com

责任编辑	吴　丹
装帧设计	汤　磊

印　　刷	天津新华印务有限公司
经　　销	新华书店
开　　本	710毫米×1000毫米　1/16
印　　张	16.25
插　　页	1
字　　数	226千字
版次印次	2022年2月第1版　　2022年2月第1次印刷
定　　价	65.00元

目　录

导　论

一、研究的缘起与研究的意义

（一）研究的缘起

对外贸易与居民消费生活及其关系,这是一个比较复杂、尚未引起学术界足够重视的综合性创新课题。在近代中国的历史中,由于世界经济格局的不断变化和中国国内的经济社会变迁,对外贸易对中国近代发展的地位极其重要。在国民经济各部门中,对外贸易与世界经济的联系无疑是最为紧密的。近代中国国运的兴衰、经济的成败、生产力的变动,无不或多或少地反映在对外贸易之中。除此之外,对外贸易对社会消费转型也有着很多方面的作用。本书以经济学、历史学等理论为指导,探究中国对外贸易与国内居民消费生活的关系,揭示中国近代居民消费生活变迁的基本特征。

（二）研究的意义

本书视角新颖且具有重要的学术价值和应用价值。

1.理论价值

在近代经济史的研究中,学者们对于生产、流通和分配方面的研究较多,而研究消费者较少,而对于对外贸易与消费之间内在联系的论文更少。本书以对外贸易与国内居民消费作为切入点,通过中国近代经济发展的一个"黄金时期"(1927—1936年)来研究对外贸易、中国社会经济结构变迁与国内居民消费三者的互动,有助于相关问题的深入研究。这是本书的新意所在,也是研究的理论意义。

2.研究实际价值

改革开放以来,中国对外贸易快速发展。虽然改革开放以来对外贸易的发展与近代对外贸易发展的动因不一样,但二者之间具有一定的相似性。对近代对外贸易与国内居民消费变化的轨迹的考察,不仅有助于深化中国近代社会经济史的研究,揭示近代中国社会经济及文化转型的一般规律,而且可以为正确对待改革开放后洋货进口与崇洋风气等现象提供重要的历史借鉴。

二、学术史回顾

(一)国内外研究现状

改革开放以来,关于对外贸易与近代居民消费的相关问题的研究主要集中在以下四个方面:

1.关于对外贸易发展态势及市场影响研究

王方中(1993)、徐进功(2001)考察了1927—1937年间的对外贸易发展的进程。[①]虞和平(2005)分析了1895—1936年间中国关税制度与外贸状况的变化。[②]郝雁(2007)就银汇价和外国收入水平的变动,对近代中国出口贸易的影响进行了实证分析并加以检验。[③]陈争平(1999,2007,2011)对1912—1936年中国主要进出口商品贸易的消长及其影响因素、进出口商品结构变化作了具体分析。比较全面、深入地考察和论述了近代中外贸易的发展及其对国内市场的影响,对近代中国对外贸易的条件

[①] 王方中:《1927—1937间的中国对外贸易》,载丁日初主编《近代中国》第3辑,上海社会科学院出版社1993年版;徐进功:《论南京国民政府1927年—1937年的对外贸易》,《中国社会经济史研究》2001年第3期。

[②] 虞和平:《1895—1936年间中国关税制度与外贸状况的变化》,戴一峰主编《中国海关与中国近代社会:陈诗启教授九秩华诞祝寿文集》,厦门大学出版社2005年版。

[③] 郝雁:《近代中国出口贸易变动趋势及其影响因素的实证分析(1870—1936)》,《中国社会经济史研究》2007年第2期。

进行了量化分析。①萧亮林(音)(*China's Foreign Trade Statistics，1974*)则对海关统计资料直接用原始资料有效地核对过。②

2.国民政府关税与非关税政策的研究

学界对国民政府时期的关税政策的评价,20世纪80年代以前基本持否定态度。80年代以来,基本上是一方面肯定关税自主的积极意义,另一方面也指出存在的不足,结论更加符合历史事实。相关的著作有孙文学的《中国关税史》,它客观评价了国民政府关税的利弊得失及其历史作用。③叶松年的《中国近代海关税则史》,对1843—1948年间历次税则的制定和修改都进行了分析。④英国学者莱特的《中国关税沿革史》,根据海关档案与英国外交部档案写成,是研究国民政府关税自主历史背景的力作。⑤日本学者久保亨的著作最受学界关注。⑥他依据大量的中外文档案资料,在两次世界大战之间的东亚国际关系与国内复杂变化的背景下,对1937年抗日战争前国民政府收回关税自主权、税收政策的变动,以及币值改革等作了研究,作者肯定了国民政府的关税政策的积极作用。关于国民政府的关税自主与关税税则的变迁,研究的角度比较多样化。

① 陈争平:《近代中国对外贸易条件刍议》,原载于《近代中国经济史研讨会1999论文集》,香港新亚研究所,1999年;《1912—1936年中国进出口商品结构变化考略》,载张东刚等主编《世界经济体制下的民国时期经济》,中国财政经济出版社2005年版。

② 萧亮林(音):《中国的对外贸易统计:1864—1949年》,哈佛大学出版社1974年版。

③ 孙文学:《中国关税史》,中国财政经济出版社2003年版。

④ 叶松年:《中国近代海关税则史》,上海三联书店1991年版。

⑤ [英]莱特著,姚曾廙译:《中国关税沿革史》,生活·读书·新知三联书店1958年版。

⑥ [日]久保亨著,王小嘉译:《走向自立之路:两次世界大战之间中国的关税通货政策和经济发展》,中国社会科学出版社2004年版。

有的直接研究国民政府的关税自主的过程及作用,①李良玉的文章《论民国时期的关税自主》比较早地打破了以往否定和批判的观点,客观评价了关税自主在历史上的积极作用。樊卫国则研究了1929—1934年关税变革过程中,税则对中国民族经济发展的积极作用,以及带来的消极影响。② 国内研究对税则的变迁过程似乎缺乏更详细的考察。

对这一时期的非关税政策的研究比较零散。如卢征良的文章,以水泥业市场为中心,探讨了国民政府主导的反倾销政策的得失。③有的文章考察了1905—1937年的抵制洋货运动,分析了各阶层的态度以及抵制洋货运动的影响。④还有文章对近代关栈制度进行了研究,主要评析了晚清海关总税务司在关栈保税制度的推行和扩展过程中所起的作用,对国民政府时期的关栈制度则提及甚少。⑤民国时期商品检验制度也有相关文章,但明显比较少。有学者则对解放前的商品检验制度以及上海口岸的商品检验问题进行了研究,指出商品检验制度的引进与设立是与国际贸易接轨,是时代的进步,但由于政府的腐败等原因使得这种制度绩效

① 李真锦:《略论国民党政府初期进口税则主权问题》,《广东社会科学》1985年第1期;石柏林:《关于国民政府建立初期经济政策评价的几个问题》,《湘潭大学学报》1985年第3期;慈鸿飞:《关于国民政府的关税政策》,《中国社会科学》1985年第5期;黄逸平、叶松年:《1929—1934年"国定税则"与"关税自主"剖析》,《中国社会经济史研究》1986年第1期;李良玉:《论民国时期的关税自主》,《南京大学学报》1986年第3期;张生:《南京国民政府初期关税改革述评》,《近代史研究》1993年第2期;陆仰渊:《中国海关自主权的挽回》,《民国春秋》1993年第5期;王良行:《1929年中国固定税则性质之数量分析》,《近代史研究》1995年第4期;陈诗启:《南京政府的关税行政改革》,《历史研究》1995年第3期;张生:《1927—1937年南京国民政府关税政策与实践述评》,《江苏社会科学》1998年第2期;董振平:《1927—1937年南京国民政府关税的整理与改革述论》,《齐鲁学刊》1999年第4期;叶玮:《30年代初期国民政府进口关税征金改革述论》,《民国档案》2001年第3期;张徐乐:《南京国民政府时期修订海关进口税则的再评价》,《历史教学问题》2003年第2期。

② 樊卫国:《论1929—1934年中国关税改革对民族经济的影响》,《学术季刊》2000年第2期。

③ 卢征良:《近代中国市场之倾销与反倾销研究——以水泥业市场为中心的分析》,复旦大学博士论文,2009年。

④ 吴志国:《近代中国抵制洋货运动(1905—1937)》,华中师范大学博士论文,2009年。

⑤ 薛鹏志:《再论中国近代海关关栈保税制度的推行》,戴一峰主编《中国海关与中国近代社会:陈诗启教授九秩华诞祝寿文集》,厦门大学出版社2005年版。

打了折扣。①《上海商品检验局研究(1929—1937)》则运用历史学、经济学、商品检验学等多学科方法,研究了上海商检局在初创阶段的发展史以及商品检验在对外贸易中的重要作用。②其他相关文章则是见于当事人的一些回忆性文章。③以上文章多是对地方的海关检验制度作了分析,回忆和叙述的文章居多,比较系统地研究国民政府时期全国商品检验制度和机构设立过程以及作用的文章比较少。

3.关于近代国内居民消费结构的研究

近代中国城乡消费结构变化的资料十分缺乏,早期经济学家巫宝三先生1933年的调查是唯一的一份全面系统的资料。刘佛丁先生等人依据巫宝三先生的调查,进行了宏观层次的分析(1997)。④刘佛丁(1999)指出:发展中国家在引进西方先进技术过程中,也会同时引进西方的生活方式,也就是引进的过程会同时出现在生产和消费两个方面。对外贸易同产业结构和消费结构之间就形成了三角形的相互影响关系。⑤程恩富则较早研究了洋货进口对上海居民的消费市场、消费心理和消费习惯等的影响。⑥张东刚(1997,1999,2000,2001)则主要从近代的社会调查资料出发,对全国范围内尤其在20世纪二三十年代的总需求、总收入及农家的收入和消费水平和结构进行了宏观的探讨,并作了中外的比较。⑦王

---

① 唐莉娟、袁军:《民国时期上海商品检验局施行出口棉花检验的史实》,《科技风》2008年第16期;徐鉴:《解放前商检初建之特点》,《中国检验检疫》2002年第10期;《解放前夕旧商检局的没落》,《中国检验检疫》2002年第11期。

② 高忠芳:《上海商品检验局研究(1929—1937)》,苏州大学硕士论文,2007年。

③ 蔡无忌:《解放前上海商品检验局工作概略》,《文史资料选辑》第87辑,中国文史出版社1983年版;冯和法:《漫忆上海商品检验局》、邹秉文:《上海商品检验局的筹设经过与初期工作概述》,《文史资料选辑》第88辑,中国文史出版社1983年版。

④ 刘佛丁等:《近代中国的经济发展》,山东人民出版社1997年版。

⑤ 刘佛丁主编:《中国近代经济发展史》,高等教育出版社1999年版。

⑥ 程恩富:《上海消费市场发展史略》,上海财经大学出版社1996年版。

⑦ 张东刚:《总需求的变动趋势与近代中国经济发展》,高等教育出版社1997年版;《近代中国国民消费需求总额估算》,《南开经济研究》1999年第2期;《20世纪上半期中国农家收入水平和消费水平的总体考察》,《中国农史》2000年第4期;《消费需求的变动与近代中日经济增长》,人民出版社2001年版;《近代中国消费需求结构变动的宏观分析》,《中国经济史研究》2001年第1期。

玉茹等(2007)则通过价格变动与工资水平的变动,考察了近代中国城市和农民的生活状况。[1]谯珊(2001)认为外力(西方国家)大大改变了物质生活领域的结构和内容,使传统的衣、食、住、行等消费格局发生了数千年未有之变化,消费生活进一步走向大众化、平民化,消费水平走向分层与多元,等等。[2]林青(2003)探讨了西方器物的传入给中国人日常生活带来的影响。[3]郭立珍(2012)以消费经济学理论为指导,考察了洋货进口在中国近代消费转型所起的作用,揭示出近代中国洋货进口与消费转型是在相互制约、相互影响中发展演变,且总结了近代消费转型的基本特征。[4]关于江南居民消费(黄敬斌,2009)和华北(乔志强,1998)等区域居民消费生活的研究、对社会各阶层的收入与消费生活(张东刚,2000;夏明方,2002;郑启东,2000,2001;王玉茹,2007)也成为学者关注的重点,使消费经济的研究更深入化。[5]

4. 关于对外贸易与消费观念与习俗的研究

对外贸易的发展,使得近代中国的思想观念和社会意识有了不同于传统的新变化。樊卫国(2000)分析了对外贸易发展与上海口岸过度商业化的影响。[6]胡铁球(2007)认为西北皮毛贸易有力地改变了西北牧民的消费结构,同时还引起了西北牧民的思想意识和生产结构等诸方面的变化。[7]赵彬(2002)以近代烟台贸易为研究对象,探讨了贸易带来的城乡

---

① 王玉茹:《近代中国物价、工资和生活水平研究》,上海财经大学出版社2007年版。
② 谯珊:《近代城市消费生活变迁的原因及其特点》,《中华文化论坛》2001年第2期。
③ 林青:《洋货输入对中国近代社会的影响》,《炎黄春秋》2003年第8期。
④ 郭立珍:《中国近代洋货进口与消费转型研究》,中央编译出版社2012年版。
⑤ 黄敬斌:《民生与家计:清初至民国时期江南居民的消费》,复旦大学出版社2009年版;乔志强主编:《近代华北农村社会变迁》,人民出版社1998年版;张东刚:《20世纪上半期中国农家收入水平和消费水平的总体考察》,《中国农史》2000年第4期;夏明方《发展的幻象:近代华北农村农户收入状况与农民生活水平辨析》,《近代史研究》2002年第2期;郑启东:《近代华北的农业发展和农民生活》《再论近代华北的农业发展和农民生活》,《中国经济史研究》2000年第1期、2001年第1期;王玉茹:《近代中国物价、工资和生活水平研究》,上海财经大学出版社2007年版。
⑥ 樊卫国:《二十世纪前期长江沿岸城市的外贸互动关系》,《档案与史学》2000年第6期。
⑦ 胡铁球:《近代西北皮毛贸易与社会变迁》,《近代史研究》2007年第4期。

关系变迁。①周石峰(2007)认为社会上的崇洋观念的形成,与洋货物美价廉的路径依赖式影响,上层社会的消费示范作用、消费风尚,商品广告广播蔓延不无关联。②朱英(2000)探讨了中西贸易带来的消费习俗与消费观念的演变,借以了解社会风尚的嬗变。③魏娅娅(1989)分析了中国近代植物油出口贸易对社会经济的影响。④袁欣(2005)对近代中国对外贸易对消费结构的影响进行了总体分析。郭立珍(2009)认为在近代中国,洋货进口与消费观念二者是在相互促进、相互制约、相互影响中发展、演变的。⑤李长莉(2002,2008)的著述有不少进口洋货对中国居民消费结构和消费观念的内容。⑥孙燕京(2002)认为洋货的流行带来中国人消费市场夸大和消费观念的崇洋风气。⑦薛君度、刘志琴(2001)则认为进口洋货在中国不仅带来观念的变革,更是在中国引起的回应。⑧

总之,这些年来出现了不少资料扎实、具有创新观点、较高学术价值的论著。对民国时期对外贸易的发展、人们的生活水平与生活方式、风俗习惯、社会心理、社会思潮、社会运动等作了探讨,体现了广阔的视野和思路。各位学者的观点、思想及研究方法对本书的研究来说,具有重要的参考和借鉴价值。但学术界对近代对外贸易与国内居民消费之间内在联系的研究成果尚没有问世。

---

① 赵彬:《近代烟台贸易与城乡关系变迁》,《山东师范大学学报》(人文社会科学版)2002年第2期。

② 周石峰:《"国货年"运动与社会观念》,《中国经济史研究》2007年第1期。

③ 朱英:《近代中国商业发展与消费习俗变迁》,《江苏社会科学》2000年第1期;《近代中国经济发展与风尚习俗变迁》,《人文论丛》,武汉大学出版社2000年版。

④ 魏娅娅:《试论中国近代植物油出口贸易对社会经济的促进作用》,《中国社会经济史研究》1989年第4期。

⑤ 袁欣:《近代中国对外贸易对消费结构的影响》,《内蒙古社会科学》2005年第1期;郭立珍:《近代中国洋货进口与消费观念变迁探究》,《郑州大学学报》2009年第4期。

⑥ 李长莉:《晚清上海社会的变迁——生活与伦理的近代化》,天津人民出版社2002年版;《中国人的生活方式:从传统到近代》,四川人民出版社2008年版;《近代交通进步的社会文化效应对国人生活的影响》,《学术研究》2008年第11期。

⑦ 孙燕京:《晚清社会风尚研究》,中国人民大学出版社2002年版。

⑧ 薛君度、刘志琴主编:《近代中国社会生活与观念变迁》,中国社会科学出版社2001年版。

(二)研究趋势

就研究的国内外现状来看,已积累一些研究成果,但有待深入研究的问题仍有不少。

1.新史料的发掘、整理和利用

这一时期,社会学、统计学、文化人类学、经济学等领域的学者、政府有关部门对当时的中国社会进行了大量调查统计工作,其中也包括有关城市居民物质生活和消费水平、群体生活与社会交往、文化教育与精神生活诸方面的调查统计,留下了浩如烟海的调查统计资料和相应研究成果。这些都是研究城市居民生活与现代性问题极有价值的史料。但更多的史料需要从浩如烟海的近代报纸、杂志、地方志和时人日记中淘筛,以便收集到丰富的史料。

2.从碎片化研究向整体研究的转变

对外贸易的交流过程对中国社会也产生了各种影响,人们的社会生活及文化价值观和思想观念也悄然发生变化,而对贸易带来的社会影响则是研究的一个薄弱之处。关于近代居民消费的研究存在的问题是研究的深度不够,存在琐碎化和表面化的缺陷。比如一些研究者把消费、文化、心理等社会生活方方面面的内容,都包罗进相关论著之中,却不注意分析它们的相互关系和内在结构,给人零散杂乱的感觉;或者只注重叙述各阶层的衣、食、住、行等日常消费,却不注意分析各阶层消费的特点,区域之间消费的差异、城乡居民消费的差异。因此,对近代社会经济史的研究要注重细节的研究,但要在细节研究基础上注重加强整体史的研究。

3.研究方法的创新与新趋势

改革开放前,对市场的研究多采用马列主义关于经济学的理论进行分析;现在学者多利用严中平、郑友揆、吴承明等学者对中国市场的商品流通和对外贸易的统计和估计得出的数据,从量上进行分析从而得出观点,更直观、科学而且具有说力。市民社会理论几经变化,发展为以"国家与社会"关系为主轴的分析框架,并被运用于近代社会经济史研究。有学者强调要在研究方法上"三侧重"（陈争平《经济史研究若干基本问题探讨》）：即规范分析与实证分析相结合,侧重实证分析;短期考察与中长期考察相结合,侧重中长期考察;突变因素与渐变因素的考察相结合,侧重渐变因素的考察。

4.多学科的交叉

社会经济史作为经济史的一个分支,已经不单单是历史学科的研究领域,经济学的理论和方法应用于社会经济史的研究。例如张东刚所著《消费需求的变动与近代中日经济增长》一书,就是运用经济学的理论,分析了消费需求的变动与近代中日经济的增长关系影响。按照历史唯物主义、辩证唯物主义的基本要求,运用经济学、社会学、历史学多学科方法研究成为趋势。

三、研究思路与方法

（一）研究思路

1.本书理论框架

对外贸易的发展带来社会经济的变动,从而引起社会生态的变化,使人们的日常生活资源发生结构性变动,社会各阶层调整消费生活方式以求适应,因而社会生活方式发生变化,消费生活从传统向现代转型,进而对社会经济与社会文化的近代化变迁产生连带影响。

2.本书具体研究思路

首先,在综述前人相关理论成果以及新历史资料的基础上,对近代对外贸易的规模、进出口商品结构,以及对外贸易来源和政府采取的宏观调控政策进行分析。

其次,对进出口贸易对当时国内居民各阶层的日常消费进行考察,通过定量分析的方法,对普通居民各方面消费的大致花费作出量化的估计,对不能定量分析的则进行定性描述和侧面比照。进出口贸易的发展,不仅带来经济增长与市场的扩大,还引起其他与此相关的生活方式的变化,产生了一些社会经济效应,涉及人们的经济生活、消费方式,这折射出了中国社会早期近代化变迁的一些信息。

再次,通过对史料的发掘,以普遍性、典型性的生活消费方式为主线,考察对外贸易对各阶层居民的消费的影响,力图从社会经济变动与民众生活观念互动的视角,探讨由进出口贸易引起的居民生活习俗及社会心理的变化,透视中国社会近代化变迁在人们日常生活上的一种反映。

最后,主要从社会经济的视角对前文实证研究的结论作出分析评价,对外贸易对中国社会经济产生的影响是双重的,即积极与消极作用并存。

(二)研究方法

研究必须充分地占有材料,分析它的各种发展形式,探寻这些形式的内在联系。本书的指导原则是坚持马克思主义的历史唯物论和辩证唯物论,依据大量而翔实的历史资料和研究文献,坚持放宽研究视野,以动态发展与辩证的观点分析诸问题。在统计检验的基础上,注重总量分析和结构分析相结合,实证分析和规范分析、静态分析和动态分析相结合,重在实证性的长期动态比较分析。

一是,文献分析法。收集对外贸易方面的档案资料与当时的报刊资料。以新方法整合旧材料,以新材料诠释旧问题,以新材料揭示新问题,以新视角发现新材料。研究要建立在扎实、充分、可信的资料基础上,尽最大努力搜集各种原始文献,主要收集民国时期的大量零散的社会调查、家计调查和政府统计资料。注重对调查统计材料的挖掘,对新材料的发掘要深入细致,对旧材料的考察要从不同的思维角度进行分析,从而能揭示新的问题,提出新观点。

二是,定量分析和定性分析相结合。在研究中,坚持以弄清历史事实为主旨,不做主观判断。按照各种经济学理论的需要,运用必要的数理统计的方法对原始数据加以新的归纳,使结论建立在科学的统计数据基础上显示出准确性。如对该时期中国对外贸易的规模、商品结构以及国内各阶层居民消费结构与日常消费支出等量化分析,对对外贸易与国内居民消费生活水平和消费倾向的变化,尽量在统计分析基础上得出比较可信的结论或验证定性的结论。

三是,多学科研究法。本书研究涉及历史学、社会学、消费经济学、统计学等学科,在具体研究中,要坚持运用这些学科的知识与理论,即以"宽博"之知识系统,进行"窄深"问题之研讨,从而使相关问题得以更深入的分析。运用多学科方法,探讨在对外贸易发展过程中贸易与国内社会各阶层居民消费生活的互动关系。

四是,梳理研究对象前后左右相关各方的表面和背面关系,以求对它进行"立体多角度"的透视。所谓"前",当重"渊源";所谓"后",则重"变化";而"左右"则是重"比较"以见"异同"。同时,在阅读和使用史料时,不但要力求读出文字背后的实际所代表之意,而且还要力求读出"言外不尽之意"。如对旧中国消费者的消费行为与结构的分析,来考察各阶层社会心态的深层变动,对不同阶层在对外贸易影响下的社会心态差异,提出新的见解。

四、研究的基本内容与重点、难点

(一)研究的基本内容

本书的研究主要包括以下五个方面的内容:

一是,学术研究综述。对中国近代对外贸易发展的相关问题的研究进行全面的梳理,既包括对国际贸易相关理论的总结,也包括对本书涉及的相关文章的观点以及贸易统计资料和档案资料进行收集整理。充分利用京华出版社影印出版的皇皇170册的《中国旧海关史料》。

二是,对外贸易商品进出口的趋势、特点与政府的调控政策。尽可能合理利用海关贸易报告和根据海关贸易报告整理的统计资料,对1927—1936年中国对外贸易的发展阶段进行划分,对进出口贸易的规模与商品结构量化分析。对外贸易的发展,不仅促进了国内的工业化,也活跃了国内市场。商品流向主要表现为工业品向沿海城市流向内地,农产品和矿业加工产品由内地流向沿海城市,以通商口岸为中心的中国近代市场体系的新格局逐步建立。人们衣食住行的变化,甚或某一时期流行某种款式或消费习俗,大多是由新的商品起先导作用,对外贸易的发展为这种先导提供条件。

三是,对外贸易与国内居民的日常消费。近代对外贸易的日益活跃,促进了近代市场经济的发展,也逐渐对中国传统的消费方式产生了某些影响。进口贸易,促进了商品量和消费品市场的扩大。进口货物对人们的食物、服饰、住、行与燃料灯火等产生了不同影响。而出口贸易的发展,尤其是农产品的出口,在一定程度上增加了农民的个人收入,有利于改善生活消费。传统消费不断被外来全新的物质文明冲击和磨合,开始发生缓慢的变化;1927年至1936年,消费变迁全面展开,奢侈和崇洋的消费风气盛行,享受性消费和发展性消费逐渐受到重视,消费变迁向纵深发展,人们的消费水平进一步提高。一方面从消费主体的文化素质、收入水平、价值取向等存在一定的差异来看,不同社会阶层的消费结构也各有其特殊性。另一方面,从当时进口贸易中洋货的不断增加,以及洋货在国内市场的流行来看,各阶层消费又有趋同的一面。对外贸易催化了中国居民消费模式的转型。

四是,对外贸易与国内消费风俗与观念的变化。对外贸易在一定程度上促进了近代消费社会面貌的形成和发展。对以往研究不太注重消费风俗以及时人思想观念的变化,本书力图从辩证的角度来反映对外贸易带来的社会变化。消费不仅改变了人们的日常生活,而且改变了人们的社会关系和生活方式。在对外贸易交流过程中,伴随着进口贸易的发展,西方器物文化的影响也日益渗透到中国人的日常生活中,人们以购用洋货为时尚,崇洋消费流行。消费习俗等的变迁,反映了社会现代化的趋向。对外贸易的日益活跃,对传统消费观念的冲击与影响更加突出。由消费生活方式变动而孕育形成了新的近代工商观念、社会平等观念以及生活的世俗化等一系列新的价值观念,消费理念在各阶层分化与变革。五光十色的商品改变了人们的生活方式、消费习俗乃至整个固有文化。

五是,近代对外贸易与国内居民消费的转型。中外贸易的交流与发展在中国近代社会经济转型中起着重要作用,不仅对国家的经济发展起着重要作用,也对各阶层居民的消费结构、消费生活以及消费风俗和观念有重要影响。"商品在改善人们的面貌,在熔解中国的固有文化"(陈旭麓,1987年)对外贸易带来近代中国居民的消费转型和中国社会经济结构的变迁,虽伴随着许多消极的因素,但从另一方面看,这一变化也带来了消费制度与观念的转型,因此具有某些积极的作用。

(二)研究的重点和难点

本书旨在比较系统地论述1927—1936年间对外贸易与中国近代国内居民消费转型的关系。

1.研究重点

(1)收集新的档案资料、贸易统计资料和社会变迁中的相关史料,尤其是民国年间社会调查资料,进行深入研究。由于资料限制,许多方面的量化数字甚至只能从民国年间的社会调查资料出发,进行粗略的估计。在这样作估计的时候,务必要求与当时社会经济的实际状况不相违背,同时,与当时的历史文献中可能只是零星片爪的记载不相违背。这是本书研究的基础。

(2)在近代中国社会经济史的研究中,生产、交换、分配等问题,都曾受到学术界广泛的关注,而消费问题则一度被忽视,尤其是关于对外贸易与消费的分析,成果更少。对外贸易对当时的经济增长、国民收入及各阶层居民消费结构有哪些具体的影响,对社会变迁中的社会阶层的分化、社会思想观念、社会生活与风俗变化产生哪些影响,这是本书研究的核心和理论价值。

(3)近代对外贸易对普通居民的消费水平与消费结构进行分析,并从这些方面的结论出发,对对外贸易对消费从传统到现代转型起了哪些重要作用,呈现哪些主要特征,探讨民国时期社会经济发展的程度,以及居民的消费模式对社会经济发展产生的影响等理论问题,以为当今的社会消费基尼系数的发展提供某些借鉴和指导,这是本书研究的实践价值。

2.研究难点

研究历史上的对外贸易与社会经济的关系是一个系统工程,自然有许多难处,主要表现为:

(1)资料的发掘和运用。笔者虽在前期研究中积累了一定的资料,但还需在搜集和整理资料方面花大气力。在这一过程中,既涉及一些档案是否允许利用的问题,又涉及浩瀚的资料取舍的问题。由于史料的限制,对有关普通居民消费史料的缺乏,对于该时期居民对外贸易与消费状况的描述和量化估计是相当困难的。

(2)理论方法的创新与运用。以往的研究往往会出现两种倾向:一是对一些问题的论述过于宽泛,二是限于一些个案的探讨过于琐碎。如何在研究中综合运用历史学、社会学、经济学等学科的理论和方法,把学科理论与具体问题研究有机地结合起来,把个案研究与社会历史的整体发展结合起来,是需要反复斟酌和深入探索的问题。

(3)对外贸易与各阶层居民消费的关系问题。对外贸易对社会变动产生的影响是潜移默化的,如何在大量的史料中,探究对社会的消费结构,以及社会生活等产生的影响,尤其是思想观念和社会价值观等内在的变化,是富于挑战性的理论问题,也是本书必须解决的难点问题。

五、研究的创新之处与不足

(一)研究创新点

一是,资料运用的创新。以新方法整合旧材料,以新材料诠释旧问题,以新视角发现新材料,以新材料揭示新问题,以前人从未采用或发现的新材料,重建历史的真实或恢复历史的本来面目。在研究中将坚持历史学的实证方法,以史料的挖掘整理为叙述的基础,避免主观臆断。

二是,研究方法的创新。"史无定法",是要扩大眼界、博采众长。本书注重实证方法与定量分析。吴承明(2001)提出:"凡能计量者,应尽可能作定量分析,盖定性分析只给人以概念,要结合定量分析才具体化,并改正概念的偏差。"研究采用"市场—消费—社会"的分析框架,把握中国近代社会经济发展中的主线市场化,并注意市场化与社会的互动关系。力求在研究中做到规范分析与实证分析相结合,侧重实证分析。同时,在具体问题的研究上力图做到,以新视角观照旧问题,以新方法揭示新问题。

三是,研究内容的创新。本书高度关注前人的研究,但是关注的目的是为了开拓新的研究,特别是注重揭示对外贸易发展过程中,带来的国内居民消费结构、消费生活与消费习俗观念等的变化,以再现立体、动态的历史。

(二)研究的不足

当然,本项目的研究也存在一些不足之处:一是由于资料的零散,虽然在研究中尽力收集各种相关资料,但仍存在一定的疏漏;二是由于本人的能力有限,定量的分析仍不够深入,有些分析仍需要依据资料做出定性的分析;三是由于本书所涉及内容的复杂性,虽然本人尽力阅读了相关理论文献,但在相关问题的分析中仍存在不足。

第一章 国民政府对外贸易的发展与对外贸易政策

南京国民政府成立之后的十年间,中国的对外贸易经历了一个曲折发展时期。一方面,南京国民政府建立以后,在发展对外贸易的态度上比较积极,也采取了一些切实可行的政策,颁布了许多法规来加强对外贸易的保护,这些保护性贸易政策措施为进出口贸易发展营造了良好的国内经济环境。在另一方面,在这十年间,南京国民政府又面临着异常的环境,再加上中国自身的弱势地位,致使中国的对外贸易危机与发展并存,既取得了一些绩效,也面临着诸如对外贸易衰退、洋货进口猛增、中国国际收支状况恶化、贸易逆差数额巨大等问题。

一、对外贸易发展的阶段

1927—1936年间的中外贸易可以说是多事之秋。国民政府的关税自主为这一时期贸易的发展提供了良好的国内环境和条件,但是20世纪30年代的经济大危机的爆发,以及日本侵占中国东三省,对中国造成极大的冲击和极大损害。1927—1936年间中国对外贸易的发展,可以形象地比喻为"马鞍形"。这十年间的对外贸易大体上可以划分为三个阶段:1927—1931年为较为平稳的时期,1932—1935年为艰难发展时期,1936年为恢复好转时期(见表1-1)。

表1-1 1927—1936年中国进出口贸易值及物量指数(指数: 1920年=100)

项目\年份	进口净值 千关两	出口净值 千关两	入超 千关两	贸易总值 千关两	贸易总值 指数	贸易总值 千美元	贸易总值 指数	物量指数 进口	物量指数 出口
1927	1 012 932	918 620	94 312	1 931 552	148.1	1 332 770	82.4	144.7	129.2
1928	1 195 969	991 355	204 614	2 187 324	167.8	1 553 000	96.1	173.3	130.8

项目 年份	进口净值 千关两	出口净值 千关两	入超 千关两	贸易总值		贸易总值		物量指数	
				千关两	指数	千美元	指数	进口	出口
1929	1 265 779	1 015 987	250 092	2 281 466	175.0	1 460 138	90.3	184.3	125.1
1930	1 309 756	894 844	414 912	2 204 600	169.1	1 014 138	62.7	172.6	109.9
1931	1 433 489	909 476	524 013	2 342 965	179.7	796 608	49.3	171.1	114.4
1932	104 924	492 641	556 606	1 541 888	118.3	524 242	32.4	139.7	84.5
1933	863 650	392 701	470 949	1 256 351	96.4	515 104	31.9	128.5	104.5
1934	660 88	343 527	317 362	1 004 416	77.0	528 323	32.7	112.1	99.4
1935	589 99	369 582	220 582	959 576	73.6	542 161	33.5	110.1	106.2
1936	604 329	452 979	151 350	1 057 308	81.1	489 534	30.3	102.6	105.3

注:1932年以后不包括东北地区。

资料来源:许涤新、吴承明主编:《中国资本主义发展史》第三卷,人民出版社1993年版,第23页。

(一)平稳发展的时期(1927—1931年)

1927—1931年间的对外贸易,就进出口贸易发展状态而言,可以被称为平稳发展的时期。1929年,世界经济危机爆发,国际贸易严重衰退,由1929年的686亿美元下降为1930年的556亿美元,再下降到1931年的397亿美元。①从1930年开始,在资本主义世界爆发了一场激烈的对外贸易方面的倾销战和关税战。贸易之战,同样也波及半边缘化(即半殖民地化,下同)的中国。就此时期中国的进口值来看,如果按美元计算的话,则不仅没有出现递增,反而有所减少。1930年的进口值为602 488千美元,1931年则降为487 386千美元。对外出口值由1930年的411 628千美元,下降到1931年的309 222千美元,下降了102 406千美元,而同期进口值下降了115 102千美元。出口值下降幅度低于进口值下降幅度,入超值也由1930年的190 860千美元下降到1931年的179 164千美元。显然,进出口贸易没有出现急剧恶化的趋势,可谓风雨飘摇中的宁静,中国的贸易没

---

① [美]斯塔夫里阿诺斯著,吴象婴等译:《全球通史——1500年以后的世界》,上海社会科学出版社1992年版,第695页

有很快卷入大危机的漩涡之中。

中国的对外贸易之所以出现大危机中的较平稳发展,有以下几个原因:

1. 中国的对外贸易还未完全融入世界市场体系

20世纪30年代,由于不断增长的进出口贸易,中国成为世界经济系统的一部分,国内市场颇受国际市场的影响。但中国是一个半边缘化的国家,进出口贸易当时仍局限在上海、广州、天津等大的通商口岸城市,内地和偏远地区大多仍为长距离贸易,统一的国内市场体系尚未健全。根据历年的海关报告统计,1929—1931年对外贸易的区域分布,上海、广州、汉口、天津、大连五通商口岸在对外贸易总值中所占的比重为75.6%,其他地方仅为24.4%。[1]世界经济危机对中国的影响相对较小,而且经济危机影响的滞后性导致1931年前中国经济的快速发展。由于中国实行银本位制,以黄金计量的白银价格下跌,导致白银的流入。银价下跌鼓励了中国出口的增长,延缓了进口的增长,增加了华侨汇款。同时,银价下跌有效地减轻了危机对中国的冲击,阻碍了西方的商品倾销,改善了中国国际收支的状况。中国的外贸和工商业受到了某种程度的保护,金贵银贱使国内市场上物价未跌反涨,对民族工业的发展起了一定的促进作用。

在20世纪的前三四十年中,商品化速度明显加快。[2]虽然中国的小农经济已不可能再是一种封闭的自然经济,但这并非意味着小农经济的基础在国外市场大潮的冲击下完全解体。相反,这种商品化的手工业对现代资本主义工业的入侵进行了顽强的抵抗。传统小农经济是中国现代化发展的严重阻碍,但在大危机时期它却出人意料地表现出一定的优越性与生命力,使其无法对迅速沦入大危机的国际市场做出反应,这种反应的迟滞性不仅延缓了中国贸易恶化的时间,而且大大削弱了贸易恶化的程度。

---

[1]严中平等编:《中国近代经济史统计资料选辑》,科学出版社1955年版,第69页。
[2]黄宗智:《华北的小农经济与社会变迁》,中华书局1986年版,第124页。

2.金贵银贱一定程度上限制了进口

1929年起,世界经济危机引发国际市场上银价急剧下跌,黄金对白银的比值曾达到空前高峰。"金贵银贱"一时成为相当严重的问题。所谓"金贵银贱","简单地说,就是白银同黄金价格比较,相对低落。"[①]中国当时实行银本位的货币制度,银价跌落,金价上涨,构成了一道天然的进口贸易屏障。1929年经济危机开始,金银比价急剧上升,1930年为53.4,1931年为70.3,而1924年仅为27.735 2,金贵银贱的趋势,使进口物价显著上升,国民购买力水平明显下降,"如此则舶来品即可不用,大家来提倡国货,必定发达。"[②]金贵银贱,金汇上扬,对使用银币的中国来说就是货币对外贬值,这样就会抑制进口,增加出口,中国出口产品的竞争力增强。因为中国出口商品价格是以外汇计算的,而在本国内部则是以银元支付的,外汇率上升,进口货付出的银价就会增高,成本加重,使得过去进口有利的商品变为无利可图,甚至亏本,这样进口商品就必然减少。反之,如果银价跌落,那么中国出口的商品所得外汇折合银币数超过国内销售商品所得数,出口商品就会增加。[③]

虽说金贵银贱利于出口而不利于进口,但因中国出口均为原料品,即能多销于国外,外国仍以土货加工制造输入。然而对中国来说,这种金银比价变动对贸易的影响,并不完全导致上述结果。事实也是如此,从1929年至1932年,银价又一次大幅度下落,而这几年的贸易入超货值反更加大,"1929年入超39 000万元,1930年为64 600万元,1931年为81 600元,1932年为86 700元。"[④]这里虽然包含着价格上涨的因素,但也可以看出金贵银贱对中国刺激出口限制进口的效果并不是很大,只是有微弱作用而已。金贵银贱对国内民生也有重要影响方面,银价跌落就说明国内整体财富和全社会购买力下降,影响到全国人民的生活水平。进口洋货

---

① 黄逸峰、姜铎等编著:《旧中国民族资产阶级》,江苏古籍出版社1990年版,第389页。

② 南京《中央日报》1930年6月27日。

③ 石毓符:《中国货币金融史略》,天津人民出版社1984年版,第254页.

④ 石毓符:《中国货币金融史略》,第256页。

的价格上涨,国内工业产品的价格随之升高,由于城乡人民在衣食住行和文化教育等方面所需物资材料,多半依赖外国进口,因此,这种物价上涨对国内民生则是有害的。①银价变动,影响最严重的就是农民的收入,在农产品出售季节,工农产品剪刀差的扩大,农民所得物价日益跌落。

针对金贵银贱的不良影响,工商部详细分析了其原因并提出了救济办法。工商部认为:"考查近十年来我国海关贸易报告,每年的贸易入超都在二万万海关两左右,而且历年所出口多为原料品,而进口多为消费品。今若再加上金涨银跌汇兑上之损失。此后我国之金融恐慌不堪设想。"②政府应该借此时机厉行提倡国货,增加国内产业,以及进出口的平衡等。随后政府提倡国货,并对贸易的进出口加以有效调节。所以,中国的进出口贸易未发生较大变动,出口贸易并未严重衰退。

3.积极的、间接的干预政策,使对外贸易呈良性发展势头

裁撤厘金使国内外贸易和商业发展的长期障碍得以消除,有利于形成统一健全的国内市场体系。"吾国病商之政,莫过于厘金。"③厘金原是一种货物产销税,晚清开设以来,各地关卡林立,税率和征收范围不断提高扩大,已经成为严重阻碍商品流通,窒息社会经济发展的障碍。国民政府成立以后,宣称:"本政府受国民之付托,夙夜兢兢,深知欲图国民经济之发达,非将万恶之厘金及类似厘金之制度彻底清除,不足以苏民困。而不平等之关税条约,尤与国家之主权相妨,非迅速实行关税自主,不足以跻进国际之平等。爰本此旨,决定在最短期间内,实行裁厘,并宣告关税自主。"④1930年12月15日,财政部长宋子文宣布自次年元旦起裁厘。26

---

① 曾康霖等主编:《百年中国金融思想学说史》第二卷,中国金融出版社2015年版,第467页。

②《金贵银贱之原由、影响及救济办法之意见(工商部拟)》,载中国第二历史档案馆编《中华民国史档案资料汇编》第五辑第一编财政经济(四),江苏古籍出版社1994年版,第132页。

③《向国务院提议奖励工商业法案》(1914年1月8日),载沈家五编《张謇农商总长任期资料选编》,南京大学出版社1987年版,第19页。

④《国民政府为裁撤厘金并实施关税自主的布告(1927年7月20日)》,载中国第二历史档案馆编《中华民国史档案资料汇编》第五辑第一编财政经济(二),江苏古籍出版社1994年版,第286页。

日,国民政府主席蒋介石通电各省市,严令如期裁厘,并且声明:"今日一切皆可牺牲,而裁厘之政策万不能不贯彻,且万不能不如期实行也。"[1]1930年的裁厘,虽然存在不彻底的问题,但仍然可称得上是一次比较成功的税制改革,"困扰中国近八十年的厘金制度终于废除。"[2]裁厘后实行相对较轻的统税,所谓的统税,就是一物一税,一次征收后可运销全国之税。裁厘改统,有利于国内商品的流通,得到国内工商界的支持。国货在中国市场流通时,只须缴纳一次统税,而进口洋货则失去了过去的超国民待遇,要缴纳关税和统税,这样就得国货负担有所减轻,在与外来商品的竞争中处于较为有利的地位,统税的实行,对民族企业而言:"其意义之重要不亚于关税自主。"[3]因此,这一阶段国货行销与出口负担减轻,刺激了国内商品的输出,民族工商业没有在危机之初便受到强烈冲击。

关税自主的真正实现及正式运作在1932年之后,这使前两年的对外贸易实际仍处在"相对自由"的状态,这种奇怪的自由贸易导致贸易平稳发展。1929年的税则由于日本的反对,缺乏保护性,关税自主也受到干扰,直到1931年的税则公布,才保护性渐浓,但就其在工商界的反应来看,并没有达到应有的效果。在1931年2月的工商会议中庞炳源提请政府先从棉纱布匹入手实施保护方案,急切要求税则自定,否则无以自解。[4]1930年的中原大战和各地的军阀混战、1931年的"九一八事变",这些内忧外患都使关税自主蒙上了无法兑现的阴影,此时的对外贸易仍处在非自主向自主的过渡状态,未有大的变动。

(二)艰难发展的时期(1932—1935年)

1932年开始,中国的对外贸易进入明显衰落时期。主要表现在:

---

[1]《别录》37,转引自郑备军《中国近代厘金制度研究》,中国财政经济出版社2004年版,第128页。

[2] 朱伯康、施正康:《中国经济史》(下卷),复旦大学出版社2005年版,第521页。

[3] 刘国良:《中国工业史》近代卷,江苏科学技术出版社1992年版,第306页。

[4]《实业部为工商会议请先从棉织业实施关税保护政策案》,实业部档案,中国第二历史档案馆藏。

1932—1935年进出口值无论就海关两还是美元来计算,均呈曲线下滑,贸易总值平均为5亿多美元,这低于1931年前的水平。以海关两为单位计算,1932—1935年每年的进口价值仅为1927—1931年间平均额的63%;1932—1935年间,每年出口值仅为1927—1931年平均额的42%。[①]入超值逐年增加,1932年以后,入超占进口净值的比重呈上升趋势,1932—1935年依次为53.8%,58.6%,54.5%,49.1%。[②]1933年以后,走私进口货增多,这部分货物也应视为入超部分,因而1933年以后的贸易入超值应该更大。

1932—1935年中国对外贸易艰难发展的根源在于以下五个方面:

1.世界经济危机的严重影响

1929年资本主义世界爆发了大规模的经济危机,危机持续了5年的时间。危机期间资本主义各国工业生产急剧下降、大批企业破产、工人失业人数激增、社会生产力受到严重破坏。在工业危机的打击下,农产品的价格也普遍下跌,农业危机随之发生。在工业危机和农业危机的双重打击下,各国货币信用危机接踵而来,国际金融市场陷入混乱状态,国际贸易急剧下降。为争夺国际市场,发达资本主义国家之间展开空前激烈的贸易战,各国纷纷放弃金本位制,实行货币贬值,力图把本国商品倾销到国外市场,同时又不断提高进口关税水平,设立各种贸易壁垒,以限制进口,促进出口,国际贸易保护主义大大增强了。美国的国际贸易地位也急剧下降。1929年至1938年,美国的进口份额由12.2%降至8.1%,出口由15.6%降至13.4%。这次经济危机使各国工业生产倒退了二三十年,甚至半个世纪(见表1-2)。

---

①谭熙鸿编:《十年来我国对外贸易价值表》,《十年来之中国经济建设(1927—1936)》上编,文海出版社1985年版,第二章,第99页。

②许涤新、吴承明主编:《中国资本主义发展史》第三卷,人民出版社1993年版,第26页。

表1-2 1929—1933年资本主义国家经济危机状况

年份	工业生产指数下降到(%)	工人失业人数(万人)	国际贸易减少到(亿美元)	
			出口	进口
1929	100	590	351	325
1930	86	1 170	285	260
1931	75	1 920	202	185
1932	64	2 640	136	126
1933	72	2 600	123	115

资料来源:范元主编:《资本主义兴衰史》,北京出版社1984年版,转引自雨竹《1929—1933年世界经济危机的状况、原因及对策》,《江西社会科学》1991年第5期。

"中国是世界经济系统的一个组成部分"。在危机到来的时候,各资本主义国家对殖民地和半殖民地国家进行大量的商品输出和原料掠夺,以尽量减少危机给本国造成的损失。中国是一个资源丰富、经济落后的市场大国,因此也成为资本主义国家转嫁危机的重点目标。中国虽然对世界经济危机的反应不如西方发达国家那样迅速,却无法避开世界危机浪潮的冲击,实业部国际贸易局的报告称:"近两年来世界经济之凋敝,已为早有现象。吾国情形,自有亦难逃例外,百业凋零,贸易不振。"[1]20世纪30年代的这场大危机,至1932年夏天到了最低点,1932年以后,没有出现复苏而是进入特种萧条阶段,各国家纷纷提高进口商品的关税,限制使用外汇购买外国商品,实行限额输入等。由于各国对初级产品的限制极为严格,而中国出口的大宗又恰巧是农副产品,中国出口贸易损失惨重。危机降临中国的时间较迟,但延续时段较别国为长。"世界经济危机对中国外贸影响最严重的是1932年。而在这一年,许多国家已经开始经济复苏。中国直到1934年还在受着危机余波的影响。"[2]1932年中国的对外出口商品的价值比上年减少了近30%,而比1929年减少了40%以上。1933年,中国的出口贸易又比上年减少600万美元,出口总值仅为16 120

①《实业部国际贸易局关于1933年上半年出入口贸易价值概况的报告》,实业部档案,中国第二历史档案馆藏。

②石柏林:《凄风苦雨中的民国经济》,河南人民出版社1993年版,第232页。

万美元。"这是抗战前中国出口贸易的最低点。"[1]一直到1935年,中国的外贸各数值才达到战前的最低点。当然,在中国对外出口贸易"下降的数字后面,就背衬着无数农村经济、手工业、资本(企业)经济的破产"。[2]

表1-3　1926—1936年中国对外贸易趋势表　单位:千元　指数1926=100

年份	进口		出口		合计		入超	
	价值	指数	价值	指数	价值	指数	价值	指数
1926	1 751 537	100	1 346 571	100	3 098 108	100	404 966	100
1927	1 578 148	90.5	1 431 209	106.3	3 009 367	97.1	146 939	36.3
1928	1 863 320	106.4	1 544 531	114.7	3 407 851	110.0	318 789	78.7
1929	1 972 083	112.6	1 582 441	117.5	3 554 524	114.7	389 642	96.2
1930	2 040 599	116.5	1 394 116	103.5	343 475	110.9	646 433	159.6
1931	2 233 376	127.5	1 416 963	105.2	3 656 339	117.8	816 413	201.6
1932	1 634 726	93.3	767 535	57.0	2 402 261	77.5	867 191	214.1
1933	1 345 567	76.8	611 828	54.4	1 957 395	63.2	733 739	181.2
1934	1 029 665	58.8	535 214	39.7	1 564 880	50.5	494 451	122.1
1935	919 211	52.5	525 809	42.8	1 495 020	48.3	343 402	84.8
1936	941 155	46.3	705 750	47.6	1 647 280	52.0	235 810	58.2

资料来源:武育干:《近十年来的中国国际贸易》,载中国文化建设协会编《十年来的中国》,上海商务印书馆1937年版,第214页。

从表1-3中可以看出,1929年经济危机发生前,中国进出口贸易的情况还算正常。在进口方面,1926年为17亿多元,1928年为18亿多元,1929年为19亿多元,而同期的出口,1926年为13亿多元,1929年增加为15.8亿多元。入超指数1926年为100,1928年为78.7,1929年为96.2,略有下降的趋势。1929年的经济危机爆发,外国加紧了对中国的商品倾销,进口贸易增加,出口减少,入超也增加,从1926年的4亿多元增长为1932年的8.6亿多元,短短的几年增长了114.1%。在这一时期,外国对华

① 石柏林:《凄风苦雨中的民国经济》,河南人民出版社1993年版,第238页。
② 见《申报月刊》第一卷第5号,第65—66页,转引自石柏林《凄风苦雨中的民国经济》,第23页。

商品进行了大量的倾销,不仅有工业品,而且有农产品。海关统计数字表明,1929年外国向中国输出的面粉、大米、棉花等增加。如面粉,1927年为382万担,1932年为663万担;大米,1929年为1082万担,1932年为2138余万担,1933年为2005余万担;棉花,1928年为191万担,1931年为465万担。①外国的这些农产品进入中国国内市场,一方面减轻了自身的经济危机,同时也使中国的农产品价格下跌,中国的农业受到影响。中国的出口方面,中国的出口商品价格下降,使出口贸易受到严重损失。

表1-4　1929—1934年进出口商品价格、商品总量、商品总值表

年份	进口			出口		
	商品价格	商品总量	商品总值	商品价格	商品总量	商品总值
1929	100	100	100	100	100	100
1931	139	81	113	102	88	90
1934	123	52	64	68	74	50

资料来源:章有义:《中国近代农业史资料》第三辑,生活·读书·新知三联书店1957年版,第427页。

表1-4表明,1931年以后,中国出口商品的价格比进口商品的价格要下降得快。中国需要出口更多的商品才能接近原来的出口,这种进出口价格的差额,表明中国的损失比较严重。

2.金贱银贵与美国的白银政策使中国的对外贸易危机雪上加霜

1931年起,主要资本主义国家相继放弃金本位,贬低币值,伦敦及纽约的银价直线上升。帝国主义各国贬低币值,提高银价的目的之一是想向中国这样的用银国转嫁危机。中国是半殖民地国家,在此世界市场紊乱之季,"影响所及,我国初出萌芽之产业,乃首蒙其损害。"贸易指数也巨变,如果以1929年的外贸指数为100,1933年入超为188.3,进口减至68.3,出口跌至38.7,但奢侈品消耗未有大减。

白银外流影响到中国的对外贸易。白银外流使中国贸易入超加剧,外货倾销增加,国货出口困难。随着世界银价的上涨,外币汇价下跌,刺

---

① 章有义编:《中国近代农业史资料》第三辑,生活·读书·新知三联书店1957年版,第412页。

激资本主义国家商品向中国市场倾销,而中国的出口货物1935年较1929年减少65%左右,同期进口总值也趋于下降。[1] 1932—1935年,银价上涨129.1%,汇率上升66.2%,白银外流4.25亿两。出现上述情况,和美国的白银收购政策相关。1934年美国国会通过"白银法案",其要点为:一是,美国货币准备金,金为75%,银为25%,即"金三银一"的比例,为达到这一比例,就要收购白银;二是,财政部长有权在国外购银;三是,总统有权命令国内存银全部交给造币局。美国的白银政策,是企图实行通货膨胀来解脱困境,其目的是要"以人为的动力抬高银价,借以刺激东方用银国既已枯竭了的购买力,使其过剩商品得与英日竞销于远东市场,而解脱其国内不景气的厄运;同时使美国银行资本家可获厚利"。[2]美国提高银价能刺激世界上以银为货币本位的国家的购买力提高,这样就可以向这些国家推销美国的过剩商品,减轻本国的经济危机。银价、汇率的上涨,进出口商品的价格应下跌,1932—1935年,国外物价水平上升,进口物价指数下降23.3%,国内的进口物价指数也跌落19.7%。美国财政顾问甘末尔承认:"由于美国政策的现在高涨,已使中国的银价激涨;这就是减低中国物价,增加中国人民的一切债务负担,并有大害于中国的出口贸易。"[3]银价的提高使得贸易入超严重,从1931年到1934年,国币100元从值美金21元涨到37元,其结果是:一方面中国的出口货在国际市场上昂贵了57%,一方面外国货在中国市场上降价了75%。[4] 1931年以后白银开始外流,至1932年中国白银由入超变为出超。白银外流增加,市场上通货减少,出现了金融上的动荡。美国经济考察团在对中国进行考察后也不得不承认:今日中国金融破产的根本原因,在于银行地产公司与个人的贫穷。当物价上涨时,则群起购买不动产;一旦市面衰落,则蒙受损失。"此

---

① 余捷琼:《中同的新货币政策》,商务印书馆1937年版,第224—225页表。
② 朱心湛:《白银对策的检讨》,《中国经济论文集》第1集,上海生活书店1935年版,第166页。
③ 原载1935年3月9日英文《大美晚报》,转引自张素民《白银问题与中同币制》,商务印书馆1936年版,第30页。
④ 丁文江:《银出口征税以后》,《国闻周报》第11卷第43期。

时适有美国之购银政策,遂予中国商业与贸易一巨大打击。美国的白银政策对中国商业贸易损害甚大,此乃毫无疑问者。"①美国经济考察团主席福勃斯回国后攻击美国的白银政策,说中国币制尚未统一,中央政府也不能完全禁止偷运白银,而这使得政府收入蒙受巨大损失,且使门户开放有名无实。

面对金贵银贱和美国收购白银政策给中国贸易造成的损失,国民政府采取了积极的干预政策。财政部先是实行征收白银出口税政策,控制白银的外流,然后规定国内运输现银请领护照五项办法,以防止偷运出口。②1935年7月,国民政府公布《妨害国币惩治暂行条例》,第二条规定:"意图营利私运银币……或银类出口者,处死刑、无期徒刑,或七年以上有期徒刑,得并科币额或价额5倍以下罚金",第四条则规定凡是销毁或私运出口的银币或银类,均要没收。③1935年11月3日午夜,国民政府颁布《财政部改革币制令》。同时财政部长孔祥熙宣布《法币政策实施办法》,政府决定放弃银本位,改为外汇本位制,所有外汇集中国家银行,货币由国家银行统一发行,这样就把外汇稳定在比较有利的水平上。由于法币政策的实施,白银被迫退出流通领域。法币政策可以收到以下效果:"(一)消除社会恐慌心理;(二)健全整个金融机构;(三)刺激国内产业;(四)发展国家贸易;(五)造成整理财政机会。"④这些举措不仅使中国的货币制度向现代化迈了一大步,而且有助于贸易的良性发展。

3.20世纪二三十年代是中国现代化的关键时期,中国却无法拥有一个相对稳定的发展环境,而这又恰恰是一个后发外源性国家实现现代化的必要条件

1937年以前,日本的侵略给中国造成的损失是无法估量的,严重地

---

① 天津《大公报》1935年7月18日。

② 天津《大公报》1935年6月20日。

③《国民政府公报》训令第1795号。

④ 杨荫溥:《中国金融研究》,第15页,转引自钟祥财《法币政策前后中国的货币理论》,上海社会科学院出版社1995年版,第96页。

阻碍中国现代化的发展(其中包括外贸)却是毫无疑问的。日本垄断了在东北的经济与贸易,而伪满洲政府实行对日优惠的各种政策,对日本输入东北的货物只征收4.5%～11.5%的关税。再加上东北的海关管理权也被日本侵略者夺取,因此日本操纵了对东北的贸易。

  1937年前,日本对中国外贸的损失和影响是惊人的。东北地区被日寇所占,中国等于被夺走了全国30%的煤产量、79%的铁产量、93%的石油产量、55%的黄金开采量、23%的电力、37%的森林资源、41%的铁路、37%的对外贸易。[①]日本侵占东三省,使中国进出口贸易急剧下滑。1931年前,东北地区的进口贸易和出口贸易分别占进出口贸易总额的1/10和1/3,各税关的收入,年达2500万海关两,占全国关税收入的15%。1931年前东北每年出超数千万到1亿多关两,1931年时还出超1.7亿关两。从1932年开始,东北的对外贸易不再列入统计数字,这对中国外贸无疑是一巨大损失。就进出口货物的商品结构来看,日本出口到东北的大多是消费品,价值占东北输入的60%以上,东北出口到日本的则多是农产品、工业原料和矿产品,其占东北的输出比例,1931年为75%,1936年则增加为79%。[②]中国关内对东北的贸易额也逐渐减少,"1931年为6629.6万两,占东北进口贸易额的30.3%,1932年减少到3523.6万两,占18.3%,1934年占9.7%,1935年占5.3%,1937年占4.4%。"[③]东北由于完全沦为日本的占领地,对外贸易畸形发展,是典型的殖民化对外贸易,1932年以后,由原来的出超一跃变为严重的入超。1933—1937年间,东北地区的贸易入超分别为17.4百万美元,47.3百万美元,54.8百万美元,25.5百万美元和69.7百万美元。[④]1932年,"一·二八事变"使长江沿岸的经济受到严重损失,上海的进出口贸易尤甚。1933年3月,日本侵占热河,天

---

  ① [美]斯拉德科夫斯基著,郗藩封等译:《中国对外经济关系简史》,财政经济出版社1956年版,第203页。

  ② 杜恂诚:《日本在旧中国的投资》,上海社会科学院出版社1986年版,第376页。

  ③ 孙乃民:《吉林通史》第三卷,吉林人民出版社2008年版,第436页。

  ④ 郑友揆:《中国的对外贸易和工业发展(1840—1948)》,上海社会科学院出版社1984年版,第249—250页。

津的对外贸易也受到很大影响。

日本在各地的走私活动,则是另一种包含政治目的的经济侵略,中国的对外贸易受到极大威胁。[1]国民政府成立以后,日本在华北的走私活动就已经开始,但这时的走私并没有多少利润可图。1932年以后,日本走私规模加剧。据统计,1935年华北走私日货达2.1亿元,1936年超过了3亿元,约为当年中国进口货物总值的1/3。[2]日本驻北平特务机关松室孝良在写给关东军的密报中称:"帝国货物之向华北走私,为帝国断然手段。""其用意在促进华北特殊政治体系之成立,而隶属于帝国势力之下。"[3]日本在华北等地的走私活动,影响了正当的国际贸易,打击了幼稚的民族工商业,给中国经济造成恶劣后果,以日本为主的走私活动,使中国的外贸入超增加。1936年5月,中国海关对因华北走私事件而致海关税收损失进行过统计:1935年8月1日至1936年4月30日,损失关税共计达25 506 946元;1935年8月至1936年3月,平均每月损失关税达170万元;1936年4月1日起私货增加之猖獗,为从来所未有,一个月内损失关税即达800万元;如果以每月损失关税800万元计,"则每年损失将达一万万元,合税收全部几达三分之一。"[4]

4.国民政府的高税率和限制进口政策使进出口贸易下降趋势

客观地来讲,1933年以后,南京国民政府已能独立自行较大幅度地提高进口税率。为减少外贸入超额,平衡国际收支,国民政府对进口洋货大幅度提高关税税率。"1929年前实际关税率不足5%,1929年第一个国定税则颁布后,实际关税率为8.47%,1930年、1932年、1933年实际关税率

---

① 关于日本走私的研究成果主要有:[韩]孙准植:《战前日本在华北的走私活动(1933—1937)》,台北"国史馆"1997年版;郑成林:《抗战前商会对日本在华北走私的反应与对策》,《华中师范大学学报》(人文社会科学版)2005年第9期;姚会元:《1933—1936年日本在华北的走私活动》,《中国社会经济史研究》1986年第1期。

② 朱英、郑成林、魏文享:《中国近代商会通史》第三卷(1928—1937),社会科学文献出版社2015年版,第1232页。

③《行政院秘书处抄送松室孝良关于侵略华北上关东军密报致外交部笺稿》,1936年10月3日,行政院档案,中国第二历史档案馆藏。

④《中国海关关于冀东走私所受损失之统计》,载《中央周报》第415期,1936年5月18日。

分别为10.37%、14.45%、25.27%,1934年税则修订后,中国的实际关税率高达27.22%。1935年以后,中国的实际关税率才略有所下降。"[1]可见,1932—1935年间,国民政府提高关税税率的政策是有一定效果的,减少了洋货的进口。1932年中国出口贸易额为56 900万元,1936年上升为70 600万元。进口则从1932年的152 400万元减少到1936年的94 100万元。国民政府在这时期,还公布了《倾销税法》,并严格限制奢侈品与竞争性商品输入中国。比如,"对棉布、食品、谷物、杂货、海产等与民族产业有竞争的商品提高课税。"[2]资本主义国家妄图利用大危机的国际背景和中国半殖民地的特殊条件推销剩余产品,转嫁危机的目的因国民政府的有效抵制而未能完全达到。但这些举措也影响了正常的进出口贸易,贸易不景气也就是很自然的事了。

5.1932—1935年的民族工业和农村的危机,也是贸易下滑的重要因素

外贸的艰难发展影响了此时期民族工商业的发展,而民族工商业的萧条也影响了外贸的顺利发展,两者是相关联的。中国的民族工业是到1931—1932年冬春之交才受到大危机影响的。[3]

民族工业的危机表现在以下三个方面:第一,洋货进口和走私货的行销,冲击了民族工业的产品。20世纪30年代初,全国有民营面粉厂148家,其中有60家在东北。"九一八事变"后,由于东北市场的丢失,长江流域充斥洋粉。全国1931年进口洋粉4 889 275担,1932年增加到6 636 658担,增加率为34%,致使国产面粉销售锐减。第二,外资企业在国内展开强大竞争攻势,民族企业陷入困境。在华的外厂,利用雄厚的资金与先进的设备,同国货在国内市场交锋,民族企业衰退。中国银行经济

---

① 陈晋文:《对外贸易政策与中国经济现代化》,知识产权出版社2012年版,第201页。
② [日]坂本雅子著,徐曼译,《财阀与帝国主义:三井物产与中国》,社会科学文献出版社2011年版,第311页。
③ [美]阿瑟·恩·扬格著,陈泽宪、陈霞飞译:《一九二七年至一九三七年中国财政经济情况》,中国社会科学出版社1981年版,第213页。

研究室调查结果显示,民营工业的营业额1934年比1931年普遍下降,其中棉纺织业下降55.1%,面粉业下降58.3%,缫丝业下降43.8%,卷烟业下降30.5%,机器业下降41.6%,搪瓷业下降39.9%,化妆业下降29.2%,调味品业下降10.7%,染织业下降36%,针织业下降50%,橡胶业下降60%。只有火柴业增长11%,其余可说是百业萧条。①就发展比较好的轻工业来说,到1935年8月底,仅棉纺织业全国纱锭停工、减产者占44%,布机停工、减产者占41.9%。而且外资当时大多投在与外贸相关的行业,又控制绝大多数外贸交易机构,更给民族企业的产品销售带来巨大的压力。第三,国民政府对机器设备、进口原料等征收高额进口关税,使国内企业发展如履薄冰。如1934年的进口税则,第244号至266号,对国内急需的机械进口税较前增加,阻碍了国内企业更新设备。

1932年至1935年的农业危机,也是导致这一时期外贸不景气的一个原因,这其中既有天灾,也有人祸,各种因素交杂,农村经济更加残破。世界经济危机对中国农业的影响尤为严重,"际兹恐慌暴风在狂舞全世界之时,农村疲弊,自系必然结果而为普遍共通之现象,非独于我为然。"②经济危机过后,资本主义国家对中国的商品倾销卷土重来。1933年,从国外输入的谷物与面粉,总额达到27 102万元,占输入总额的1/5。农产品进口急剧增加的同时,国内农产物价也不断跌落,这加剧了农村经济的萧条。1931年,中国农产品总值约为2.44亿元,1934年降为1.31亿元。③有学者指出:"中国的农业危机加剧的主要原因,是1931年以后农产品价格急剧下跌……在1934年达到了最低点。"④这些年几乎每年都有自然灾害,受灾区域之广,灾情之严重,是历史上所罕见的。1932年,8省230余县水灾,6省130余县旱灾。1933年,华北15省252县水灾。1934年,16

---

① 国民党中央党部国民经济计划委员会:《十年来之中国经济建设》,南京扶轮日报社1937年版,第98页。

② 树人:《中国农村破产与经济恐慌之现状》,《经济评论》第2卷第3期,1935年3月31日。

③ 严中平等编:《中国近代经济史统计资料选辑》,科学出版社1955年版,第74页。

④ 易劳逸:《流产的革命》,中国青年出版社1992年版,第226页。

省369县旱灾,14省283县水灾。1930年至1935年,全国水旱灾荒损失近100亿元,平均每个农户损失150元上下。[1]据统计,1927—1935年全国农民死于灾难人数多达1600万人以上。[2]严重的自然灾害加剧了农民的贫困,丧失抵御自然灾害的能力。

战争与地方割据使农业无法获得良好的外部环境。国民党连年剿"匪",派系混战不断,战乱波及地域无法休养生息,"最痛心的现在各地方封建的形态依旧,各地方经济还富于地方性,没有走上国家化的路上去。"[3]浓厚的封建地租和苛捐杂税,使土地荒芜,农业收成甚不景气。据陕西、河北、河南、江苏、广东等8省36县调查,如果以1928—1929年的耕地面积为100%的话,则1933—1934年的耕地面积平均下降为96.3%。[4]1935年11月,国民党五大宣言声称:"自农村以至于都市,均陷于破产之厄运。"[5]农业的危机,直接导致粮食进口的猛增,农林产品的出口锐减。据统计,农产品出口价格指数在1930年达到顶峰后开始连年下降,1931年降幅为7.6%,1932年为10.5%,1933年为10.3%,1934年为14.1%;1935年创纪录地降至1931年的64.3%。[6]农产品价格下降,造成农民生产积极性低落,严重影响了对外贸易的良性发展。

(三)恢复好转的时期(1936年)

1936年对战争前夕的中国来讲,外贸的好转是对政府与国人的一种安慰。不景气的外贸进出口值都有所回升,贸易总值也相应增加。这年的入超值也由上年的124 533千美元,下降到70 075千美元,降低了近

---

① 薛暮桥:《中国农村的新趋势》,《中国农村》1936年第2卷第11期。

② 章有义编:《中国近代农业史资料》第三辑,生活·读书·新知三联书店1957年版,第613页。

③ 南京《中央日报》1933年10月17日。

④ 严中平等编:《中国近代经济史统计资料选辑》,科学出版社1955年版,第358页。

⑤ 荣孟源主编:《中国国民党历次代表大会及中央全会资料》(上),光明日报出版社1985年版,第489—490页。

⑥ 忻平等:《危机与应对:1929—1933年上海市民社会生活研究》,上海大学出版社2012年版,第14页。

2/3,这是20世纪30年代前期的最低点,在年初的月份,还出现了暂时的出超。如1936年元月份,海关报告全国对外贸易出超九百余万元。[①]

1936年的中国对外贸易跨出低谷,开始回升的原因在于:

1.世界经济形势的好转与中国经济的快速发展,给了中国外贸发展一个好契机

1936年,资本主义世界的生产恢复到1928年的水平,世界经济危机走出低谷,各资本主义国家的贸易有所回升,关税壁垒放松,国际贸易又开始充满活力。1935年10月,意大利入侵阿比西尼亚,各帝国主义国家都预感大战将至,纷纷囤积军需物资。中国资源丰富,所产的桐油、钨矿、锡矿等战争必需品正好满足了各国所需,这些产品的出口猛增,中国出口贸易逆势稍稍好转。在两次世界大战之间,中国的经济虽然也受到影响,但却出现了比较快的发展,1936年应该是旧中国经济发展的一个黄金点。根据王玉茹的研究,"工农业总产值由1920年的229.98亿元(1936年币值,下同),增加为1936年的306.12亿元,年平均递增1.80%国民收入由202.37亿元,增加为258.01亿元,年平均递增1.58%,人均国民收入由45.99元增加为57.34元,年平均递增1.39%。三项指标都在抗战前的1936年达到旧中国历史上的最高水平。"[②]1936年中国经济的大发展,刺激了国内生产的发展,而生产的发展也带动了贸易的发展。

2.1936年农业大丰收,中国贸易衰退得以有效遏制

1936年中国工农业总产值约为法币306.12亿元,其中农业总产值为199.23亿元,约占工农业总产值的65%。[③]除四川、河南、广东三省旱情严重外,其他各省情况良好。小麦、高粱、大麦等均达到1931年以来的最高产量,大米较上年增收2.9%,小麦增加8%,大豆增加22%,高粱增加14.5%,1936年重要谷物收成的价值达法币56亿元,比1933—1935年的平均产值高出17亿元。1936年农作物亩产较1935年有所增加的农作物

---

① 《大公报》1936年2月28日。

② 王玉茹:《论两次世界大战之间中国经济的发展》,《中国经济史研究》1987年第2期。

③ 董长芝、李帆:《中国现代经济史》,东北师范大学出版社1988年6月版,第48、108页。

情况如下,小麦增加10%,大麦5%,豌豆8%,燕麦6%,籼粳稻7%,糯稻9%,高粱8%,小米3%,糜子6%,大豆29%,棉花22%,花生15%,芝麻13%。1936年农作物产量较1935年增加率为:小麦8.3%,籼粳稻29%,大豆2.6%,大麦2.9%。糯稻2.8%,苜蓿1.8%,豌豆3.2%,高粱14.5%,棉花46.9%,小米2.5%,花生20.3%,油菜籽0.4%,芝麻21%,燕麦3.4%,玉米10.7%。燕麦、小麦、棉花三种产量均有较大增长,尤以小麦产量为1930年以来所仅见,棉花产量更是高达46.9%,为棉纺、棉织业的发展提供了充足的原料。[①]此外,有关外贸的重要农产品,如桐油、茶叶、蚕茧等也获得丰收。[②]1936年农产品在出口贸易中占34.2%,进口则明显下降,农产品大量进口的局面稍稍改变。

3.1935年11月,国民政府实行法币政策,促进了中国贸易大发展

1935年币制改革的直接起因,是由美国"购银法案"引起白银大量外流,导致中国银本位货币体制趋于崩溃。1935年11月的币制改革,结束了长期以来币制混乱的局面,中国真正实现了货币的统一。改革后,汇率稳定,币值贬低,物价回升,出口明显增加,英国《泰晤士报》称赞币制改革"成绩之佳,进行之顺利,远出意料之外"。币制改革后,首先是贸易总额有了较大的增长。1936年贸易总额16.48亿元,比1935年的14.95亿元增长了1.53亿元。据扬格的统计:1936年与1935年相比,国内贸易总利润增加了6.4%,实际增长额为1.6亿元。[③]其次是入超额也获得大幅度的缩减。法币政策实行后,中国汇率对外贬值约20%,低汇率刺激出口、不利进口的作用在12月就表现出来。进出口相抵后,中国外贸12月出超5 351 427元;1936年1月继续出超,出超额为9 718 962元,"打破60余年来之纪录"。[④]1935年中国进口91 900万元,出口53 500万元,贸易总额

---

① 参见《全国实业概况》统计处编:《民国廿五年全国农业概况》1937年版。

② 孙健:《中国经济史——近代部分》,中国人民大学出版社1989年版,第492页。

③ [美]阿瑟·恩·扬格著,陈泽宪、陈霞飞译:《一九二七年至一九三七年中国财政经济状况》,中国社会科学出版社1981年版,第371页、534页。

④ 《银行周报》第20卷第49号,1936年12月15日,转引自贺水金《1927—1952年中国金融与财政问题研究》,上海社会科学院出版社2009年版,第127页。

149 500万元,下降4.5%;1936年进口94 200万元,出口70 600万元,贸易总额增加到164 800万元,比上年增加10.2%,其中进口增加2.5%,出口增加22.6%,出口增加的幅度大大超过进口增加的幅度。[①]在进口中,生产资料有所增加,这也间接表明,币制改革后,国内民族工业有所发展。币制改革后,入超减少的原因在于,在币制改革后的物价上涨中,农产品价格上涨幅度大于工业产品。而我国的出口产品主要就是农副产品,农产品价格的较快提高改善了贸易值的平衡,使得即使出口同样多的货物,也增加了出口的价值。"同时,农产品价格上升较快,本应是有利于外国农产品的进口的,但是,由于汇率的关系,外国农产品折合中国法币之后价格更贵,中外产品的差价进一步扩大,因此国人更乐于购买本国农产品,从而抑制了外国农产品的输入。"[②]在1936年初月份短暂入超的主要原因也正在于此姑且不论出超的优与劣,长时与短时,其受币制改革的刺激使然,则为一般人所共识。[③]但后来的出超证明,中国的贸易虽有所缓和与发展,却缺乏可持续发展的内外因素,出超仅仅是昙花一现。1936年的入超未变为出超,可见币制改革对进口贸易的好转仍有相当大的促进作用。

4.国民政府对外贸易的部分统制政策,有利于贸易的发展

早在1936年前,政府有关人员、国内的工商人士和商会团体便要求对进出口贸易施行统制政策。1934年12月,国民党召开四届五中全会,蔡元培等人向大会提交《请由政府厉行保护政策,扶助国内产业之发展,并于对外贸易施行管理,以期减少入超案》,提议政府采取贸易统制政策。1935年6月,上海市商会为统制进口贸易的呈文中说:"挽救危机,非由国家力量,谋求国际贸易之均衡。"[④]但此时的统制只是在部分行业试行,并未全面开展。

---

① 贺水金:《1927—1952年中国金融与财政问题研究》,上海社会科学院出版社2009年版,第128页。

② 郑起东、史建云主编:《晚清以降的经济与社会》,社会科学文献出版社2008年版,第72页。

③《东方杂志》第33卷第8号,1936年4月16日。

④《1935年上海市商会呈文》,经济部档案(四)1231,中国第二历史档案馆藏。

1936年,统制贸易略具雏形。1月1日,资源委员会在长沙设立锑业管理处,2月28日,在南昌设立钨业管理处,矿产品的收购和运销由资源委员会负责管理,桐油、猪鬃等产品交由中央信托局办理。1936年8月,实业部和六省政府创立中国植物油料厂,由其统制油料的生产和贸易,在各省的支持下,这个厂把植物油和柴油的贸易控制权夺去。据统计,仅1936年,有8500万元的油料销售国外。1937年9月,国民政府财政部提出《增进生产,调整贸易办法大纲》,在军事委员会下分别设立"工矿调整委员会""农产调整委员会",10月设立"贸易调整委员会",对工矿业、农业、商业实施全面的经济统制。1937年10月,国防最高会议制定《总动员计划大纲》,其中明确规定对外贸易要实行国家统制,这标志着抗战贸易统制政策的正式确立。

值得注意的是,工业的不景气,走私活动的存在,岌岌可危的战争环境等因素仍困扰着对外贸易的迅速回升,1936年的中外贸易并非历史上的最好水平,只是相较1932—1935年的迟滞有一定好转而已。

总体来看,在这十年间,国民政府的对外贸易在并不十分有利的国际环境下,克服国内外各种不利因素的影响,努力发展对外贸易,虽然并没有扭转中国近代对外贸易的局面,但还是呈现了马鞍形增长态势。

二、对外贸易发展的特点

通过上述对对外贸易的数量、贸易结构以及贸易权益等的分析,我们梳理出国民政府对外贸易的特征。1927—1936年,中国的对外贸易呈现如下七个鲜明特点:

(一)1927—1936年的贸易发展呈两头好中间差的马鞍形,各地区贸易发展也呈非均衡状态

1927—1936年间的对外贸易,就海关两来计算,进口值、出口值、贸易总值均呈马鞍形的曲线。1927—1931年呈缓慢上升的趋势,1932年以后直线下降,1934、1935年下降到最低点,直到1936年才爬出低谷,但远

没有恢复到1932年以前的状态。这种发展状态和当时的国内外因素是密切相关的,国内相对稳定,世界经济发展时,中国的贸易状态就较好;国内不稳,世界经济衰落时,中国的对外贸易就出现逆流。

中国地域广阔,各地外贸发展也不均衡。20世纪30年代的中国,华中和华南的对外贸易市场扩大,尤其是沿江沿海通商口岸城市的贸易发达。华中地区1929—1931年进出口贸易值占57.4%,1933年则上升为60.3%,1934年为65.5%,1935年为63.5%,1936年67.5%;华北地区在1929—1931年进出口贸易值所占的比重则仅为12.4%,以后各年份略有增加,但一直到1935年,进出口所占比重也不过16.2%。而这时的华南地区则徘徊在15%~20%之间。①1931年就全国的贸易中进出口均有集中上海之势,1932年上海的贸易总额占全国贸易的42.99%,1933年为53.4%,1934年为55.4%,1935年为53.1%,1936年则为55.5%。②而内地落后地区贸易欠发达,西北地区更是对外贸易狭窄。这是中国这样一个落后大国在现代化中迟发展巨国效应的一个缩影。

(二)中国近代对外贸易条件的恶化

随着资本主义经济危机加深,发达国家对欠发达国家和地区的出口商品——主要是农产品——的进口限制更加严格,使得这些国家的出口贸易严重受挫。一方面是限制别国商品的输入;另一方面,西方发达国家则对那些工业落后的国家大力倾销本国的工业品,对这些国家的正在兴起的民族工业造成冲击。由于中国的对外贸易主要被外国的洋行把持,因此这些洋行得以控制对外贸易的进出口商品的价格。进出口价格均出现了下降的趋势,但出口商品价格的幅度明显要大大快于进口商品价格下降的程度。1931年以后,中国的贸易条件恶化。所谓"贸易条件"指数是国际经济关系中衡量相对贸易利益变动趋势的一个重要指标。贸易条

---

① 刘佛丁等:《近代中国的经济发展》,山东人民出版社1997年版,第248页。

② 资料来源:历年海关报告。严中平等编:《中国近代经济史统计资料选辑》,科学出版社1955年版,第69页。

件由出口价格与进口价格之比表示,相应地贸易条件指数由出口价格指数与进口价格指数之比表示。如果贸易条件指数增加,意味着该时期的贸易条件比基期的贸易条件更加有利,因为出口价格的相对上涨,使一定数量出口商品可以换回更多的进口商品;反之,如果贸易条件指数下降,意味着该时期的贸易条件比基期的贸易条件出现恶化,因为进口价格的相对上涨,使一定数量出口商品可以换回的进口商品减少了。1936年上海的一家报纸称:"一九三一年起,我国物价,迅速下落,在各类物价下落中,有一个规则性的发展,就是出口的下落较批发物价为速,而批发物价的下落又较入口物价为速。"由于外国物价水平上升,进口没有增加,出口大大下降,入超达到5亿关两。袁欣在《近代中国的贸易条件:一般趋势及其与农产品贸易的关系》一文中通过计量分析后认为:近代中国的综合贸易条件指数整体呈下降趋势,说明中国在对外进行商品交换过程中的相对经济利益是不断下降的。贸易条件的变动受汇率和国际价格水平的影响非常小,与国内价格水平也无明显关系。贸易条件的变动主要是由贸易结构的变化引起的,茶叶和生丝等农产品贸易的衰弱是造成贸易条件下降的主要原因。①我们认为这个结论是比较可靠的,它反映了当时中国的贸易条件恶化的主要原因在于中国出口商品的大幅度下滑。

表1-5　逆差额及其占出口贸易的比重　单位:万元

年份	年逆差额	占出口贸易比重%
1927	14 693.8	10.3
1928	31 880.1	20.6
1929	38 964.4	24.6
1930	64 643.3	46.6

① 袁欣:《近代中国的贸易条件:一般趋势及其与农产品贸易的关系》,《中国农史》2008年第3期。
*1930年,南开大学社会经济研究委员会以单行本形式出版了何廉所著《中国六十年进出口物量指数、物价指数及物物交易率指数(1867—1927)》。1932年3月,何廉在《经济统计季刊》第1卷第1期上发表《中国进出口物量指数物价指数与物物交换率指数编制之说明(1867—1930)》,续编了1928—1930年数字。1936年,《南开指数年刊1935》刊出了《中国进出口物量物价与物物交易率指数(1867—1935)》。1937年,《南开指数年刊1936》再次刊出了《中国进出口物量物价与物物交易率指数(1867—1936)》,并对原指数中1926年以后部分进行了修正。

年份	年逆差额	占出口贸易比重%
1931	81 641.2	57.6
1932	86 719.2	113.0
1933	73 373.9	119.9
1934	49 445.0	92.3
1935年1—6月	28 608.6	110.3
1935	34 340.2	59.6
1936年1—6月	12 628.9	37.9

资料来源:谭熙鸿编:《十年来之中国经济建设(1927—1937)》上编,文海出版社1985年版,第二章,第100页。

1927—1936年的输出物价指数与输入物价指数间的差距愈来愈大,物物交换率对我国越来越不利,我国所遭受的不等价交换的损失也越来越严重(见表1-6)。1927—1929年的3年间,物物交换率的差数比较正常,其中1928年的物物交换率是有利于中国的输出。1930年以后输出上涨幅度很小,两者的差距越来越增大,物物交换率在1934年达到-46。如果根据这10年每年的进出口商品总值,乘以物物交换率的差数,则10年中我国在这方面所遭受的损失近50亿元。[①]如果按当时米价每石约8元计算,约等于62 800万石米,即等于979.68亿斤米,约相当于我国全年粮食总产量的半数(折成原粮计算);按当时全国4亿人口计算,约等于每个人负担12.5元。实际上,如果加上1926年的双方基数有很大的不等价因素,物价指数的商品构成和实际进出口的商品构成不一致,以及进口税增加等因素,实际损失数字可能有些出入。"但是不管如何,根据指数所推算出来的这一损失数字,仍不失其一定的代表性。仅仅10年中,我国所遭受的不等价交换的损失即如此之大。"[②]

[①] 中国科学院上海经济研究所等编:《上海解放前后物价资料汇编(1921年—1957年)》,上海人民出版1958年版,第61、62页。

[②] 中国科学院上海经济研究所等编:《上海解放前后物价资料汇编(1921年—1957年)》,第62页。

表1-6　1927—1936年输出入商品交换差数中我国的损失额估算表

1926年为基数单位:千元

年份	进出口总值	物物交换率差数	我国损失额
1927	3 009 356	−1	30 393
1928	3 407 851	+2	68 157
1929	3 554 524	−2	71 090
1930–	3 434 765	−15	515 215
1931	3 650 339	−28	1 022 095
1932	2 402 261	−36	864 814
1933	1 957 395	−38	743 810
1934	1 564 879	−46	719 844
1935	1 495 020	−40	598 008
1936	1 647 285	−32	527 132
合计			5 023 944

资料来源:中国科学院上海经济研究所等编:《上海解放前后物价资料汇编(1921年—1957年)》,上海人民出版1958年版,第61—62页。

(三)进口商品的结构缓慢地趋于合理,而出口商品的结构变化依然较小

进出口商品的数量与品种主要取决于市场的需求。20世纪二三十年代,中国近代工业的性质及其发展状况,在进出口贸易中也得到了充分的反映,而中国近代工业的发展,也促进了中国进出口商品结构发生程度不同的变化。

在国民政府统治初期,中国对外贸易的出口方面虽然仍然以农林副产品、半制成品为主,但出口商品的地位发生了比较大的变化。鸦片战争以来,茶叶和丝是中国最重要的出口商品,一战后,这两个商品出口重要性不断下降,到1936其比重已由过去的33.7%降至12.1%。[1]另外,蛋及蛋制品、生皮、皮革和皮货,以及包括锡、锑等战略矿产品在内的矿石和金

---

[1] 郑友揆:《中国的对外贸易和工业发展(1840—1948)》,上海社会科学院出版社1984年版,第40页。

属品,也成为重要的出口项目,每类分别占出口总值的2%~8%。在这一时期出口商品中最引人注目的是棉花和棉制品。"30年代中国棉纺织品在国外市场极为畅销,出口不断增加,1936年棉纺织品进出口值几乎达到平衡。"①这是出口贸易中第一个比较显著的特点。

出口贸易的第二个特点是传统的出口商品如丝、茶、豆类等,受到国际市场的冲击日渐衰落,新的原料出口替换品增加,如煤、矿产品等。1931—1932年,豆类、生丝、蛋类、茶叶等排在出口商品的前列。②1932年东北沦陷后,大豆在出口贸易中地位下降,茶、棉花出口受到别国的挤压难于维持稳定的出口率,籽仁、植物油(包括桐油)上升为出口大宗。1932年以后,籽仁和植物油(包括桐油、豆油)在中国出口贸易中的比重逐渐上升至首位,1936年它们占出口总额的18.7%。③据张玉法统计,1935和1936年排在前五位的新出口商品为桐油、金属、矿砂、皮货、五金等。④

20世纪二三十年代,我国进口商品以制成品为最多,但进口商品的品种和数量发生了一定变化。民国初年,进口商品中棉制品和棉纱进口总额为18 200关两,约占中国进口总额的1/3,到了国民政府统治的初期,中国已经具有了棉纱和棉制品的生产能力,到1936年,棉布和棉纱的进口仅占该年进口总额的1.7%。⑤这一时期,除了消费品的进口外,机器设备、生铁、钢和其他建筑五金、化学产品等进口值在进口总额中的比重增长较大,"1913年这些商品仅占进口总额的11%,而1936年已增至24%。另外,铁路器材、车辆、航空和轮船设备的进口量也日益增加,如运输器材所占的进口总值从1913年的0.8%增至1936年的5.6%。"⑥

① 郑友揆:《中国的对外贸易和工业发展(1840—1948)》,上海科学院出版社1984年版,第40页。
② 中国第二历史档案馆编:《中华民国史档案资料汇编》第五辑第一编财政经济(八),江苏古籍出版社1994年版,第1168页。
③ 郑友揆:《中国的对外贸易和工业发展(1840—1948)》,第40页。
④ 张玉法:《中国现代史》(下册),东华书局1981年版,第530页。
⑤ 吴申元主编:《中国近代经济史》,上海人民出版社2003年版,第303页。
⑥ 吴申元主编:《中国近代经济史》,第303页。

因此,就这一时期的对外贸易商品结构来看,一方面,中国消费资料进口比重远远大于生产资料进口比重,农产品和矿产品出口比重不断上升,半制成品和制成品出口比重趋于下降,中国成为资本主义国家的原料和初级产品供应地。但另一方面,中国在二三十年代中各年进口的生产资料比重不断上升,消费资料比重不断下降;出口中手工制品比重不断下降,机制品比重不断上升,这种出口商品结构又反映了中国工业化的有限进步。当然,就以上的进出口商品结构来看,近代中国对外贸易依然是半殖民地性质。

(四)对外贸易中,国民政府加强国家的主导作用,力图形成保护性贸易战略

1927—1936年对外贸易发展过程中,中央权威发挥着不同程度的调控作用。从发展走向来看,是由间接干预到酝酿统制,再到完全统制雏形,是由核心统制区的调控向各地方展延渗透的复杂过程。这种发展势头,笔者以为与中国这样一个后发展现代化国家的国情相适应,其积极作用应予以肯定。对外贸易战略有两种选择,自由贸易战略和保护性贸易战略,具体适用哪种战略,需要根据该国的经济发展水平及其在国际经济中所处的地位而定。德国经济学家李斯特指出:"国际贸易的自由和限制,对于国家的富强有时有利,有时有害,是随着时期的不同而变化的。"①就当时中国的经济发展水平、国际贸易地位以及国民政府实行的贸易政策来看,国民政府是力图建立保护性的贸易战略。两次世界大战期间,各国也普遍实行超保护贸易政策。因此,就国际形势来看,国民政府的贸易战略选择是无可厚非的。但是,南京国民政府并不是一个强有力的政府,受内外因素制约,决策具有很大的非自主性和非自觉性,从而导致缺乏一个系统的、有远见的、适合欠发达国家实现赶超型现代化的外

---

① [德]弗里德里希·李斯特著,陈万煦译:《政治经济学的国民体系》,商务印书馆1961年版,第15页。

贸发展战略,政府的外贸战略基本上是防御性的,缺少主动性、远见性和长时性,不具有有效地适应整个经济变动的充分的灵活性。政府的软弱更使外贸无法根本好转。正如一位英国外交官所论断的,即使要制止对外贸易的衰退,也需要有"一个具有无限权威和无限毅力的政府"。政府的权威受到地方势力和日本侵略的威胁,国民政府的贸易战略"但最终只成了空话"。

(五)中国的地区国别贸易呈现多元差异的中外贸易格局

中国的外贸在当时虽处在不利的贸易条件之下,但想把这个国家同世界市场割裂开来的企图是不切实际的,也是要付出惨重代价的。1934年,面对白银大量出口带来的困难,有人提议,横竖中国入超,对外贸易停顿也好。《中央日报》批评说:这不过是意气之谈,没有入口,难道就有出口?"到贸易停顿之时,其衰落情形,恐非今日所能梦见。"[1]国民政府在30年代承受了巨额入超带来的种种困境和压力,如国际收支失衡,物价上涨与通货膨胀等,但外贸的大门没有关闭,中国的国别贸易呈多边化趋向。当时,中国和主要资本主义国家都有贸易往来。

中国与各主要贸易伙伴的贸易各具特色,这说明中国物产丰富,可供世界选择的商品市场很广阔,中国是国际大市场的最有潜力的组成部分。1931年以前,日本在华贸易"占吾国对外贸易总值中1/4,居第一位","九一八事变"以后,日本与中国关内的贸易下落,美国乘虚而入,成为中国最大的贸易伙伴。同时,"凡供给我消费品之国家,贸易地位迅速下落,凡供给我生产器材者,与日俱增。"[2]

但不可否认,中国的国别贸易发展有一定的畸形性,主要集中在日本、美国、英国等国,尤其是以中美、中日贸易最为集中。例如,1933年中国进口商品总额为 134 556.7 万美元,美、日的比例分别为 22.4% 和

---

① 南京《中央日报》1934年4月3日、4日。

② 沈云龙主编,吴大明等编:《近代中国史料丛刊》第72本章,《中国贸易年鉴》,1948年版,第13页。

9.7%,[1]过分依赖某国展开对外贸易,不可避免地使自己外贸的灵活性受到牵制。

1927—1936年间,中国和世界主要资本主义国家都有对外贸易来往,其中主要的贸易对象国是日本、美国、英国和德国(见表1-7)。"20世纪以来中国外贸大致上构成了四种类型并逐渐清晰起来,形成了以英国为代表的欧洲、美国、日本和南洋四种中外贸易格局,前三个贸易形态占据支配地位;南洋贸易数值比重不大,却是中国工业化的另一类外部条件。"[2]我们认为,当时的中德贸易也是一个非常重要的中外贸易格局,它和中英贸易是不同的另外一类型的贸易。

表1-7 1927—1936年中国与美国、英国、德国、日本对外贸易额比较表

单位:1933年前为千海关两 1933年后为千美元

年份	中德	中英	中美	中日
1927	59 709	133 064	288 546	502 633
1928	78 522	174 820	332 746	547 896
1929	89 534	193 483	368 680	579 570
1930	92 467	170 927	364 286	543 720
1931	106 652	184 511	441 546	539 465
1932	101 747	156 776	329 169	255 917
1933	128 811	202 806	410 615	228 156
1934	112 548	174 453	366 167	208 119
1935	132 311	147 695	311 340	221 652
1936	189 412	175 381	371 832	255 944

资料来源:Hsiao Liang Lin, *CHINA'S FOREIGN TRADE STATISTICS, 1864—1949*, Harvard University Press (Mass, 1974).

就中外贸易格局而言,中国出口各国的贸易基本是相同的,主要是初级产品和一些简单的手工业以及部分轻工产品,这些产品技术含量低附

---

① 转引自恩迪科特《外交与企业:1933—1937年英国对华政策》,曼彻斯特大学出版社1975年版,第188页。

② 樊卫国:《近代外贸类型分析及其对中国工业化的影响(1900—1937)》,张东刚等主编《世界经济体制下的民国时期经济》,中国财政经济出版社2005年版。

加值也比较低,而且基本是处于长期入超地位,这些现象都充分表明中国在国际贸易中的半殖民地地位与性质。"英、日、美三国的进出口商品基本上构成了世界市场对中国的商品供需关系。英、日、美为欧、亚、北美三种类型的工业化国家,其对华的商品进出口结构形成了中国工业化颇具典型的外部市场条件。"①由于这三个国家工业化水平不同,因此在对华的出口贸易中也表现出不同的三种情况,它们都是把中国作为掠夺原料的供应地和推销工业品的场所,但方式却有差异。中日贸易商品结构的性质,可谓落后大国与临近的后起新兴工业国之间的对抗竞争性贸易,对中国经贸发展危害最大。中美贸易为两个生产力水平巨大差异大国之间的贸易,中美贸易对中国的工业化有利但冲击农业。中英贸易则是一种生产力水平有差异的农业国与工业国之间竞争互补型贸易。在此时期,中德的贸易相对来说要平等些,而且是两国出于各自国家利益需要进行的贸易交往,但也是先进的工业国与落后的农业国的贸易。中国在当时对南洋的贸易是有利于中国工业化的,"中国与南洋诸国的贸易是一种经济发展水平基本相若(中国工业个别地区略发展些)国家间的平等贸易。中国与南洋的贸易意义和价值,对中国来说,一言蔽之:可贵的工业品出口市场。"②但这类贸易在中国对外贸易格局中并不占主导地位。

(六)对外贸易的经营,外国洋行垄断控制,华商经营艰难

为了扩大对华的贸易,各国对华贸易的一个重要措施就是在华设立经营进出口贸易垄断性洋行。进出口商行是一国对外贸易的主体,在不平等条约制度框架内由西方资本主导的所谓国际贸易,尤其像中国这样的半殖民地国家的贸易经营,实际上就是由外国洋行操纵垄断。③"至

　　① 樊卫国:《近代外贸类型分析及其对中国工业化的影响(1900—1937年)》,张东刚等主编《世界经济体制下的民国时期经济》,中国财政经济出版社2005年版。
　　② 以上内容参考了樊卫国:《近代外贸类型分析及其对中国工业化的影响(1900—1937年)》,张东刚等主编《世界经济体制下的民国时期经济》,中国财政经济出版社2005年版。
　　③ 刘克祥:《中国近代经济史(1927—1937)》中册,人民出版社,第1450页。

1936年除日本外,在中国还有1603家外国贸易商行,其中英国501家、美国100家、法国123家、德国293家,其他国家共286家。"①到1936年,据国民党政府实业部国际贸易局调查的资料显示:"上海以国际贸易为专业的进出口商已增加到971户,其中欧美等西方洋行559户,占行业总户数的57.57%,以日商为主体的东方洋行116户,占11.95%,华商进出口行296户,占30.48%。但是按经营额计算,外商洋行仍占绝大比重。"②因此,这一时期的中国的进出口贸易依然主要为外商洋行操纵和把持。外国大型商行的增加,促进了对华贸易的迅速扩展,但也加重了对华的贸易剥削。

在甲午战争以后,华商经营的进出口贸易有所发展,但在整个对外贸易的经营中所占地位并不重要,而且后来也逐渐衰落。甲午战争后,按贸易地区和经营特点的不同,形成南洋庄、东洋庄、西洋庄三种华商出口行。南洋庄以经营东南亚贸易为主,东洋庄以日本为主要贸易对象,西洋庄主要经营欧美贸易。1936年,上海华商进出口行已发展到300余户,占上海进出口商总数的30%左右,但经营额仅占上海进出口贸易总额的10%左右。东洋庄最早分为经营日本海产品为主的海味业和杂品为主的百货业两种。一战期间,东洋在经营的海味业和百货业都曾经大发展。1925年五卅运动后,东洋庄的业务急剧衰落,1931年被迫停业,到1936年,东洋庄基本已不存在。西洋庄,以经营西洋进出口贸易为主。1925年五卅运动后,经营对日贸易的东洋庄受挫,而西洋庄得到发展,1936年西洋庄(包括少数几户经营对日贸易的进出口商)已发展到194户,进、出口值分别占上海的7%和12%,经营额则占上海贸易总值的8%左右。南洋庄以经营东南亚贸易为主,那时有113户,1936年南洋庄进口值487.9万万关两、出口值1181.3万关两,分别占上海对南洋进口、出口总值的6.59%和

① 徐进功:《论南京国民政府1927年—1937年的对外贸易》,《中国社会经济史研究》2001年第3期。
② 上海社会科学院经济研究所、上海市国际贸易等会学术委员会编著:《上海对外贸易(1840—1949)》(上册),上海社会科学院出版社1989年版,第199—200页。

51.36%。①华商进出口行虽然在中国对外贸易中所占比例不大,但已经打破外国洋行垄断中国贸易的局面。"总的来说,1936年上海华商进出口行已经发展到300余户,都是一些中小户,占上海进出口商总户数的30%左右。"②这些华商进出口行,一方面面临着纷繁芜杂、变幻莫测的国际市场大环境,另一方面也要在国内面对那些垄断洋行的巨大压力,它们采取灵活多样的经营方法,极力适应市场变化,在国外华侨的大力支持下,调动一切可以依赖的社会关系,在经营中精打细算,降低交易成本,才勉强能够立足抗争,有所发展。

综上所述,1927—1936年,南京国民政府在逐渐实现了国内统一后,政府对关税恢复自主,对外贸易的拓展具有了良好的条件。在30年代大危机中,中国的外贸经受了大萧条的冲击,呈马鞍形发展。在这短短的几年中,中国的外贸呈现一些新气象,在半边缘化的社会外壳下,现代化的进程在极端动荡的国内外形势下缓慢地展开。但是,这一时期的中国外贸的发展未完全转入现代化的轨道。首先,中国的外贸受内外因素的干扰,发展不稳定而且相对缓慢,这些因素的后果使外贸出口值和人均值都比较低。据统计,1933年,中国的对外贸易出口值大约为国民生产总值的9%左右。30年代中国本部的对外贸易值按人均分摊,约为每人2至2.5美元,而在1932—1936年大萧条时期只有1美元。其次,中国的外贸仍是一种畸形的、依附的、欠发展的类型,在世界贸易体系中处在半边缘的地位。怀特曾批评当时的国民政府:历史资料显示,在使国家决定性地进入工业化初期阶段,在经济增长,技术进步和经济独立方面,国民政府并未取得成功。在外贸方面同样如此,非常态的内部环境与外部因素使政府的作用削弱,制约了外贸的发展。③

---

① 中共上海市委组织部等:《上海通志》,上海人民出版社2014年版,第312页。

② 上海社会科学院经济研究所、上海市国际贸易学会学术委员会编著:《上海对外贸易(1840—1949)》(上册),上海社会科学院出版社1989年版,第204页。

③ 当然,国内也有观点认为,这一时期的国民政府的对外贸易几乎是一团糟糕。南京国民政府"黄金十年"的对外贸易,不论是从贸易数额上衡量,还是从贸易结构上考察,抑或从贸易权益上分析,均未出现大的突破和进展。参见杨福林、戴丽华:《论南京国民政府前期对外贸易的特征》,《江西社会科学》2011年第9期。我们认为这个观点过于悲观。

（七）严重的贸易入超问题

对外贸易由进口贸易与出口贸易组成。如果一国的出口大于进口，即出口贸易的收入大于进口贸易的支出，那就是贸易收支顺差，也称贸易出超；如果一国的进口大于出口，即进口贸易的支出大于出口贸易的收入，就是贸易收支逆差，也称贸易入超。在这一时期，存在的一个问题就是外贸的入超严重。

那么中国在这一时期的贸易入超到底如何呢？

首先，中国在30年代前中期，贸易入超呈现上升的趋势。从1877年到1938年，在这70年中，我们对外贸易除了有6个年份是少量出超外，其余均为入超，总计入超为120亿元。①其次，入超不仅在经济比较发达交通便利的地区发生，而且在经济落后交通不便的地方也出现，这说明外国商品的倾销已经渗透到中国的每一个角落，只不过严重程度不同而已。在当时，不仅是对外贸易比较发达，交通比较便利的西北铁路沿线产品入超，就连西南偏僻地区的贸易，各埠的入超竟达输入额的66%及输出额的194%。"这一方面表明西南地区的土产不能够外销，另一方面也标志着这一地区资金的外流和生产的萎缩。"西南和西北是中国发展比较落后的地区，但这两个地方贸易也严重入超。这一方面说明，对外贸易已经渗透到中国各个地方，中国国内市场与国际市场已经相互依赖；另一方面也说明了在国际市场中中国处在不利的半边缘地位。

三、对外贸易的制度与政策

1927—1936年，南京国民政府对外贸易制度与政策的经济现代化是在西方列强的外来压力下被迫卷入世界现代化大潮的，中国的经济现代化是外源的迟发展型现代化。构成一个国家经济现代化的有两个层次，

---

① 时事问题研究会编：《抗战中的中国经济》，中国现代史资料编辑委员会翻印1957年版，第238页。

即工业化和市场化,而在中国经济现代化进程中,1927—1936年的南京国民政府时期是一个重要的发展阶段,这个时期中国经济大发展曾被称为中国经济发展的第二个"黄金时期",它既有对前一个"黄金时期"(1913—1926年)经济发展的沿袭,又有一些变革和大发展。南京国民政府为巩固自己的统治,注重发展国内经贸,各种革新措施次第施行,我们可以通过对此时期的关税税则变迁,透视政府的外贸政策,并探讨外贸政策对对外贸易的影响。

(一)关税自主

关税自主是指一个国家根据本国的经济、政治和文化的需要,独立自主地制定本国关税制度、管理海关行政和处理关税收支的权力。这是国家独立主权的重要体现之一。近代以来,中国的关税受不平等条约的束缚,所有的进出口货物应收的税率,一律值百抽五,即内地税性质的子口税率值百抽二点五亦在协定之列。另外,还有存票退税及边关减税等特别制度,仍妨碍国内产业的发展。自关税条约协定以后,我国在国际贸易上,受了极大的打击,"洋货销售的数量,总较国货为多。"巨额的贸易入超使工商界人士十分痛心,关税已失去保护国内工业和商业的壁垒作用,关税自主是近代对外贸易发展的关键。

关税自主是南京国民政府初期轰轰烈烈的"革命外交"中的重要内容。1928年6月15日南京政府宣布北伐结束,在统一告成的当天发表修改不平等条约宣言。从那天开始至1931年日本发动"九一八事变",国民政府的修约运动前后约经历了三年时间后不了了之,内容涉及改订通商条约及关税条约、废除领事裁判权和收回租界及租借地交涉等方面。"国民政府将列强在华特权分为五大类,预定将革命外交分五期进行。第一期恢复关税自主权;第二期取消治外法权;第三期收回租界;第四期收回租借地;第五期收回铁路利权、内河航行权、沿海贸易权等。"①

南京国民政府在继承北洋政府的历史遗产和当时比较有利的国内外环境下开始了修订新约,争取关税自主的运动。1928年6月15日,国民政府外交部发表"修约宣言",内称:"中华民国与各国间条约之已届满期者,当然废除,另订新约。其尚未满期者,国民政府应即以相当之手续解除而重订之。其旧约业已期满,而新约尚未订定者,应由国民政府另订适当临时办法,处理一切。"当时,与中国订有协定关税条约的共有12个国家,此次改订通商及关税条约大体上可分为三种类型:第一类系旧约届满而另订新约者;第二类系旧约未满期而重新缔约者;第三类系原无约国如波兰、希腊、捷克与中国订约,还有与德国重新修订关税条约。

国民党南京政府外交部《关于修订新条约之宣言》发表后,条约未到期的美国首先赞同。美国驻华公使转达国务卿致中国外交部长的照会,称:"美国政府及人民,对于中国人民凡能促进统一和平及进步之一切举动,莫不表示欣慰……兹美国政府为证明上述坚信起见,预备以驻华公使为代表,与国民政府依法委派之代表,对于中美间条约关于关税之规定,即时商议,以期缔成新约。"②这说明美国把改订新约限制在关税范围之内,原因在于当时美国与中国的贸易往来并不是占优势地位,也不会因为修改关税条约而受损失。美国公使马克漠与财政部长宋子文于1928年7月25日在北京签订了《中美关税条约》。中美关税条约的签订,让南京国民政府十分欣喜。《中央日报》发表评论称:"中美关税关系条约,是中美两国有约以来的第一个平等条约,是中国修约运动的最初成功。"③条约规定:"历来中美两国所订立有效之条约内所载关于在中国进出口货物之税率、存票、子口税并船钞等项之各条款,应即撤销作废,而应适用国家关税

① 王建朗:《日本与国民政府的革命外交:以关税自主交涉为中心的考察》,中国社会科学院中日历史研究中心编《九一八事变与近代中日关系:九一八事变70周年国际学术讨论会论文集》,社会科学文献出版社2004年版,第594页。

②《中美关于修订关税条约的交涉》,熊志勇、苏浩、陈涛编《中国近现代外交史资料选辑》,世界知识出版社2012年版,第275页。

③ 卢化锦:《中美关税新约》,《东方杂志》第25卷第23号,1928年9月。

完全自主之原则。"①美国于1929年2月13日由参议院批准,1929年2月20日,两国在华盛顿交换条约文本。中美关税条约的签订,对有关各国都产生了很大的冲击,加强了国民政府在修约外交中的地位。随后,《中挪关税条约》《中荷关税条约》《中英关税条约》《中瑞(典)关税条约》《中法关税条约》也纷纷签订。在这些关税条约中,各国都宣布取消在中国的一切关税特权,承认中国有完全的关税自主权。中美关税条约的签订,对日本压力更大。《朝日新闻》的社论认为:"美国之承认关税自主权的政治上意义,以及其对国际上影响,非常重大。"②日本开始表示反对中国修改关税条约,迫于各方的压力,1930年3月12日,才在南京签订《中日关税协定草约》。1930年5月6日,由国民政府外交部长王正廷和日本驻华代理公使重光葵在南京正式签订了《中日关税协定》。经过历时两年的中日关税谈判,在其他各国承认中国关税自主后,日本最终也承认了中国的关税自主。当然,日本政府并没有无条件承认中国的关税自主,而是提出三个附加条件:第一,在3年内,中国对棉货类、鱼类及海产品、麦粉、杂品等产品共67品种110种货物的税率不能提高;第二,中国政府从关税收入中每年拨出500万元偿还日本的借款;第三,中国从1930年10月10日起废除厘金。③按照新条约:中国关税应即适用国家关税完全自主的原则,所有以前条约内所载关于在中国国境进出口货物的税率等条款,均撤销作废。中国政府开始恢复关税主权。

南京政府通过努力,终于收回了人们盼望已久的权利。国民政府能够自定税率,自由地支配税款,并基本上掌握和控制了海关的行政大权,是国民政府所取得的重大成就,基本符合国民的意愿,"这虽然不能从根本上动摇帝国主义在中国的统治,但至少减少了一些在中国的特权,是历

①《整理中美两国关税关系之条约(1928年7月25日)》,国民政府外交部档案十八/34667,财政部财政科学研究所、中国第二历史档案馆编《国民政府财政金融税收档案史料(1927—1937年)》,中国财政经济出版社1997年版,第771页。

②《民国日报》(上海),1928年7月29日。

③《中日关税协定》(1930年5月6日),南京国民政府财政部档案(三)②/4521,财政部财政科学研究所、中国第二历史档案馆编《国民政府财政金融税收档案史料(1927—1937年)》,第780页。

史的进步。"①从此,政府便可以根据本国的国情和国内外贸易形势调整进出口关税税率,制定新的进出口关税税则,这无疑为中国贸易的现代化创造了极为有利的条件。而与中国相邻的日本,早在1911年就实现关税自主,两者相差了近20年。

由于得到了关税自主权,便纠正了长期以来关税方面的两种不合理制度:一是,均一税制,即凡是进口货物不分普通品与奢侈品,均纳5%的关税。国民政府公布的国定税则,是把进口货物分为7类,按类别分别缴纳5%~30%的关税。二是,海陆关税不统一,陆关关税比海关关税少纳1/3,这次政府与各国交涉,取消了这个不合理的制度,中国的陆关与海关的税率相同,增加了关税收入。"由于取消了这两种不合理制度,使中国的关税自主权有了新的内容。"②

(二)对外贸易机构的建立与制度的形成

1.对外贸易相关机构建立

南京国民政府建立初期,对外贸易机构的建立经历了从不完善到逐步完善的过程,而这种组织机构的完善具有很强的强制性变迁的色彩。

南京政府成立之初,并没有专门的贸易管理机构,只是在1928年3月组成工商部。工商部的职责是依法令管理全国工商行政事务,该部下设秘书处和工业司、商业司、劳工司三司。工商部此时仅是一个建议和咨询性的机构,作用不是很大。

1930年11月1日的全国工商会议上成立了工商访问局,专门向国内工商界提供国内外有关信息。12月,国民政府把原设的农矿部和工商部合并成实业部,下设七司一署,并设有商约研究会等各种委员会29个,其直属机关有,南京国货陈列馆等34个单位。据1931年1月17日国民政府公布的《实业部组织法》规定:实业部管理全国实业行政事务。七司中的

① 许毅:《从百年屈辱到民族复兴:国民政府外债与官僚资本》,经济科学出版社2004年版,第106—107页。
② 李光一:《论国民党南京政府的改订新约运动》,《齐鲁学刊》1984年第4期。

商业司负责有关贸易的事项,如国营商业之设计、管理;民营商业之奖励、保护、监督、改良及推广;商品的检验;发展国际贸易;商埠商港的经营以及驻外商务官的指导监督等事项。①1931年12月,又设立"国际贸易局",作为对外贸易的咨询指导机构,主要任务是从事有关国内外商业贸易信息的收集和调查,并向国内工商界提供信息资料,便于他们更好地开展对外贸易活动。国际贸易局设局长、副局长各一人,分总务、指导、统计、编纂四组。②该局出版的刊物,有《国际贸易导报》(月刊)、《中国经济导报》(英文周刊)、《中国经济志》(英文月刊),以及各种统计、调查报告之类。1931年以后,实业部内部各司虽有所调整,但未有大的更动。专职机构的逐步建立,使外贸的管理变得更加有序,不仅对外贸的发展有积极作用,而且也反映了政府组织管理的趋于现代化。

随着战争的日益临近,国民政府的实业部整顿桐油和茶叶的外销,资源委员会整顿钨锑的出口贸易,中央信托局代理政府机构购进物品。1937年10月,在军事委员会下设贸易调节委员会。"其职能为向中国出口商提供资金上和运输上的方便,以协助其克服困难,继续经营出口。"③这些机构的设立"为日后改革贸易机构建立基础,开中国对外贸易机构方面之新记录"。全面抗战伊始,国家对进口贸易实行统制政策,实业部改组合并为经济部。

海关行政管理权的自主。广义而言,关税自主包括关税税率自主、关税行政自主以及海关税款存放的自主,税率自主是其中的主要方面。自19世纪50年代,中国海关行政管理权丧失,海关这一行政机构完全为外国人把持,成为西方列强维护其在华利益的重要工具。1927年国民党政府成立后,"一方恢复中国在关政上之主权,一方维护海关现行制度",对

---

① 立法院秘书处:《立法专刊》第五辑,民智书局1931年版,第57页。

② 实业部中国经济年鉴编纂委员会编:《中国经济年鉴》,商务印书馆1934年版,第182页。

③ 张公权:《中国通货膨胀史(1937—1949年)》,文史资料出版社1986年版,第214页。

海关行政管理制度进行了一系列改革。①南京国民政府在积极收回关税税率自主权的同时,加紧对海关行政进行改革和收回税款的保管权。1927年5月国民党政府设立财政部,下设关税处,10月改为关务署,并颁布了《财政部关务署总则》,规定关务署的职能是:负责关税税率的制订、关税的统计、税卡的设立、废止、解释关税法令。海关总税务司虽然仍由英国人担任,但他必须听命于中国政府。海关只掌管征税工作,不再拥有一切政治性的超出本职之外的职权和联系。②关税自主后的外籍总税务司英国人梅乐和的权限已不能与其前任赫德等人相比,不能再以"通令"等形式颁布法规。1929年关务署决定除特别技术人员外,海关停招外籍人员。同时注意提高海关中中国雇员的素质。一方面严格考试制度,另一方面将受过高等教育、具有丰富经验的人员派往欧美各国考察学习,回国后加以重用。1928年前的50年从来没有一个中国人升至海关税务司的职位,从1930年开始,华员担任税务司的人数在增加. 1934年为32人,而到1937年,各口岸的税务司中,已有1/3由中国人担任了。海关人员统一由关务署任命,事权统一,大大加强了行政效率。并且,除非因特别情形需要专门人才或者华员中无合适人选,否则不得任用洋员;华洋人员职权平等,合格华员与合格洋员有相等提升机会,各税务司职务,应尽量选择合格华员。"华洋官员待遇同,已无分畛域,一律平等。而处理关务,复悉为政府之命是从。"③

国民政府逐步收回海关税款的保管权。中国的关税税款长期以来是由外国银行存储和代付借款本息,关税自主后,财政部下令将国内公债基金移存中央、中国、交通三家银行。以后各种库券公债到期还本付息事宜,都由这三家银行经理。1929年1月,关务署令总税务司、各关税务司

① 海关总署《旧中国海关总税务司署通令选编》编译委员会编:《旧中国海关总税务司署通令选编》(第三卷)(1831—1942年),中国海关出版社2003年版,第274页。
②《财政部关务署总则(1927年10月20日)》,国民政府财政部档案(三)(2)929,财政部财政科学研究所、中国第二历史档案馆编《国民政府财政金融税收档案史料(1927—1937年)》,中国财政经济出版社1997年版,第784—785页。
③ 陈诗启:《中国近代海关史(民国部分)》,人民出版社1999年版,第201—204页。

经费款项,就近存入中央银行分设各处。此后,税款的保管权逐步收回,到 1942 年,已经完全收回。南京国民政府通过关税自主和关制改革运动,显示它向政治独立、经济自主迈出了一大步。

2.对外贸易相关制度、法规的确立与措施的实施

(1)驻外商务制度及各种博览会

南京国民政府向一些对外商业重要的国家派遣商务随员,令其各地领事调查各国商业需要、工业状况,随时报告,以便政府采取相应的措施。1934 年实业部《驻外商务专员章程》公布,1936 年 2 月 29 日,实业部参照各国驻外商务官制度,又修改前项章程为《驻外商务官章程》。这个章程中声明设立商务官的目的在于"明了国际贸易状况而资改进本国工商业"。商务官的主要职责有三类:一是关于调查所在国的金融交通税则和一般实业的情况,二是负责国产推销宣传,三是要完成实业部、外交部、财政部等部门交办的各种事项。①1936 年 4 月,驻外商务官首先在日本设立。实业部还出版实业部月刊、物价统计月刊,以及刊发实业统计资料,作为各地发展实业开展外贸的参考。1930 年 1 月,实行关栈制度、领事证单标记办法,在当时均含有保护国内产业,限制外国商品在中国倾销的作用,有利于国家对贸易活动的监管。1931 年,实业部在上海成立中国国际贸易协会,该组织虽然不是政府机构而是一个民间团体,但是它是由实业部遴选国内重要工商业资本家及华侨商业界要人组建的,这个团体可以有组织地开展国际贸易活动。

与此同时,国民政府加大开拓国际市场的力度,经常组织国内产品参加国际博览会,如菲律宾、芝加哥等地的商品博览会,使国货得以跨出国门走入世界市场。国民政府还鼓励在本国举办博览会。②国民党"三大"颁行《全国举办物品展览会通则》,对博览会进行大力倡导,厘定展览会涵义是"在国内各省市县提倡国货,征集物品,开会展览以供研究改良而广

①《实业公报》271 至 276 期,第 29—30 页,见沈云龙主编《近代史资料丛刊三编》(845),文海出版社 1986 年版。

②武育干:《近代博览会事业与中国》,《东方杂志》,1929 年 5 月第 26 卷第 10 号。

产销者"。规定博览会计划举办后可"请工商部签发免税证书及减费清
单"。"在《通则》的督导下,中国国货展览会的次数与频率显著增长,一切
展览会均按章而设,从此,中国国货展览会步入了制度化的轨道。"①例如
1929年浙江省政府举办的西湖博览会以发展实业,振兴社会文化的进步
为目的,在当时被誉为世界级的大型博览会。不仅对浙江省资本主义工
商业的发展产生重要影响,而且引发了极大的社会效应,在中国早期现代
化的历史上也有重要地位和作用。1936年7月,政府中华工业国外贸易
协会主办的南洋商业考察团赴南洋各埠考察,历时四个月,遍历菲律宾、
新加坡等地,所到之处,参观访问,公开演讲,展览出口品,"以调查南洋各
地商业情形与有关国货事业,互相探讨并携带样品前往展览推销,宣扬国
货为宗旨",备受当地政府与侨胞的欢迎。②

(2)限制外国商品倾销的《倾销货物税法的颁布》与提倡国货运动的
开展

由于中国实际关税水平较低,又无其他的非关税壁垒,西方工业凭借
成本低廉的优势大肆在华倾销,致使中国幼稚的民族工商业难以生存。
对此,工商业者不断呼吁政府予以扶助。1931年2月9日,南京国民政府
正式颁布《倾销货物税法》。这部法规"开创了中国反倾销立法的先河",
"寄托着民族资产阶级对维护市场正常竞争秩序的期望"。③国民政府颁
布的《倾销货物税法》适应了当时国内、国际经济形势发展的需要,对民族
企业的发展起了很大的作用。世界经济的衰退与国际贸易保护主义的抬
头是国民政府颁布《倾销货物税法》的国际背景,而当时国内民族资产阶
级的政治压力也迫使国民政府制定这项有利法规来保护本国民族产业发
展,这是一个最重要的原因。《倾销货物税法》共九条,其目的在于防止外
国货物以倾销方式影响国内市场。该税法第一条明文规定:外国货物以

---

① 乔兆红:《百年演绎:中国博览会事业的嬗变》,上海人民出版社2009年版,第364页。
② 中华工业国外贸易协会编:《南洋商业考察团专刊》,1936年版,第102页。
③ 卢征良、朱佩禧:《现实的抉择:近代中国反倾销法规的历史命运》,《2008年度上海市社会
科学界第六届学术年会文集(哲学·历史·文学学科卷)》,2008年版。

倾销方法在中国市场与中国相同的货物竞争时,除进口税外,得征倾销货物税。主要内容有:一、外国货物以倾销方法在中国市场与中国相同货物竞争时,除进口关税外,得征倾销货物税;二、被列为外国货物在中国市场倾销的三种价格行为;三、成立倾销货物审查委员会。[①]由于没有制定相关的施行细则,法律仅仅局限于条文。施行细则直到1932年12月7日才正式公布。虽然有倾销税法和施行细则,但效果却不显著,当时的社会经济环境决定了该法的失败命运。同时还通过行政手段对全国范围内的提倡国货运动予以支持,如国民党政府将1933年定为"国货运动年",1934年被定为"妇女国货年",1935年定为"儿童国货年",1936年定为"学生国货年"。"提倡国货运动与发展国货企业是相辅相成:国货运动推动国货企业的发展,国货企业的发展又促进国货运动的开展。"[②]这些举措一定程度上抵制了西方商品的倾销,对国内产业起了一定的保护作用。对于中国这样一个处于半边缘地位的国家来讲,能在倾销大潮下,保持入超值稳中有降,不能不说与含有保护性贸易政策的实施密切相关。

(3)实行出口退税和保税工厂制度

所谓"退税"是指退还出口商品中进口原料所纳的关税。如面粉出口可退洋麦进口税。1936年4月,国民党政府财政部公布了《制造货物关栈暂行章程》,规定:制造货物关栈之制品应以运销外洋为大宗;进入制造货物关栈应具备银行保证或商号保证;制造货物以适当之栈存储有外洋进口之原料、国产及其他已完税之原料及已制成之货物,应与原呈请书列明者相符,并不准供其他之用;外洋运进的制造所需材料进入关栈时免税;关栈中制造出的货物,如运入国内,照该货出栈时的状态及当时价值,完纳应征之进口税,如运至外洋,则免税验放。[③]这实际上是当今各国普遍采用的保税办法,但在当时世界各国并不多见,国民政府意能及此,显

---

① 财政部财政年鉴编纂处编:《财政年鉴》(上册),商务印书馆1935年版,第626页。

② 严国海:《中国近代国货名牌的创立》,立信会计出版社2000年版,第71页。

③ 第二历史档案馆藏财政部档案,三(2)2390(1),转引自孙玉琴、申学锋《中国对外开放史》第二卷,对外经济贸易大学出版社2012年版,第224页。

示了相当的超前意识。

(4)实行易货偿债贸易

20世纪30年代中期,国民政府对部分矿产品实行易货偿债政策和出口贸易管制。所谓"易货偿债贸易",就是西方国家向中国提供贷款,规定贷款用于中国自该国进口工业品,再以中国农产品偿还,是在贷款名义下的易货贸易。最早进行易货偿债贸易的是中德,这是民国时期两国贸易的特殊形式,也是当时两国为了各自利益的一种最优选择。

中德易货偿债贸易是有特殊的背景与原因的。"中德两国急亟发展各有所需的贸易,但均缺乏外汇和准备金,若能以某种易货方式进行,各方均蒙其惠。"这是中德易货偿债贸易的背景。一战失败后的德国,战争的赔款不仅使得国内经济困窘,而且外汇短缺,无法进行对外的交易。德国是资源严重缺乏的国家,除了褐煤能够自给自足外,85%的石油、80%的铁矿、70%的铜、90%的锡、95%的镍、98%~99%的钨和锑都需从国外进口。此外,许多农产品(包括粮食)也得依赖外购。在这种情况下,德国选择了"趋向于由物品交换途径以抵补其国外生产品之需要,藉以改善金融现状,而扩充其经济建设",并"热切希望与那些可为它提供原料及需要工业产品的国家发展易货贸易关系"。[1]为此德国政府采取了易货贸易与中国等国家进行贸易往来,以获取国内所需要的原料和产品,当然中国也是德国巨大的工业品和军火销售市场。在中德贸易中,德国对于中国工矿原料寄予厚望,其代表克兰表示:"敝国农矿原料之需要,异常广泛,足以包括中国输出可能之全部。"[2]而此时的中国成为德国潜在的伙伴,首先,中国正在进行大规模的国防建设,急需购买外国的武器和工业设备;其次,由于缺乏外汇,中国只能用出产的农矿产品换取;第三,中国蕴藏的丰富的钨、锑、锡等战略原料正是德国扩军备战所迫切需要的,于是中德

---

①[美]柯伟林著,陈谦平等译,钱乘旦校:《德国与中华民国》著,江苏人民出版社2006年版,第124页。

②《克兰关于德方所需货物情况敷翁文颛函三件(1935年10月—11月)》,中国第二历史档案馆编《中德外交密档(1927—1947)》,广西师范大学出版社1994年版,第228页。

两国达成一致意见。正如德国奥托·俄普夫公司总裁奥托·俄普夫(Otto Wolff)在《发展中德贸易意见书》中提出,中国欲实行建设计划,必须大量输入机器及其他生产工具。但因资本缺乏,原料及半熟货输出的减退,以及银币贸易受世界市场的影响,建设计的之实行殊多障碍,"而德国则适居其反,正亟图增加其工业制造品之输出,保持其购买外国原料及半制造品之能力,苟两国通力合作,互济供需,实为两利。"[①]当时的德国工业发达,技术进步,对于中国建设所需的机器及其他生产工具有比较充足的供给能力,而中国可以供给多种德国所需的各种原料,如桐油饼、饲料和战略原料如锡、钨等。当时负责这一事务的国民党资源委员会统计处少将处长孙拯也认为,奥托·俄普夫所提议组织资金团行交换贸易的办法,实适合我国的需要。于是,1934年7月底,孔祥熙与克兰在南京枯岭进行了4个星期谈判,双方于8月23日秘密签订了《中国农矿产品与德国工业品互换实施合同》,协议的目的在于:借中国农矿原料与德国工业品及其他各种成品之交换,以促进两国工业与政治之建设。协议共18条,其中第一条云:"中国政府按照商业通例,供给克兰以德国所需要之农矿产原料,须在德国口岸交货。克兰供给中国政府以中国所需要之德国工业品,及其他各种成品,须在中国口岸交货。"[②]对于易货贸易实施的具体办法,合同规定:中国政府供给德国的农矿原料,随时价计账,以作为在德国的存款,中国政府可以随时按照合同自由支配该项存款,用来购进德国工业品及其他成品。实行易货贸易后,德国在中国对外贸易中所占比例一直呈上升趋势,1934年,德国在中国对外贸易中占6.1%,1935年占8.7%,1936年上升到11.4%,1937年更是上升到11.5%。[③]《中德易货协定》成立后,两国间军火贸易也有了飞跃发展。统计表明,1935—1937年的3年间,德

---

①《奥托·俄普夫拟发展中德贸易意见书及中方之研究报告》(1935年2月),中国第二历史档案馆编《中德外交密档(1927—1947)》,广西师范大学出版社1994年版,第200页。

② 辛达谟:《德国外交档案中的中德关系》,《传记文学》第24卷第2期。

③ 沈晋康:《中德贸易统计表(1927—1940)》,中国第二历史档案馆编《中德外交密档1927—1947》,广西师范大学出版社1994年版,第226页。

国军火输华价值在其全年军火出口总值中的比率已由 8.1% 上升为 28.8% 和 37%。尽管战前德国军火之输华在客观上也在一方面帮助了中国的抗日国防建设，但就其本质而言它只不过是一种商业生意，其在政治上的影响与作用不过是其商业性质的副产品。

德国经济部长沙赫特上台后，推行"新经济计划"，支持发展对外贸易。1935年5月6日，沙赫特致函孔祥熙："前由院座与汉斯·克兰君所订立之物品互换合同，敬悉一切，并深为欣幸。沙赫特必竭尽本人一切力量，促进合同之实现也……沙赫特甚愿由一敝国适当银行团体准备货物借款，以供贵国之提用，款额暂订为2000万马克。"① 1936年4月8日，沙赫特和顾振分别代表两国政府在柏林签署了《中德信用借款合同》（又称《易货协定的补充信贷合同》）将1934年签订的合同升格为两国政府间官方正式的易货协定。与此同时，德国政府将向国民政府提供数额为1亿马克的商业信贷用于两国"易货贸易"。 1934—1936年间，中德易货贸易采取了"补偿贸易"和"ASKI"马克两种类型的贸易形式，所谓"补偿贸易"是允许进口商将其商品低价销售给出口商，出口商则用外汇向进口商付账，交易允许出口商以大大低于市面价值在中国低价销售货物。ASKI是德语"Auslandersonderkonto für Inlandszahlung"的缩写，意为国内付款的外国特别账户。在"ASKI"马克贸易中，德国进口商收到同其实际货物相比已大大涨价的货款并将之存入授权银行的"ASKI"账户上，然后他将其ASKI马克减价卖给德国出口商。这样，出口商就可以降低其产品价格，而同时进口商在出口交易的进程中得到补偿。上海的德商会指出，这两种贸易形式对德国对华输出的增长起了很大的作用。在易货偿债的政策下，中德两国的贸易往来有了很大进步，1936年，德国已成为中国的第三大贸易伙伴。当希特勒于1941年7月承认汪伪政权后，中德外交关系的断绝，易货贸易也停止。

---

① 辛达谟：《德国外交档案中的中德关系(5)》，《传记文学》第42卷第3期。

(5)海关缉私制度的建立

关税自主前,近代中国在不平等条约的束缚下的海关税率被压得很低,"进出口除禁运和限制物品有较多的走私外,其余货品的走私还不严重。"①关税自主后,国民政府加重税率,一些不法之徒为逃避海关税,便开始猖狂走私,以图暴利。靠近香港和澳门的华南地区走私较为严重,华北和东南地区在日本的操纵下走私也日盛。缉私是国家赋予海关的一项重要权能。为加强缉私,南京国民政府制定规章,并采取一系列措施来遏制走私活动。

首先,健全海关缉私组织机构。1931年1月于总税务司署内添设缉私科,专门负责统筹规划、部署落实全国海关缉私工作,协调各关缉私事务,统一政令,统一领导指挥。并自1932年起,先后于江海、粤海、津海、九龙、厦门等重要缉私关区设立缉私课,总理该区缉私工作。海关缉私组织机构的健全,保证了缉私行政的正常运转,使各项具体措施得以贯彻落实。

其次,制订缉私法规和相关的奖励制度。1932年,缉私科先草拟了一个海关缉私法,经过征求各界意见,并参考各国缉私法令,最后形成了正式条例。1934年6月19日,财政部颁布了《海关缉私条例》(以下简称《条例》)。该条例为我国设立海关机构以来首次制定的第一个缉私成文法规。《条例》内容涉及面很广,是缉私行为的重要法律依据。《条例》明确规定了海关员警执行缉私时的搜索对象、空间和时间范围及扣留货物的程序,并明确规定对走私行为的构成及对违章货物、货主、报关行、舟车运输工具等的处分罚则。②该条例分总则与分则两大部分共7章54条,分则按照缉私环节分为查缉、扣押、罚则、处分程序、执行、附则共6章,设计比较完善合理。"从立法角度讲,中国政府完成了收回海关缉私主权的任务。这个条例对当时中国海关缉私工作的顺利推进,有了很大的帮

① 姚永超、王晓刚编著:《中国海关史十六讲》,复旦大学出版社2014年版,第127页。
② 立法院秘书处:《立法专刊》第十辑,民智书局1934年版,第1页。

助。"①可是这个条例对于武装走私并无明文制裁规定,因此当日本在华刮起武装走私狂潮时,不能不另行设置措施以对付之。据《海关缉私条例》第31条的规定,1934年11月成立了海关罚则评议会,受理中外商民不服海关处分的抗议案件。为了进一步提高缉私的积极性,1936年6月,财政部又制定了《缉获私货从优给奖办法》。由于走私之风甚盛,国民政府加重对走私犯的处罚。1936年6月8日,行政院公布《修正惩治偷漏关税暂行条例》。其中规定:"如果偷漏关税者,处三年以上、七年以下有期徒刑;偷漏在一万元以上者,可以处死刑或无期徒刑。"②另外还颁行了一些缉私办法和章程,主要有《禁止一百吨以下之轮船或电船往来外洋贸易办法》《船只进口呈验单照章程》《海关管理航海民船航运章程》《装货甲板征收船钞办法》《取消洋货复出口退税存票办法》《关栈货物增加储存便利办法》《管理报关行章程》《海关缉私界程以十二海里为限之规定》等。

再次,筹划沿海巡缉事务和创建海上缉私武装。1927年南京国民政府建立初期,海关只有大小巡船10艘,大小巡艇43艘,以小船、小艇居多。一些船舰年代久远,最高时速均不超过12节(海里)。为此政府加强了缉私的装备建设,到1934年底,海关已拥有一支26艘巡缉船的主力缉私舰队,拥有长100英尺以上的主力巡缉舰26艘,部署在北自山海关,南迄东京湾的中国海岸,担任深海缉私;100英尺以下巡缉艇40余艘,担任港湾缉私工作。新造的巡缉船性能良好,最高时速均在12海里以上。③为建立缉私情报协作网,各海关间还设置了专用无线电台,以利各关协同缉私。海上布起了严密的防走私之网,陆上也成立关警队,分布在沿海各关,重点布防香港、澳门、广州湾、越南这四个地方的走私。经过多年的苦心经营,海关缉私组织"业已规模大备,堪与他邦缉私设置,互相媲

---

① 孙宝根:《论1934年"海关缉私条例"的历史地位》,《求索》2007年第2期。
② 海关总署《旧中国海关总税务司署通令选编》编译委员会编:《旧中国海关总税务司署通令选编》(第三卷)(1831—1942年),中国海关出版社2003年版,第398页。
③《海关制度概略丛刊》第10册缉私问题,第1页,转引自孙宝根《抗战时期国民政府缉私研究1931—1945》,中国档案出版社2006年版,第190页。

美"。①组织完善了,缉私成效也显著增加。海关缉获走私货充公变价及罚款金额从1931年的270万元猛增至1934年的790余万元,增长了近3倍,挽回了损失,增加了政府的财政收入。

国民政府建立初期,国民政府的外贸管理机构趋于健全,各部职权渐趋分明,管理由紊乱趋向协调,参照国际机制的各种相关制度陆续出台。这些努力有助于国家对出入口商品进行合理的调控监管,有效地避免了以前管理上的漏洞。后发展国家向现代化转型时期,国家的权威起着很大的作用,甚至是决定性的,外贸管理机构的设立与相关制度的颁布是体现国家主导作用的重要载体,这对于完善外贸市场也有一定的作用。20世纪30年代的中国外贸所处的条件是较不利的,面临困境的外贸出口各行业需要国家为之提供帮助,而政府的财政困窘使之无法提供更多的金钱,仅以相关政策提供宏观指导,公布信息以便于各行业与各地方相机行事,但国民政府对外贸易的管理政策还不足以效仿西方国家积极的不干预政策。其管理的总体趋向是逐渐加强政府机构的管理职能。

(三)关税政策与对外贸易

关税自主后,协定税则变为国定税则。工商界人士普遍希望修改进出口税则,采取保护贸易的政策。国民政府顺应民意,多次修改进出口税则,调整进出口货物的税率,以求真正达到关税壁垒的作用。

1.进口税则的四次修订

就进口税则而言,自1929—1937年,计修改四次,下面分述之。

(1)1929年进口税则

1928年12月7日,国民政府公布新税则,规定1929年2月1日施行。新税则将以前均一的值百抽五税率,改为差等税率,税率分别为7.5%、10%、12.5%、15%、17.5%、22.5%、27.5%。最低为7.5%,最高则为27.5%,

①《海关中外贸易报告》(1935年),中国第二历史档案馆、中国海关总署办公厅编《中国旧海关史(1859—1948年)》第118册,京华出版社2001年版,第16页。

同时宣布取消2.5%的附加税和奢侈品附加税。税类分为14类780目,以一年为有效期。[1]

这个税则,是关税自主后施行的第一个国定税则。税则虽对税率有所提高,但内容多是根据关税会议中美英日代表的建议,自主中呈现着非自主。1929年非竞争性进口商品的税准增至17.2%,竞争性进口商品的税准增至9.0%,而1928年时非竞争性进口商品的税准为5.1%,竞争性进口商品的税准为4.1%。在1929年的进口税则中,生活必需品的税率增至22.2%,比1928年的5.1%增长了4倍还多。[2]生活必需品是民众必须消费的,国内也无可替代性产品,进口量弹性小,增加这类商品的关税目的在于增加关税收入。因此,1929年进口税则是"由协定税则向国定税则的过渡办法",是一个比较典型的财政性税则,带有旧税则的许多缺陷和不足。

1929年下半年,世界金价暴涨,银价低落,影响到海关税收和财政收入。1930年2月,中国政府宣布以海关金单位计征进口税,以值60.1866公厘纯金为单位。每一海关金单位等于0.40美元,或英磅19.65便士,或0.8025日元。[3]宋子文这样看待按海关金单位计征进口税的必要性,"因金价猛涨,以关税收入偿付外债及赔款之汇兑,损失不少……改用金单位征收,一方面为保护关税收益,不致过于低落;一方面为补救债金汇率,不致过于受亏。"[4]海关金单位同外币有固定的比率,避免了受世界银价的下降给国家财政税收造成的严重损失。

(2)1931年进口税则

1930年12月29日,政府公布新税则,明令1931年元旦起施行,这是

①《七级差等税之研究》,《银行周报》,第12卷第47期,1928年11月。

②郑友揆:《中国的对外贸易和工业发展(1840—1948)》,上海社会科学院出版社1984年版,第82页。

③宋子文:《关于征收海关进口税一律改用海关金单位计算电》(1930年1月15日),载中国第二历史档案馆编《中华民国史档案资料汇编》第五辑第一编财政经济(二),江苏古籍出版社1994年版,第34页。

④宋子文:《国民党第四次全国代表大会财政报告》(1931年11月),《革命文献》第27辑,第319页。

第二次修改进口税则,通称"31进口税则"。

1931年进口税则的修改是依据以下三个原则进行的:第一,发展国内工业所必需的原料,当减轻其进口税;第二,国内工业必须发展者由政府帮助,使不受外货竞争的影响;第三,抵补裁减各税。按照货品的性质,针对进口贸易与国内市场需求状况,分别厘定税率。修改后的税则,税率增高的货物有451项,税率减低的为150项,未变动者为232项。[①]税率共分12级,最高税率达50%,最低税率为5%,平均税率为16.3%。烟酒的税率最高,为值百抽五十,绸缎磁器次之,呢绒人造丝又次之,其中和国产蚕丝竞争的人造丝为值百抽三十,机器等进口值百抽五。

1932年4月,对上述税则作了部分修改,主要是增加糖品税率。8月间,立法院第196次会议通过增加特种奢侈品税率,人造丝、绸缎、酒、玩具和游戏品等税率提高自25%~75%不等。这两次修改,带有明显的保护色彩,但其出发点和宗旨仍是增加海关收入,充裕国库。1931年的进口税则(因1932年的修改仅为小范围的变动,故把此次修改也归入1931年进口税则)虽有保护的色彩,但仍笼罩在财政关税的阴影之下,只是较1929年的进口税则稍有进步而已。

(3)1933年进口税则

1933年5月,中日关税协定所列互惠附表满期,南京政府对全部税则作了修改,旨在保护国内实业,限制洋货进口,这是第三次修改进口税则。财政部在修改提议案中称:"现行海关进口税则公布以来,已愈两年未动,而世界经济变动剧烈,进口货物产销状况也较前多有不同,为海关税收计,为国内实业计,修订税则符合时宜。"[②]此提议经中央政治会议第357次会议议决通过。这些修改税则的原因在于:挽回我国对外贸易的增势;

① 中国科学院上海经济研究所上海社会科学院经济研究所编:《南洋兄弟烟草公司史料》,上海人民出版社1958年版,第381页。

② 《行政院奉准财政部关于修订海关进口税则提案的密令》(1933年5月26日),载中国第二历史档案馆编《中华民国史档案资料汇编》第五辑第一编财政经济(八),江苏古籍出版社1994年版,第68页。

预防关税收入之减少;增高中日关税协定关系货品之税率;酌减贵重品之税率;订正货价之标准;修改税则之品目等级。[①]这次进口税则,就整个税则的平均税率比第三个税则提高了6.7%。[②]

新税则把1932年4月增加的糖品、人造丝、绸缎、游戏品、药品、酒和人造靛等税率纳入新税则中。税则共计16类672目,综观全部税则货品,较之1931年的进口税则,增高税率者385项,减低税率者92项,不动者433项,最高税率值百抽八十,比前次税则的最高税率值百抽五十又大幅度提高,这项税则明令于1933年5月22日起施行。1933年进口税则的税率分为5%、7.5%、10%、12.5%、15%、20%、25%、30%、35%、40%、50%、60%、70%、80%等14级,从量、从价税率并用。[③]同时,为了限制洋米的输入,保护农业起见,把向来免税进口的米谷小麦杂粮等,规定从1933年12月16日起,征收进口税,对救济国内农业的衰落有积极的作用。

新税则对货品作了正确的分类。把以前的一些按照从价征税的货物改为从量征税,手续变得更为简捷。同时,新税则中各项的增减税率项目,"均具有保护关税性质",大大利于国内工商业者,实非浅鲜。对机器、汽车零件和木材等建设性器材分降税率,旨在满足国内实业发展的需求,增加生产性设备,提高劳动生产率,振兴民族经济。1933年的关税是有意识地利用进口关税保护中国的工业并且创造有利投资的条件。

新税则的一个突出的特点是大大提高了日本货的进口税率,从而限制了日货在中国市场的发展。正如修改税则报告中所称,新税则修改的一个原则就是"要增高中日关税协定关系货品之税率"。例如,对棉绸的税率提高80%,对毛织品提高200%。对各种等级的纸张提高8%到28%,人造丝、鱼类和其他水产品,这些日本大宗输出的商品也大大提高了税

①《财政部拟订1933年进口税则草案节略》,国民政府财政部关务署档案一七九②/5523,财政部财政科学研究所、中国第二历史档案馆编《国民政府财政金融税收档案史料(1927—1937年)》,中国财政经济出版社1997年版,第806页。

②虞宝棠:《国民政府与国民经济》,华东师范大学出版社1998年版,第58页。

③《中华民国海关进口税税则》(民国22年)。

率,日货占中国市场优势的局面得以改动,日本商品的销售额减低了近一半或2/3,新税则达到了不再给日本以特惠的目的。相反,这次税则有利于英、美、德等国的商品进口。

1933年的进口税则之修订,标志着南京政府把保护国内实业以求经济发展放在了重要位置。关于这次税则修订的性质,有人认为:"1933年度的关税改订具有保护关税的性质。"①也有分析认为:"关于1933年关税税率的性质,财政部是使其具有财政关税与保护关税的双重意义。若考虑到前述1932年部分关税税率的改订过程,则财政部的重心虽然无疑是在于财政关税的性质部分,但对于立法院所代表的保护国内产业的意见,财政部也明显地表现出了重视之意。原本财政关税与保护关税的倾向,只是出自于财政部政策目的的优先顺位问题,对于国内产业的保护,财政部自始即未有轻视之意。"②尽管有争议,但以往的研究表明,在各次修订的税则中,这是保护色彩最浓、评价也最高的一次。新税由于不利于日本对华扩张,遭到日本的竭力反对,认为这是仇日的证据,因而施加压力以求修改。"东京对南京施加压力,改变宋子文设计和制定的税则中的税率。"③1933年10月25日,主持修订此税则的财政部长兼行政院副院长宋子文突然辞职,这是可能重新修改税则的预兆。

(4)1934年进口税则

1934年6月30日,国民政府公布新的《海关进口新税则》,财政部定于7月1日起施行,并通令各海关遵照办理。这次修改税则的主要原则:为补助财政及维持实业起见,对若干种进口货品酌加税率;为调剂海外贸易起见,对于若干种进口货品,酌减税率。新颁布的税则有两个较明显的特点:

其一,减低了日货的进口税率,满足了日本的要求。1934年的税则

① 吴大业:《新颁进口税则之检讨》,《中国经济研究》(下),南开大学经济研究所,1938年2月,第917—918页。

② 陈群元:《国民政府1933年关税税率问题与日本:税率公布之前的双方动向》,栾景河、张俊义主编《近代中国:文化与外交》下卷,社会科学文献出版社2012年版,第809页。

③ [美]帕克斯·M.小科布尔著,蔡静仪译:《上海资本家与国民政府1927—1937》,世界图书出版公司2015年版,第101页。

一反前次保护性的关税,对于大部分日货重新降低进口税,如:染色棉布为17%~39%,鱼类是14%~26%,印花棉布是2%~48%,进口税率的降低,使日货如潮水般涌入中国市场,民族企业再次面临激烈的竞争。国内工商界、商会团体纷纷致电政府,反对海关进口新税则。上海市商会的电文称:对制成品棉织奢侈品如海味,本应加重税率,政府反而"以调剂一国之海外贸易为辞,偏有例外",这样做的后果只能是"在外人固正中下怀,在华厂身临绝境"。[①]日本则从新税则中获利颇丰,深表满意。

其二,新税则的保护色彩大为逊色,关税的财政色彩浓厚。新税则提高了几种非竞争性产品的税率,其中很多是中国工业必需品。"原棉税率提高43%,金属货物20%~25%;机器及工具33%~100%;矿物及金属元素4%~55%和煤油28%。"[②]这些货品进口数额庞大,政府可通过征税增加关税收入,充裕国库。国内所缺乏的化学产品及染料、丝类的税率也相应略有增加。这些举措引起国内工商界的恐慌和不安,指责新税则内容颇不合乎保护关税的原则,国产品将大受打击。上海商会声称:"各项机械进口税较前均有增加,不啻阻塞国内工业之建设,使举国日用品所需恃给于外人。"因而商会要求政府收回成命,以保护幼稚的工商业。其实,1934年的进口税率同英美等国相比差距甚大。中国税率平均为31.3%,美国为53.2%,英国为43.3%。这说明,处于半边缘化即半殖民地化地位的中国,其进口税率的保护性还不能与西方贸易发达国家相提并论。全部进口商品的平均税率,加上附加税,到1928年为止大约为4%~5%,1928年税则实施以后超过了10%,1930年税则实施后差不多达到15%,1933年税则达到20%,1934年税则实施后进而达到30%的水平并维持下去。

国民政府提高进口关税,不仅有效地遏制了外国商品在中国的倾销,而且有效地保护了民族工商业的利益,并为拓展海外市场创造了有利条

<hr>

① 《上海华商纱厂联合上电汪院长等反对新订海关进口税则》,天津《大公报》1934年7月8日第4版。

② [美]帕克斯·M.小科布尔著,蔡静仪译:《上海资本家与国民政府1927—1937》,世界图书出版公司2015年版,第102页。

件。关税自主后,我国进口税率水准是不断提高的,其水平与欧美各国最近税准相较,似有过之而无不及。"例如德、意二国之进口税准仅为25%左右,法国为15%左右,日本及美国之税率(包括免税品在内)各仅6%及17%。如以征税货品为准,则前者为20%,后者为60%左右。英国之进口税准亦不过30%。"①同时,国民政府的关税收入也明显增加。1928年,中国海关进出口税收为7200万元,而到1937年,海关进口税收增加到2.6亿元。

2.出口税则的三次修订

就出口税则而言,在南京国民政府成立之前,一直沿用咸丰年间的出口税则,其税率一律值百抽五。1926年10月起,各货开征2.5%的附加税,合为值百抽七点五。南京国民政府成立后恢复关税自主权,颁布了《中华民国海关出口税税则》,到抗战前夕三次加以修订。

(1)1931年出口税则

1931年5月7日,国民政府明令公布海关出口税则,定自本年6月1日起施行,此为第一次修改出口税则。这是按照工商部在1929年12月草拟的关于修订出口税则呈文中的三项原则所作的修订,三项原则为:第一,竞争品税率应低,尤应视竞争之程度分别酌定;第二,出口货物在本国用途甚少,而出产剩余,税率应低;第三,出口货物为国内工业主要原料者,税率应高。新税则共分六类二百七十项,税率属于从量部分者,大约为值百抽五;属于从价部分者,除有二十五项为值百抽五外,其余皆为值百抽七点五,仍照海关两征收,茶、绸缎、金银、草帽等完全免税,棉花、羊毛、骆驼毛绒等税率加重。此次税则,先后对一些出口产品如丝绵、丝纱、纯蚕丝制暨杂蚕丝制衣服及衣着零件、米谷、小麦、荞麦、高粱、小米和各种杂粮等免征出口税。这次出口税则修订的原因是,在1931年出口税则制订前,国民党政府财政部曾在修改出口税率草案说明中写道:"……关于税制者,创办新税非易,至出口税本为旧有,稍事增改,不另设机关,不

① 郑友揆:《中国近代对外经济关系研究》,上海社会科学院出版社1991年版,第59页。

增加人员,经费照常,而征收便利……本年度财政不敷之数至少为一亿四千三百万元,且五十里内常关,现拟一并取消,其向征常税六百余万元,亦无着落,均需筹划抵补。"[1]这段话清楚地说明了,出口税则修改的原因,更多是为弥补财政损失。

新税则原则上仍保留旧的出口税制,但对于特种货物则予以免税或减轻税率的待遇。就贸易来讲,新出口税则增税者不过约2%,对于商业的影响不大。出口税则免除绸缎等的出口税,则可以起到保护国内丝绸等业的作用。此次出口税则豁免了转口税,"具有提倡海外贸易奖进商业之性质。"但是政府鉴于贸易现状不宜采取过剧变动的缘故,基本承袭旧税则,所产生的保护效应也极为有限。

(2)1934年出口税则

1931年颁布的出口税则,正值世界贸易不景气时期,国货的出口未见有长进,反而"颇见衰颓",故在1934年6月18日,国民政府公布《修订海关出口税则》,这是第二次修改。

这次修改税则遵循的原则是:第一,在财政许可范围之内,对于原料及食品,在外国市场推销最感困难者,酌量减免税收;第二,在财政许可范围之内,对手工艺制品,宜于奖励输出者,酌量免税。[2]较1931年的出口税则,税率减低者有35项,如蚕品、油类、药品等,新增免税货品44项。由于减免税收的原因,国民政府的税收损失每年达310余万元。表面上看,此次出口税则使出口受益,政府受损,具有很强的保护性,但减免税收是以财政的承受力为最大限度的,保护性受到极大的限制。

(3)1935年出口税则

1935年5月,国民政府为振兴国内实业和促进外贸发展起见,对出口税则作了第三次修订,并于同年的6月25日公布。这次税则修订依据的原则是:凡出口货品减免其税率,可期增加输出者,不专注重大宗货品,概

---

①《申报》1931年3月19日。
②张生:《南京国民政府的税收(1927—1937)》,南京出版社2001年版,第25页。

予分别减免,其税则第270号包括之未列各出口货物,予于免税;与其他国产品竞销剧烈的出口货物,分别减免税率。①根据以上原则,有130余种货品减免税率,其中减税者80余种,免税者50种,超过征收税制的半数以上,税收损失达国币300万元。

1935年的出口税则注重保护国内实业和加强出口货品的竞争能力,但由于新税则的施行将大大减少关税收入,财政亏空也无以弥补,因而新税则并未真正施行,仍采用1934年的出口税则,一直到抗战前夕。

国民政府还颁布转口税则。何谓转口税?"转口税者,即本国土货从此一商埠出口转运至他一商埠所征之税。"②转口税旧中国海关对本国货物于国内运输时征收的一种国内关税。1926年,政府施行二点五附税,转口税率遂增至7.5%。转口税经修订全部税则所载号列,计有632项,其中从量税为461项。从价税为125项。其余46项,则为免税品。转口税税率为5%,附加2.5%,共为7.5%。"凡土货从一通商口岸运到另一通商口岸,或运往内地经某一通商口岸时,除免税项目外,一律照纳转口税。转口税实为一种国内通过税,与业已废除的厘金属于同一性质,不利于国内商品流通,当在废止之列。"③

国民政府的进出口税则的变迁表明:一是,进出口税则的变迁,常常受到非经济因素的干扰,根据本国的经贸发展状况制定税则的自主性受到极大限制。进出口税则的频繁更动,反映了政府的输出输入贸易政策缺乏系统性和稳定性。二是,通过进口税则可以看到摆脱了鸦片战争以来旧条约的严重束缚以后,国民政府不断提高进口税率,客观上起到了一定限度的保护国内产业,限制输入的作用,这种输入贸易政策的基本走向是正确的。三是,从各出口税则制定的原则和内容来看,为推广海外贸

---

① 《国民政府准中政会通过行政院关于修订出口税则草案(密)训令》(1935年5月21日),载中国第二历史档案馆编《中华民国史档案资料汇编》第五辑第一编财政经济(二),江苏古籍出版社1994年版,第132页。

② 马寅初:《马寅初全集》(第十卷),浙江人民出版社1999年版,第118页。

③ 黄天华:《中国税收制度史》,中国财政经济出版社2009年版,第443页。

易,政府采用减免关税的措施,奖励有竞争力的原料品和制成品出口,政府的这种输出贸易政策客观上有利于扭转严重的贸易入超,虽然效果并不是非常突出。

(四)政府对外贸易政策的评价

上面我们研究了南京国民政府的外贸政策的方方面面,这种外贸政策是在积极引进西方的先进经验的同时,结合中国的国情的不断近代化的过程。这种渐进近代化的外贸政策,对抗战前的对外贸易发展有着一定的积极影响。

1.提高进口税率,减少贸易入超,控制洋货盲目进口

中国对外贸易在长期处于不利地位的一个重要原因在于丧失了关税自主权。关税自主以后,进口税率不断提高,1931年提高为10%,1933年为20%,1934年已达25%,1936年更是高达30%,比关税自主前提高了26个百分点。税率的不断升高,有助于遏制洋货大量进口,入超形势有所改变。例如:1930年外贸入超值为414 912千关两,1936年则降为151 350千关两。以国币元为单位计算进口贸易额,也呈现相同的减少趋势(见表1-8)。

表1-8　1928—1935年关税进口税准与进口贸易额情况

年份	1928	1929	1930	1931	1932	1933	1934	1935
平均税准%	4.3	10.3	12.0	16.3	16.7	23.1	31.2	32.1
进口贸易额（百万元）	1530	1620	1723	2002	1524	1345	1030	919

资料来源:平均税准根据郑友揆统计;进口贸易情况来源于[美]阿瑟·恩·杨格著,陈泽宪、陈霞飞译:《一九二七年至一九三七年中国财政经济情况》,中国社会科学出版社1981年版,第544—545页。

1927—1936年,国民政府的进口税率税准总体趋势是上升的(见表1-9)。这种提高进口税率的输入政策,有利于政府对世界各国的商品倾销进行有效的控制,防止洋货的过分倾销。1926—1933年,竞争性进口

商品占总进口量的比重由 81.2% 降为 67%,非竞争性进口商品占总进口量的比重由 18.8% 降为 33%。①因此,国民政府提高进口税率,客观上限制了外国商品的大量输入,保护了国内产业发展,也有进口替代的积极作用,这种进口贸易政策的基本走向是正确的。但如果仔细分析进口税的结构,我们可以看到,生活必需品的提高速度远高于奢侈品的提高速度。对于国内工业发展急需的生产材料,政府也是不断提高进口税率。这在很大程度上反映了,政府制定进口贸易政策时,是把增加政府的财政收入作为首要目标的,保护国内工业发展则属于次要目标。即便是保护色彩最浓的 1933 年税则也不例外。该年的进口关税在国民政府历次进口税则中对国内经济和民生需求的保护作用评价最高,"但 1933 年关税仍有对国内经济民生保护不到位之处,如无竞争性商品中,进口生活必需品那一类税课过重,增加了民众生活的负担,具有财政关税的色彩。"②在国民政府的历次进口税则修改中,中国的民族资本家都会进行不同的请愿活动,希望提高一些与国产品竞争激烈的加工棉布、小麦粉、轮胎、水泥、纸张、灯泡等的进口税。这也在一定程度上反映了进口税的提高有时并没有真正做到保护国内实业之目的。

表1-9　1927—1936 年中国进口税率税准变动(从价%)

年份	进口税率税准					
	粮食	生活必需品	奢侈品	生产材料	总计1	总计2
1927	*	4.7	4.9	4.2	3.9	3.5
1928	*	4.8	4.9	4.5	4.3	3.9
1929	*	13.7	16.0	9.6	10.9	8.5
1930	*	16.8	19.0	10.3	12.0	10.4
1931	0.2	27.7	26.0	12.1	16.3	14.1
1932	*	30.3	32.4	13.5	16.7	14.5
1933	0.1	53.9	34.3	18.0	23.1	19.7
1934	27.6	74.2	32.4	22.1	31.2	25.3

① 郑友揆:《中国的对外贸易和工业发展(1840—1948)》,上海社科院出版社 1984 年版,第 82 页。

② 樊卫国:《近代关税改革后税则变化对民族经济影响》,《上海经济研究》1998 年第 5 期。

年份	进口税率税准					
	粮食	生活必需品	奢侈品	生产材料	总计1	总计2
1935	26.3	76.4	39.5	23.2	32.1	27.2
1936	26.3	83.7	38.1	23.6	31.4	27.0

注:*不及0.05%。总计1和总计2,为两种方法计算所得的进口税率税准。

资料来源:刘克祥、吴太昌主编:《中国近代经济史(1927—1937)》中册,人民出版社,第1412页。

20世纪30年代大危机期间,各帝国主义国家纷纷向外倾销自己的商品,企图向别国转嫁危机。对于中国这样一个处于半边缘地位的国家来讲,能在倾销大潮下,保持入超值稳中有降,不能不说与含有保护性输入政策的实施密切相关。

2. 减免部分出口货物关税,鼓励出口贸易,有利于国内工商业发展

1929年资本主义世界爆发经济危机后,各资本主义国家纷纷向中国推销商品,抢占市场。本来基础就很薄弱的中国民族资本主义经济在这样险恶的外部环境下,出口贸易受到严重影响。针对这种情况,南京国民政府一方面提高了进口税、限制洋货在华倾销外;另一方面,为了发展本国民族资本主义,提高本国出口产品竞争力,还对一些大宗出口物品予以免税减税待遇,以鼓励土货、国货向海外拓展市场。在国民政府的几次税则修改中,都有减免税率的出口商品。例如,1930年9月,总税务司署规定对国内出口外洋的各种茶一律予以免税,对沿海运输的红茶、茶砖及小京茶亦一律免税。1931年起,国民政府国定税则委员对各种茶叶以及抽纱品、花边、绸缎、茧绸、草帽鞭、发网、伞等,均予以免税出口。1934年修订出口税则后,又将免税出口的货品范同扩增至44个号列。[①]这就在一定程度上使中国出口贸易下跌有所缓解,并且在1936年后有逐步回升的趋势。就出口值来讲,1932年为167 498千美金,1933年降为159 075千

① 《中国海关通志》编纂委员会编:《中国海关通志》第二分册,方志出版社2012年版,第776页。

美金,此后出口值有所回升,到1936年时达至209 689千美金。这在世界各国纷纷筑起关税壁垒的经济危机时期是"奇迹",至少说明中国的出口贸易没有停滞。

对出口的减免税政策,刺激了相关工业的发展。关税自主的一个重要目的就是保护国内产业的发展。"我国之国内外商业都不发达.可谓皆由关税不能自主而来。若欲望实业与商业之发达,非关税先得自主不可。"①关税问题与中国民族资本工业的发展有着重要的联系,民族资产阶级希望政府提高关税来限制有竞争性的外国产品的输入,以确保本国商品的国内市场,所以民族资产阶级对国民政府税则的改订,每次都寄予很大希望。国民政府关税税则的颁布,在一定程度上刺激了国内工业的发展,如1930年修订税则即提高了火柴、瓷器、糖、水泥、玻璃、肥皂、化妆品、丝、人造丝及毛织物的进口税,1933年税则又降低了机械、机具、化学染料、轻工原料等的进口税。其次,是对棉花、棉纱等大宗出口物品予以减免关税待遇,鼓励国货外销。②如1933年税则以后,"国内工业在比较高税率保护之下,旧工厂方事扩充、新工厂方经设立者,流动资本,皆已化为地皮、房屋、机器等固定资本。"③"固定资本的增加,标志着中国工业的有机构成提高,这是中国工业获得发展的主要表现。"④在20世纪30年代上半期,中国工业产品总值从1929年的7.73亿元增加到1936年的12.27亿元。⑤这和关税的保护作用是密切相关的。作为中国现代工业先锋的棉纺织业,1927年全国有纱锭2 685 000枚,布机29 788台,到1936年已增加到纱锭3 546 371枚,布机52 603台,分别增长了50.5%和76.8%。其他行业也有程度不同的发展。在这一时期,中国的出口商品,除了传统的农副产品和手工业产品有增长外,如生丝、茶叶、桐油、猪鬃、蛋品等,轻工

①《王正廷近言录·外部工作于废除不平等条约》,上海现代书局1933年版,第29页。
② 徐建生:《民族工业发展史话》,社会科学文献出版社2011年版,第114页。
③ 石柏林:《凄风苦雨中的民国经济》,河南人民出版社1993年版,第58页。
④ 李权时:《中国关税问题》下,商务印书馆1936年版,第304页。
⑤[美]阿瑟·恩·扬格著,陈泽宪、陈霞飞译:《一九二七年至一九三七年中国财政经济情况》,中国社会科学出版社1981年版,第347页。

业产品达到自给或基本自给程度的有棉织品、丝织品、针织品、面粉、卷烟、火柴、植物油等,而且这些机制轻工业品已经开始出口。因此,在国民政府关税政策影响下,棉纺与面粉这些已经发展起来的轻工业发展更加迅速。一些新兴的民族工业,如化工、金属、机器、纤维加工等业的生产总值和企业规模也有迅速的发展。国民政府的关税政策,对当时的民族工业的发展产生了一定的积极作用,当然也有不足之处。①正如当时上海的商会给政府的电文所说:"关税提高后,华厂虽幸免舶来品之竞争,仍难脱外商之桎梏。"②

到20世纪30年代,中国出口商品的品种范围大为扩展,有棉纺织品、针织品、毛麻纺织品、搪瓷器皿、肥皂、面粉、调味品、电灯电器、文具、玩具、化妆品等几十种数百个品牌。"轻工业品(主要是日用百货)出口1913年仅30.6万关两,1936年增至919.3万关两,增加了29倍,其占上海出口比重也由1913年的0.17%上升到1936年的3.95%。据估计,1931年上海机制工业品出口大约1亿关两,占上海出口总额的30%~40%,比晚清时代的不足10%大为提高。"③国民政府的出口鼓励政策,虽然并没有扭转中国对外贸易发展入超的局面,也没有真正地促进中国从一个农业国转变为工业国,但其对经济贸易的促进作用还是值得加以肯定的。

3.输出入贸易政策的推行,使进出口贸易结构趋向合理化方向

南京政府的国定税则,对进口货物的加减税虽有财产因素的干扰,但对不同的商品也依据国内市场需求制定税则。一般而言,对与国货竞争激烈的产品加重税率,限制奢侈品入关,而对国内实业发展的机器等设备则实行低税率,尽量满足各企业扩大生产规模更新设备的要求。如1929—1931年机器进口值总共才有7300万元,而1933年的一年就有

---

① [日]久保亨:《二十世纪三十年代中国的关税政策与资产阶级》,载张仲礼主编《中国近代经济史论著选译》,上海社会科学院出版社1987年版,第252页。

②《四川经济月刊》第2卷,第1期(1934年7月),转引自黄逸峰、姜铎等编著《旧中国民族资产阶级》,江苏古籍出版社1990年版,第361页。

③ 马学新、陈江岚主编:《当代上海城市发展研究》,上海人民出版社2008年版,第24页。

4300万元,1934年便跃居进口货物第一位,增加到5900万元以上。①大宗的粮食进口则由于米粮征税而下降,改变了以往各类物品不加限制进口的局面。就20世纪二三十年代的进口商品变化来看,已经呈现多样化的趋势。棉制品等商品的输入减少,机器车辆、金属矿砂等商品的输入增加。据日本学者久保亨分类统计,中国进口的初级产品比例从1926年的35.9%下降到1936年的29.8%,轻工业产品比例也由1926年的43.6%下降到1936年的14.3%,而重化工业产品进口则从1926年的18.9%提高到1936年的47.0%。②由此可见,中国已经不再是一个单纯进口工业品的国家,而是大量进口一次产品和重化学工业产品,轻工业已经实现了部分进口替代。

就出口而言,传统的大宗出口商品如生丝、茶叶、大豆等由于竞争激烈和其他因素而出口额下降,其他手工艺品和轻工产品等新商品出口额增加,1932年至1937年间出口的主要货物,除谷类及动物外,纺织品、生丝、猪鬃、金属皆为工矿产品单调的出口商品显然已经多样化了。1926—1936年期间,在出口方面,初级产品由39.2%增加到42.7%,重、化工业产品的出口比例由2.9%提高为6.5%。中国手工业品的出口呈递增趋势,从1926年的31.7%增至1936年的36.9%。③但是这一时期工业产品进出口的净差额(进口额减出口额)1926年差额为42 300万元,1933年减至11 600万元,1936年更减至4000万元。④总之,"我国近代高附加价值、高质量、深加工产品的生产能力有了初步发展。"⑤以纺织品为骨干的轻工业在进

①孙健:《1871—1947年各年十二项主要进口货物统计》,《中国经济史——近代部分》,附表64,中国人民大学出版社1991年版,第840页。

②[日]久保亨著,王小嘉译:《近现代中国的对外贸易结构和工业发展》,载章开沅主编《对外经济关系与中国近代化》,华中师范大学出版社1990年版。

③[日]久保亨:《近现代中国的对外贸易结构和工业发展》,载章开沅主编《对外经济关系与中国近代化》,华中师范大学出版社1990年版。

④[日]久保亨著,王小嘉译:《走向自立之路:两次世界大战之间中国的关税通货政策和经济发展》,中国社会科学出版社2004年版,第204—205页。

⑤张东刚:《总需求的变动趋势与近代中国经济发展》,高等教育出版社1997年版,第188页。

口替代取得成效的同时已有部分出口导向的成果;重化学工业也比以前有了初步的发展。

4.增加财政收入为主,保护国内产业为辅的贸易保护政策

关税具有财政收入效应,是指征收关税对政府财政收入的影响。"庶政百端,非财莫办。"值得注意的是,国民政府以提高进口关税率为输入贸易的主要政策,很大程度上是为增加政府的财政收入,保护民族工商业的作用,仅占次要地位。在南京国民政府的财政收入中,关税、盐税和统税三项收入占国民政府财政收入的90%(见表1-10)。关税自主以后,国民政府的关税收入是不断增加的。据统计,1931—1935年,国民政府年均财政实收仅为5.7亿元,而关税收入在税收预算一般占50%以上,有些年度甚至高达70%(1934和1935年,由于贸易减少及日本的侵略、走私,关税收入只有3亿元左右)。从内部结构分析,主要是进口税、出口税和转口税三种形式占主要地位,1932年以后,关税的附加税也成为重要来源。"财政是百政之首,财政收入的增加,对于整个国家运转和建设意义重大。"[①]

表1-10　1927—1936年关税、盐税、统税实收情况　单位:百万元

年度	税项收入	关税		盐税		统税		三税所占比重(%)
		数额	%	数额	%	数额	%	
1927	46.5	12.5	27.0	20.8	44.7	6.0	12.9	84.6
1928	259.6	179.1	69.1	29.5	11.4	29.7	11.4	91.9
1929	416.2	275.5	59.7	122.1	26.4	40.5	8.8	94.9
1930	535.0	313.0	58.5	150.5	28.1	53.3	9.9	96.5
1931	615.2	369.7	60.1	144.2	23.4	88.7	14.4	97.9
1932	583.0	325.5	55.8	158.1	27.1	79.6	13.7	96.6
1933	659.4	352.4	53.4	177.4	26.9	105.0	15.9	96.2
1934	417.6	71.2	17.1	206.7	49.5	115.3	27.6	94.2
1935	385.3	24.2	6.2	184.7	47.9	152.4	39.6	93.7
1936	1057.3	635.9	60.1	247.4	23.4	131.3	12.4	95.9

---

① 张宪文、张玉法主编:《中华民国专题史》第六卷,南京大学出版社2015年版,第280页。

资料来源:杨荫溥:《民国财政史》,中国财政经济出版社 1985 年版,第 47 页。

　　政府限制进口的政策也存在很大的局限性,就与世界发达国家相比,中国的进口税率仍是较低的,这一时期税率的水平可以从税收和货物进口之间的价值比率看出,1929 年以前,两者的价值比为 4%,1930 年上升为 10%,1931—1932 年为 15%,1933 年为 20%,1934—1937 年则提高到 25% 以上。这样缓慢上升的税率水平虽有助于限制洋货入口,外来货品行销并未严重受阻。就 20 世纪二三十年代中国与世界关税水平比较,以 1934 年为例,美国的关税水平为 53.2%,英国为 43.3%,中国仅为 31.3%。[①]中国的关税自主和不断提高税率,导致日本的不满,这不仅导致日本走私和漏税,而且是导致日本侵略的主要经济因素。同时,政府的鼓励出口贸易政策没有起到立竿见影的效果,出口贸易结构未发生根本之变动,出口品仍以原料品和初级品为主,外贸入超的状况也没有根本转变。

　　总之,中国的对外贸易在世界贸易体系中仍处在半边缘化的地位。全面抗战前的十年,是中国近代经贸发展的相对稳定快速的时期。贸易的方式、交易制度、商品结构、组织形式等带有鲜明的资本主义色彩。我们必须肯定,这些在中国对外贸易发展中是有利于国计民生发展的积极因素。虽然这时的对外贸易仍存在许多不利因素,是资本主义对中国的一种经济掠夺,"但从长期趋势和发展方向来看,近代对外贸易毕竟是对我国经济发展和社会进步起了积极作用。"[②]当然,肯定对外贸易发展的近代化趋向,并不否认外贸的发展存在着许多非现代性的因素。中国对外贸易在世界贸易中处于不利地位的一个重要的因素,是中国在丧失了两个主动权。"一是关税的主动权,二是价格的主动权。这两个主动权的

[①] 资料来源:[英]马里欧特:《现代英国》,商务印书馆 1963 年版;[美]福克纳:《美国经济史》,商务印书馆 1964 年版。转引自李良玉《论民国时期的关税自主》,《南京大学学报》1986 年第 2 期。

[②] 丁日初、沈祖炜:《对外贸易同中国经济近代化的关系》,《近代史研究》1987 年第 6 期。

被剥夺,中国的对外贸易,就难免受制于人的被动局面。"①虽然国民政府关税自主收回了关税的主动权,但是并不彻底,而价格的主动权更是一个长期的过程,是要在国际市场上激烈竞争的结果。当然,除了这些外在因素之外,还有很多主观因素。如政府的财政性关税政策时常减弱保护的色彩,政府的强制性制度变迁要多于诱致性制度变迁,外贸发展战略的非自觉性与非持续性,国内市场的不健全等等,这些因素无疑都是向现代型外贸转向的障碍。怀特曾批评当时的国民政府:历史资料显示,在使国家决定性地进入工业化初期阶段,在经济增长、技术进步和经济独立方面,国民政府并未取得成功。②在外贸方面同样如此,非常态的内部环境与外部因素使政府的作用削弱,制约了外贸的迅速发展。在这一时期,虽然商品的进出口结构发生了一些新变化,但是进口商品仍以直接消费资料为主,出口商品以农产品原料及手工制品、半制品为主,这种贸易格局表明此时的中国对外贸易并没有摆脱半殖民地的社会性质。

本章小结

1927—1936年间,中国的对外贸易在复杂的国内外大背景下曲折发展。从总体趋势来看,这十年的贸易发展是呈马鞍形的态势,并呈现出一些与以往发展不同的特点。国民政府统治前期,通过其"革命外交"实现关税自主后,制定了一系列相关政策与法规,逐步形成了比较成熟完备的对外贸易政策体系。③与对外贸易直接相关的政策主要包括关税政策,商检贸易政策,限制外国商品倾销、促进出口政策,实行易货偿债贸易和出口贸易管制政策,海关缉私政策,出口商品管理政策等几个方面。间接的政策主要包括金融政策、利用外资和技术等政策。通过这些政策与法

---

① 汪敬虞:《浅议近代中外经济关系的评价问题》,《近代史研究》1991年第1期。
② 怀特:《为什么中国未能走上日本道路》,载罗荣渠、牛大勇主编《中国现代化历程的探索》,北京大学出版社1992年版,第248页
③ 代表性的论文是罗红希:《民国时期对外贸易政策研究》,湖南师范大学博士论文,2014年。

规,国民政府"初步构建了保护主义贸易政策体系"。①因此,我们应该客观评价这个时期的对外贸易政策:一方面,国民政府的对外贸易政策有其争取独立自主,保护中国贸易利益的积极因素;另一方面,由于国民政府自身存在的弱点,这一时期的对外贸易政策又带有半殖民地半封建的性质。从前面国民政府对外贸易发展的阶段来看,我们可以认为:国民政府统治前期的外贸政策对外贸的发展既有积极的正面效应,也有一定的消极的负面效应,中国的外贸政策还未完全迈入现代化的轨道。这种制约除了中国自身发展的后发劣势因素外,制度变迁的时滞也是一个重要因素,即制度创新滞后于潜在利润的出现,潜在利润的出现和使利润内部化的制度安排建立之间存在着一定的时间间隔。从对外贸易的总的特点来讲,在国民政府统治时期,中国的对外贸易依然没有摆脱农业大国的贸易形态,中西贸易的交流,尤其是进口贸易的不断增加,对中国的社会经济产生了极大的作用,仿佛在中国社会投入一块巨石,掀起轩然大波,中国的经济结构、商业结构、社会结构甚至思想文化等领域都发生深刻变动。

---

① 参见罗红希:《民国时期对外贸易政策研究》,湖南师范大学博士论文,2014年,第三章、第四章。

第二章　对外贸易与市场变动、社会经济的变化

民国时期,中外贸易的活跃促使中国近代贸易也加快转型。所谓的"近代贸易转型"就是指在中国传统贸易基础上,资本主义的贸易近代化因素的增加。"近代贸易的方式、交易制度、商品结构、组织形式等带有资本主义因素,代表了中国近代贸易发展的新趋势。"[1]以往的研究多强调西方资本主义经济对中国的危害,对其带来的积极的作用基本是忽视的,客观来讲,中国近代对外贸易的近代化也是在这种外力下推动发展的,对我国的工业化、市场化以及社会的近代化起了一定的积极作用。[2]

出口贸易的发展,需要适应国际市场的需求,进口贸易的不断增长,推动了国内市场的扩大。在中国近代市场发育过程中,对外贸易也影响了国内社会经济的变迁。本章主要围绕进出口贸易与国内外市场的互动,以及对外贸易发展与国内社会经济的关系来展开论述。

一、出口商品与国际市场

国外需求的扩大促进了国内生产的繁荣。20世纪之后,世界市场基本形成,国际市场竞争激烈,中国出口商品受国际市场和价格的影响越来越大。在中国对外的出口贸易中,主要是农产品、手工艺品、矿产品和一些简单的机制品。尤其是在农业生产朝着市场化和外向化方向发展以

---

[1] 陈国庆主编:《中国近代社会转型研究》,社会科学文献出版社2005年版,第21页。
[2] 参见丁日初、沈祖炜:《对外贸易同中国经济近代化的关系》,《近代史研究》1987年第6期。赵德馨认为,经济现代化包括市场化与工业化两个层次,市场化是基础与前提,经济现代化是从市场化起步到工业化,然后市场化与工业化互相促进的过程。赵德馨:《市场化与工业化:经济现代化的两个主要层次》,《中国经济史研究》2001年第1期。

后,农产品的出口增加,种类繁多。就中国的出口商品构成来看,主要可以分为三类:一类是中国传统的出口商品,如生丝及丝织品、茶叶等,这类出口商品由于国内技术落后与国际市场竞争的激烈而呈现下滑趋势。另一类则是适应国际市场新需求的农矿产品,如中国的豆类、植物油、羊毛、猪鬃等农产品及钨、锑、锡等矿产品,这类出口商品在中国出口商品中比重呈上升趋势,例如,茶、丝两项,1920年占出口总额的比重为20.2%,1931年则降为16.9%,1936年只占12.1%。新兴的出口商品,如桐油和豆油从1931年的8.4%上升到1936年的18.7%。同时,矿砂与金属的出口也有增加,从1931年的1.6%上升到1936年的7.7%。[1]第三类则是中国自己生产的机制品,这类出口商品比重虽然不大,但反映了中国工业的进步。

(一)出口商品的结构

中国对外贸易的出口商品情况大致如下。如果按经济类别来分,可以分为饮料和食物、原料、半制成品、制成品和其他几类。按照郑友揆的统计(见表2-1),从1928到1936年间,饮料和食物的出口比例从22.5%下降为11.0%,而半制成品和制成品的出口比例有所上升,半制成品从1928年的占出口总额的20.1%上升为22.3%,制成品则从41.9%上升为44.2%;原料的出口则保持大体不变趋势。严中平的统计资料则呈大体相同的情况。1920—1936年间,中国的农产品和矿产品的出口占出口商品的比重几乎为50%;其次为制成品和半制成品,而在制成品中,手工的机制品则占30%左右,机器的制成品仅仅占7%左右的比例。

表2-1 按经济类别划分的出口商品(百分比)

品种	1925年	1928年	1931年	1936年
牲畜	*	0.1	*	*
饮料和食物	23.3	22.5	22.6	11.0

---

① 章开沅:《中国经济史》,高等教育出版社2002年版,第292页。

品种	1925年	1928年	1931年	1936年
未制成	7.1	6.1	10.8	4.8
已制成	16.2	16.4	11.8	6.2
原料	15.4	13.9	21.7	13.4
半制成品	21.8	20.1	19.7	22.3
制成品	38.1	41.9	34.4	44.2
其他**	1.4	1.5	1.6	9.1
合计	100.0	100.0	100.0	100.0

*不足0.05%。**,主要是军火

资料来源:郑友揆:《中国的对外贸易和工业发展》,上海社会科学院出版社1984年版,第45页。

表2-2　1920—1936年间中国各年出口货物分类统计　单位:千元

年份	总计	原料			半制成品		制成品	
		农产品	矿产品		手工	机制	手工	机制
			手工开采	机器开采				
1920	843 860	36.4%	0.9%	2.8%	8.2%	12.3%	31.2%	8.3%
1930	1 394 167	45.1%	1.2%	3.4%	3.5%	12.2%	27.1%	7.4%
1936	705 742	44.1%	2.6%	1.6%	6.7%	5.6%	32.4%	7.1%

资料来源:历年海关报告。严中平等编:《中国近代经济史统计资料选辑》,中国社会科学出版社2012年版,第52页。

从表2-2可知,这一时期中国对外出口的具体商品反映出中国的出口基本是以农矿产品等为主,机制品较少的这样一个商品结构。根据严中平的统计资料(见表2-3),1929—1936年间,中国出口的12项主要出口的商品是茶叶、丝类、豆、豆饼、花生、棉花、棉纱、桐油、猪鬃、蛋类、锡、钨砂和其他。中国传统的出口商品茶叶、丝、豆的出口有下降趋势,在这个时期,国际市场对桐油的需求增加,因此在1933年以后,桐油的出口比重不断增加,从1933年的4.9%增加到1936年10.3%。根据郑有揆的统计资料,也基本是这样一个情况(见表2-4)。

表2-3　1929—1936年12项主要出口货物所占出口总值的比重　单位:%

年份	茶	丝	豆	豆饼	花生	棉花	棉纱	桐油	猪鬃	蛋	锡	钨砂	其他
1929—1931	3.6	12.1	14.8	5.5	2.2	2.9	2.5	2.7	1.1	5.0	0.8	0.3	46.5
1933	5.6	7.8	0.8	*	2.8	4.9	6.5	4.9	2.0	5.9	3.3	0.5	55.0
1934	6.7	4.5	1.3	*	2.2	2.8	5.8	4.9	2.8	5.6	2.6	1.1	59.7
1935	5.2	6.3	0.9	*	3.5	3.8	3.3	7.3	2.8	5.6	3.5	1.2	56.6
1936	4.4	5.2	1.1	0.3	1.6	4.0	1.7	10.3	3.5	5.9	3.8	1.3	56.9

历年海关报告

(1)出口各项总和为100,(2)1933—1935年豆饼一项占出口总值不及0.05%。

资料来源:严中平等编:《中国近代经济史统计资料选辑》,中国社会科学出版社2012年版,第56页。

表2-4　中国出口商品分类(净值,百分比)

总值		1925年	1928年	1931年	1936年
	1000（关两）	776 353	991 355	909 476	452 979
	%	100	100	100	100
丝及丝织品		22.5	18.4	13.3	7.8
茶叶		2.9	3.7	3.6	4.3
豆类及豆饼		15.9	20.5	21.4	1.3
籽仁及油		7.9	5.8	8.4	18.7
蛋及蛋制品		4.3	4.4	4.1	5.9
生皮、皮革、皮货		4.0	5.4	4.1	5.7
矿砂及金属		2.9	2.1	1.6	1.7
煤炭		2.6	2.9	3.0	1.6
棉纱和棉制品		2.0	3.8	4.9	3.0
棉花		3.8	3.4	2.9	4.0
其他		31.2	29.6	32.7	40.0

资料来源:郑友揆:《中国的对外贸易和工业发展》,上海社会科学院出版社1984年版,第43—44页

1927—1936年间,中国的出口商品受国际市场需求的变化而有所变动。1927年以后,中国传统的出口商品如丝、茶、豆类等,受到国际市场的冲击日渐衰落,新的原料出口替换品增加,如煤、矿产品等。1931—

1932年，豆类、生丝、蛋类、茶叶等排在出口商品的前列。[①]1932年东北沦陷后，大豆在出口贸易中地位下降，茶、棉花出口受到别国的挤压难于维持稳定的出口率，籽仁、植物油（包括桐油）上升为出口大宗。据张玉法统计，1935和1936年排在前五位的新出口商品为桐油、金属矿砂、皮货、五金等。[②]表2-5就这个时期中国出口商品的具体情况进行分析。

表2-5　1929-1936年输出商品顺序变迁表

年份	第一	第二	第三	第四	第五	第六	第七	第八	第九	第十
1929	豆类	生丝	蛋类	皮货	茶叶	金属	煤	棉花	杂粮	桐油
1930	生丝	大豆	蛋类	豆饼	杂粮	桐油	煤	棉花	茶叶	金属
1931	豆类	生丝	豆饼	蛋类	棉花	杂粮	茶叶	煤	皮货	花生
1932	豆类	生丝	蛋类	茶叶	棉花	棉花	花生	绸缎	桐油	棉纱
1933	生丝	棉纱	蛋类	茶叶	桐油	棉花	绸缎	金属矿砂	皮货	花生
1934	茶叶	棉纱	蛋类	皮货	生丝	桐油	豆头	金属矿砂	编制品	籽仁
1935	桐油	生丝	蛋类	五金	茶叶	籽仁	皮货	棉花	花生	棉纱
1936	桐油	金属矿砂	蛋类	皮货	生丝	茶叶	籽仁	棉花	猪鬃	羊毛

资料来源：武育干：《近十年来的中国国际贸易》，中国文化建设协会编《十年来的中国》，上海商务印书馆1937年版，第211—262页。

（二）主要外销性农副产品与出口市场的扩大

在这里，我们分析几种主要的出口农副产品，以分析其出口状况与国际市场需求变动的关系。

1.茶叶与生丝

茶叶和生丝是中国传统的出口商品（见表2-6），在近代中国的对外贸易中占有重要地位。

1840年以后，中国的茶叶贸易曾经经历了由独占—垄断—占优势—逐步衰落的过程，尤其是民国时期，中国茶叶海外市场容量急剧收缩，最

[①] 中国第二历史档案馆编：《中华民国史档案资料汇编》第五辑第一编财政经济（八），江苏古籍出版社1994年版，第1168页。

[②] 张玉法：《中国现代史》（下册），东华书局1981年版，第530页。

后失去了在世界茶叶市场份额上的垄断优势地位。[1]18世纪到19世纪中叶之前,这是中国茶叶出口的快速增长时期。茶叶是中国最早的出口商品,"因其独特的饮食、医疗效用逐步为欧洲人接受,深受其欢迎,渐渐风行欧洲各国,蜚声世界,成为与咖啡、可可并列的世界三大饮料之一。"[2]18世纪以后,欧美国家消费市场对茶叶的旺盛需求刺激了中国茶叶出口贸易的发展,中国茶叶出口急剧增加,出口的茶叶品种主要有红茶、绿茶、砖茶、茶末和小京砖茶,一直是对西方贸易的大宗商品,在世界市场上占有重要地位,其中英、美、俄是中国茶叶在海外的主要市场。19世纪中叶以后,国际茶叶的市场竞争,印度、日本、锡兰(即今斯里兰卡,下同)等国茶叶也开始大量出口,中国茶叶的垄断贸易地位动摇。1889—1920年中国茶叶海外市场容量约为47 742 448担,年均出口149万余担。1921—1949年中国茶叶海外市场容量约为15 188 450担,年均仅仅约52万余担。[3]中国茶叶在世界茶叶生产中比重也持续下降,1896年,华茶占世界茶的生产量的比重为42.1%,1919年则急剧下降为10.7%,1920年时仅占世界茶产量的6.5%。[4]可见,中国的茶叶经历了供不应求到国际市场冷落的大波动。

茶叶具有健胃、提神、清热、解毒、消暑、防病等诸多功能,合理饮用是有利于人们的身心健康的。茶叶的大量输出,有利于改善西方人的饮食结构,提高消费能力和消费水平,促进了劳动力的生产和再生产。到了1927年,茶叶的出口虽然已经风光不再,但在中国出口的商品中依然维

① 张丽等:《经济全球化的历史视角:第一次经济全球化与中国》,浙江大学出版社2012年版,第114页。关于中国茶叶的发展阶段问题,陶德臣把近代中国茶叶贸易划分为垄断世界市场(1840—1870年)、迅速发展达到巅峰(1871—1890年)、急剧衰退(1891—1920年)三个时期。陶德臣:《近代中国外销茶的发展阶段与特点》,《中国农史》1996年第2期。庄雪岚认为近现代茶叶对外贸易可分三个阶段:1840—1886年为兴盛时期,1886—1949年为衰落时期,1950—1988年为恢复发展时期。(陈宗懋主编:《中国茶经》,上海文化出版社1992年版,第39页)

② 胡赤军:《近代中国与西方的茶叶贸易》,《东北师大学报》(哲学社会科学版)1994年第1期。

③ 陶德臣:《清代民国时期中国茶叶海外市场容量分析》,《农业考古》2014年第5期。

④ 秦含章:《中国农业经济问题》,新生命书局1931年版,第297—298页。

持在前十位。

表2-6　中国茶叶、生丝出口量和出口值

年份	茶叶出口		生丝出口	
	出口量(担)	出口值(关两)	出口量(担)	出口值(关两)
1927	872 176	31 616 946	160 002	128 705 732
1928	926 022	37 133 853	180 186	145 443 481
1929	947 730	41 252 428	191 528	147 700 575
1930	694 048	26 283 923	151 430	109 181 400
1931	703 206	33 253 158	136 196	83 865 067
1932	653 556	24 958 821	78 219	33 194 609
1933	693 757	21 947 076	77 083	30 952 194
1934	778 194	23 169 800	54 507	15 098 893
1935	630 842	19 014 239	76 271	22 437 273
1936	499 248	19 718 420	62 714	23 538 937

资料来源:(1)1927—1928年的量、值转引自杨端六、侯厚培《六十五年来中国国际贸易统计》,国立中央研究院社会科学研究所1931年版;(2)1929—1931年的量、值根据蔡谦、郑友揆《中国各通商口岸对各国进出口贸易统计》,商务印书馆印行,1936年整理;(3)1932—1936年的量、值根据1933年和1936年的《海关贸易报告》整理,其中1932年以后《海关贸易报告》计值改用"关金",这里将其折算为"关两";1934年以后《海关贸易报告》计量改用"公担",这里将其折算为"担"。转引自袁欣《对外贸易经济效益研究》,中山大学出版社2004年版,第180、181、184页。

就中国茶叶出口的贸易国别来看,中国的出口地区由原来的以欧美国家消费为主变为以北非地区消费为主(见表2-7)。英国是中国出口茶叶的首要市场之一,这和中英最早开始贸易的历史传统是有一定关系的,英国人习惯了饮用中国的茶叶。进入20世纪30年代以后,茶叶的出口区域有所变化。在1931年之后,英国进口的花茶比例有所下降,而美国的进口下降速度是很快的,从1920年的28.16%,急剧减为3.77%,苏联的出口比例也由1931年的26.19%下降为1936年的9.23%,中国茶叶的主要出口地已经由欧美地区变为北非地区。民国时期,中国茶叶在国际茶叶市场竞争中成为失败者,到1930年时中国茶叶的出口为93 540千磅,占国际市场地位只有10.16%了,其在国际市场上的地位逐渐被印度、锡兰和日本的茶叶所替代。①

表2-7　花茶出口国别的比重变化表(1920—1936年)单位:%

年份	英国	美国	苏联	北非	其他
1920	12.99	28.16	4.48		54.37
1931	10.62	9.98	26.19	30.93	22.28
1936	10.33	3.77	9.23	45.71	25.96

资料来源:上海社会科学院经济研究所、上海市国际贸易学会学术委员会编著:《上海对外贸易(1840—1949)》上册,上海社会科学院出版社1989年版,第248页。

中国的茶叶一直是英国市场上的畅销品,但1891年以后,这种局面发生逆转。英国是西方世界最大的茶叶消费市场之一,英国商人也长期主导茶叶的国际贸易,英国对茶叶的需求与日俱增,"茶叶已成了联合王国全部人口必需的日用品之一"。英国茶叶年均消费数量由1840—1844年的37 588千磅上升至1930—1933年间的452 143千磅,人均消费量也由1.39磅增长到9.83磅,茶叶的消费量10倍于咖啡,3倍于可可。②茶叶在欧洲国家代替酒类成为人们喜欢的饮料,英国对茶叶的消费需求是不断上升的。茶叶一度成为中国对英国贸易的主要出口商品。③例如,1866年至1878年间,中国出口的茶叶70%~80%是出口到英国。④1882—1890年中国茶叶出口到英国的比例平均占出口总量高达41.14%。1891年后,英国从印度进口的茶叶数量增加,对中国茶叶的进口则急剧减少。1891—1913年时则急剧下降到平均数只有13.68%,而1913年时最少,仅为5.26%。⑤1927—1936年期间,中国茶叶在英国市场的地位已经

① [美]威廉·乌克斯:《茶叶全书》下册,上海开明书店1949年版,第119页。

② [美]威廉·乌克斯:《茶叶全书》下册,第133、64页。

③ 中国史学会主编:《中国近代史资料丛刊·鸦片战争》(2),新知识出版社1955年版,第647页。林齐模:《近代中国茶叶国际贸易的衰减:以对英国出口为中心》,《历史研究》2003年第6期。

④ 陈慈玉:《近代中国茶业的发展与世界市场》,台湾"中央研究院"经济研究所编《现代经济探讨丛书》第6种,1982年版,第306页,附表2"1863—1920年中国茶输出国别统计与百分比例"。

⑤ 徐雪摘译:《上海近代社会经济发展概况》,上海社科院出版社1985年版,第382页。

无足轻重,最高的年份也不足5%,这表明中国茶已基本失去主市场英国(见表2-8)。

表2-8　中国茶在英国茶叶消费数量中所占的地位　单位:千磅

年度	英国全年消费数	直接输入合计	印度	锡兰	荷属东印度	中国	
						数量	比例
1927	412 438	526 555	307 246	144 908	62 586	11 814	2.8%
1928	419 694	505 499	298 861	139 717	58 903	8018	1.9%
1929	425 000	553 727	317 522	155 311	72 467	8377	1.9%
1930	439 000	529 573	299 437	153 883	67 462	8790	2.0%
1931	462 000	528 239	292 004	160 514	68 196	7525	1.6%
1932	455 000	569 079	331 532	172 230	59 848	5428	1.2%
1933	438 209	483 694	278 827	149 511	47 359	7859	1.8%
1934	432 471	499 291	290 552	155 274	35 148	17 746	4.1%
1935	442 950	464 926	278 691	143 986	32 534	7300	1.6%
1936	444 300	481 600	268 700	145 200	38 100	8700	2.0%

资料来源:《贸易月刊》,1941年2月号,第20—21页,见许道夫《中国近代农业生产及贸易统计资料》,上海人民出版社1983年版,第259页。

这种变化的原因主要有两个方面:其一是,英国人的饮茶口味发生变化。印度茶叶的生产和销售紧跟市场需求,欧洲技师能够根据英国消费者的口味,"制造各种等级的茶叶以满足市场的需要。"[1]英国消费者的口味发生变化,由原来的味淡质差的中国茶转而嗜好质高味浓的印度茶;其二就是印锡、日本茶猛烈扩展,中国茶叶对英出口则随着印度和锡兰茶叶出口的不断增加而持续下降,逐渐被挤出英国市场。中国茶叶的生产基本采用传统的手工技术制作,而印度的茶叶技术已经大规模采用机器生产,现代化技术的印度茶叶打败了手工保守的中国茶叶。1918年以后,印度成为世界茶业的最大出口国,锡兰则成为世界第二大茶叶输出国,爪哇成为世界茶叶第三大出口地,中国则沦落成为四号茶叶出口国。1882年中国茶销往英国的数量占输出总量的50%,1891年只有25%,"1921年

① 林齐模:《近代中国茶叶国际贸易的衰减:以对英国出口为中心》,《历史研究》2003年第6期。

仅为7.32%,比30年前降低3倍多。"①

中国茶在美国市场上的销售也呈现同样的萎缩趋势(见表2-9)。20世纪前十年,中国茶叶在美国市场上占50%左右的份额,1920年到1927年仅剩11%左右。②1930—1936年间,中国茶在美国茶叶市场的销售大多为7%左右,日本为27%左右,而印度和锡兰则为67%上下,中国茶叶在美国的市场有1/3被日本人所获取,也被挤到边缘地位。

表2-9　中国茶在美国茶叶市场中所占的地位　单位:千磅

年度	合计	中国		日本		印度、锡兰等	
		数量	占%	数量	占%	数量	占%
1930	84 925	6467	7.62	20 948	24.67	57 510	67.72
1935	87 995	8613	10.00	22 734	27.06	56 648	62.68
1936	83 561	6240	7.42	21 129	24.85	56 192	67.46

资料来源:《贸易月刊》,1941年2月号,第29页,见许道夫《中国近代农业生产及贸易统计资料》,上海人民出版社1983年版,第260页。

中国茶叶出口的衰弱,一方面反映了中国对外出口商品的多元化趋向,另一方面也是国内外因素造成的。就外部因素来看,印度、锡兰和日本的茶叶,由于采用机械化生产、注重提高产品质量和适应市场需要,再加上有利的交通运输条件,因此在国际茶叶市场上的竞争力不断加强。正如汪敬虞先生所评价的:"资本主义条件下的大生产,优越于半殖民地半封建条件下的个体小生产。在某种程度上,生产落后决定了贸易的落后。"③当然,中国茶叶在国际市场占有率不断萎缩的主要原因还在于自身一些问题,从自然条件、生产技术、组织形式、政府干预等很多方面都限制了中国茶叶的发展,路径依赖进入锁定状态就会停滞不前,一旦遇到世界其他国家产品的竞争,原来的贸易优势就会失去,进而被淘汰。进入

---

① 陶德臣《近代中国外销茶的发展阶段与特点》,《中国农史》1996年第2期。

② 许道夫:《中国近代农业生产及贸易统计资料》,上海人民出版社1983年版,第260页;孙玉琴:《中国对外贸易史(中卷)》,中国商务出版社2015年版,第147页。

③ 汪敬虞:《中国资本主义的发展和不发展:中国近代经济史中心线索问题研究》,经济管理出版社2007年版,第302页。

20世纪以来,世界各国对中国茶叶的出口需求量下降,贸易条件对中国越来越不利,进一步限制了中国茶叶的对外贸易。因此,中国茶叶在国际市场竞争的失利,其最主要的原因在于不符合市场的规律,没有满足国际消费者的需求。①

2.生丝的国外市场

在中国的传统出口商品中,生丝也经历了一番波折。中国是丝织生产大国,也是生丝出口大国(见表2-10)。1926年,国内生丝的产量为294 380担,出口168 563担,出口占总产量的57%。②中国的大部分生丝产量被用于外销,同时期,欧美国家(西北欧和美国)丝织工业的生丝原材料基本上依赖进口,每年消费生丝60万~80多万担。甲午战争后,中国生丝出口以法国、美国为主要市场,对法美两国的出口一般占全国生丝出口的70%以上(包括从香港转口出口),其他国家则包括印度和意大利。③

进入20世纪以后,中国的生丝面临世界市场的压力增加,生丝出口减少。中国生丝出口量在1929年时达到历史最高峰,计189 980担,值23 009万元,在出口总值中占14.5%。1930年开始下降,1933年只有77 083担,价值4825万元,在出口总值中占7.8%,1934年54 531担,价值2352万元,在出口总值中占4.8%。④1935年以后才略有回升。④在一战以后,美国丝织业发展,成为世界第一生丝消费大国,这时华丝的出口面临的主要问题

---

① 关于中国近代茶叶的相关研究文章主要有:汪敬虞:《中国近代茶叶的对外贸易和茶业的现代化问题》,《近代史研究》1987年第6期;陈慈玉:《近代中国的茶叶发展与世界市场》,台湾"中央研究院"经济研究所1982年版;陶德臣:《伪劣茶与近代中国茶业的历史命运》,《中国农史》1997年第3期;胡赤军:《近代中国与西方的茶叶贸易》,《东北师大学报》1994年第1期;陶德臣:《福州开埠与近代福州茶市》,《古今农业》2001年第3期;林齐模:《近代华茶国际贸易的衰减——以对英国出品为中心》,《历史研究》2003年第6期;袁欣:《1861—1936年华茶贸易衰弱的数量分析》,《中国社会经济史研究》2005年第1期;仲伟民:《近代中国茶叶国际贸易由盛转衰解疑》,《学术月刊》2007年第4期。

② 张丽等:《经济全球化的历史视角:第一次经济全球化与中国》,浙江大学出版社2012年版,第112页。

③ 上海社会科学院经济研究所、上海市国际贸易学会学术委员会编著:《上海对外贸易(1840—1949)》(上册),上海社会科学院出版社1989年版,第268页。

④ 丁日初:《近代中国》第3辑,上海社会科学院出版社1993年版,第119页。

就是在国际市场上和日丝的竞争。"美国为全世界消费生丝最多之国家,华丝销美,向居重要地位。但自日丝倾销以后,美国丝市,殆全部为日丝所垄断。"[1]1931年,日丝输美占美国生丝进口的86%,而华丝则下降到11%。[2]中国生丝绝大部分经上海、广州两港出口,尤其上海成为生丝出口的主要港口,大约70%的中国生丝要经由上海出口到世界。1935年上海生丝出口量较1934年增加132%,广州则减少36.47%。[3]

表2-10　1928—1937年中国生丝总产量与出口量统计表　单位:关担

年份	1928	1929	1930	1931	1932	1933	1934	1935	1936
生丝总产量	268 485	273 362	262 236	262 235					193 173
生丝出口量	151 814	160 461	125 231	103 932	66 744	75 856	52 738	73 751	61 427
出口占百分比	56.5%	58.7%	47.8%	39.6%					31.8%

注:生产量数据采用徐新吾的研究数据. 出口量数据采用藤本实也的研究资料。

资料来源:徐新吾主编:《中国近代缫丝工业》,上海人民出版社1990年版,第661页;陈慈玉:《近代中国的机械缫丝工业(1860—1945)》,文海出版社1989年版,第27页。

根据张宪文、张玉法主编《中华民国专题史》第六卷,南京大学出版社2015年版,第131—132页表2-17制作。

1929年世界经济危机发生后,国际生丝市场的形势严峻。资本主义的经济危机造成世界各国的消费水平大幅度下降。"因大家都在失业饥饿的线上挣扎,救死且不遑,更无暇采用丝绸以作服饰,这一来丝绸业的市场就不得不缩小了。"[4]国际生丝市场需求量也不如以前,尤其是原先的两个进口大国美国和法国的生丝市场需求量减少,这造成中国生丝出口的不断下滑。1931年,中国生丝的出口量为136千担,1932年则下降为78千担,1936年又下降为63千担,1934年则为下降的最低年份,仅有4千担;丝织物的出口也是下降趋势,1931年为34千担,1932年为22千担,

---

① 《华丝对外贸易之趋势》,《江苏建设月刊》,第三卷第三期,1936年3月15日。

② 上海社会科学院经济研究所、上海市国际贸易学会学术委员会编著:《上海对外贸易(1840—1949)》(上册),第270页。

③ 参见王方中:《1927—1937年间的中国民族工业》,《近代史研究》1990年第6期。

④ 转引自段本洛、张圻福《苏州手工业史》,江苏古籍出版社1986年版,第431页。

1936年则仅为17千担。①1936年中国丝与丝织品的出口仅占出口总值的7.8%，其绝对值只有大危机之前的1/4左右。②这种出口下降的情况，直到1936年以后，国际生丝价格上扬才有所改变。中国输往美国的生丝，1930年为39 154担，占25.86%；1931年为29 742担，占21.84%；1932年为18 240担，占23.32%，1932年出口数量比1930年下降了一半多，1934年则出口为最低，4775担，仅占14.48%；中国输往法国的生丝也不断下降，1930年为26 374担，占17.42%；1931年为18 805担，占13.81%，1932年出口为16 32l担，占20.87。中国生丝出口英国的情况为，1930年出口数量为1627担，占1.07%；1931年为2267担，占1.67%；1932年为2227担，所占比例为2.84%；1934年则为1123担，占3.41%。③与此相对应，中国生丝出口总值及出口到美国、法国和其他国家的价值也不断下降（见表2-11）。中国虽然是出口生丝的世界大国，但是并没有掌握国际市场的生丝价格的主导权，"生丝的市场价格不是在上海和广州，而是在相隔万里的纽约和里昂决定的。"④这种尴尬的贸易地位，最直接的原因为经营进出口贸易的中介商为外国洋行把持。直到20世纪的30年代，"中国生丝的对外贸易，基本上是按着这样的程序进行的：中国内地生丝通过丝栈，口岸厂丝则通过丝号卖给外国洋行。交易的具体执行人则是丝号的丝通事和洋行的买办。表面看起来，交易是公平的，双方是平等的，实际则完全相反。"⑤可见，生丝的对外贸易，此时完全掌握在外国人手里。

① [美]李明珠著，徐秀丽译：《中国近代蚕丝业及外销(1842—1937)》，上海社会科学院出版社1996年版，第87页。

② 丁日初等：《对外贸易同中国经济近代化的关系(1843—1936)》，《近代史研究》1987年第6期。

③ 根据1935年《中国经济年报》附录"中国经济之统计资料"中表14的数字计算而得。南京图书馆特藏部：《江苏省工业调查统计资料1927—1937》，南京工学院出版社1987年版，第620页。

④ 汪敬虞：《中国资本主义的发展和不发展：中国近代经济史中心线索问题研究》，经济管理出版社2007年版，第300页。

⑤ 汪敬虞：《中国资本主义的发展和不发展：中国近代经济史中心线索问题研究》，第298页。

表2-11　1928—1936年中国生丝出口价值及其变化　单位:千美元;1928=100

年份	出口总值		出口美国值		出口法国值		出口其他国家值	
	实数	指数	实数	指数	实数	指数	实数	指数
1928	103 264.88	100.0	18 601.13	100.0	36 076.17	100.0	48 587.58	100.0
1929	94 516.16	91.5	22 046.92	118.5	23 812.07	66.0	48 657.17	100.1
1930	50 223.30	48.6	13 834.19	74.4	10 635.40	29.5	25 753.71	53.0
1931	28 791.27	27.9	7287.67	39.2	4916.42	13.6	16 587.18	34.1
1932	13 301.35	12.9	2867.90	15.4	2655.26	7.4	7778.19	16.0
1933	16 062.53	14.6	3673.55	19.7	4097.58	11.4	7291.40	15.0
1934	10 357.33	10.0	1324.18	7.1	2010.57	5.6	7022.58	14.5
1935	15 203.71	14.7	4686.01	25.2	4217.33	11.7	6300.37	13.0
1936	13 366.20	12.9	3338.33	17.0	2883.21	8.0	7244.66	14.7

资料来源:据徐新吾主编:《中国近代缫丝工业史》,上海人民出版社1990年版,第307页表4-5综合改制。

中国生丝出口的下降,不仅在于国际市场需求的减少,而且在于日本生丝在国际市场上的激烈竞争(见表2-12、表2-13、表2-14)。在日本,蚕丝业被尊称为"功勋产业"。自明治维新以来,生丝成为日本第一出口商品,在所有日本的出口商品。日本作为生丝的主要生产者和输出国加入了国际市场,1928年出口的生丝两位549 000担,是中国出口数量的三倍。到1936年中国出口生丝仅为3794.2吨,而日本此时出口30 318吨,是中国出口数量的七倍,占世界生丝贸易总量的74.57%。[1]"作为世界最大的生丝市场美国,到了1928年,日丝占了美国进口生丝总量的89.9%,而华丝仅占9.4%。"[2]中国出口生丝的减少,与本国生丝质量低劣也有很大关系。直到20世纪30年代初,我国的缫丝机器制造业落后,设备也很陈旧,中国丝业在日本廉价优质产品的竞争下自然衰退。1918年日本出口生丝的数量为中国出口生丝的194.4%,1928年305%,1931年412%,

---

[1] 顾国达等:《日本侵华时期对中国蚕丝业的统制与资源掠夺》,浙江大学出版社2010年版,第4页。

[2]《国际贸易导报》第1卷第1期,第18页,载许道夫编《中国近代农业生产及贸易统计资料》,上海人民出版社1983年版,第281页。

1934年938%。1936年801%。①从这时的数据来看,无论是日本的出口数量与出口价值,都远远超过中国。中国生丝出口的减少,还在于世界生丝价格下跌,人造丝和尼龙的大规模生产与上市,广泛代替生丝,这样生丝价格下跌,市场需求减少,而国内的蚕农也被迫减少生产规模。面对国际市场需求的减少和日本生丝的竞争,国内缫丝企业也力图降低生产成本以争夺市场份额。1931年,每担1000元降到730元,1933年又降为每担475元。但实际效果并不如人意。②

表2-12 世界主要产丝国出口数量及中国、日本所占比重(1925—1935年)

单位:公吨

年份	中国	日本	意大利	法国	总计	中国所占的比重	日本所占比重
1925	10 162	26 307	4125	377	40 971	24.80%	64.21%
1930	9158	88 194	4608	308	102 268	8.95%	86.24%
1935	4614	33 288	1366	182	39 450	11.70%	84.38%

资料来源:《贸易月刊》,1943年3月,第15页。

表2-13 1927—1936年中日生丝出口量比较表 单位:千担

年份	1927	1928	1929	1930	1931	1932	1933	1934	1935	1936
中国	160	180	190	152	136	78	77	54	76	63
日本	522	549	575	470	561	549	484	507	555	505

资料来源:[美]李明珠:《中国近代蚕丝业及外销(1842—1937)》,上海社会科学院出版社1996年版,第96页。

表2-14 1927—1936年中国、日本桑蚕丝出口数量、价值比较

年份	中国出口		日本出口		日本出口/中国出口的%	
	数量/万公担	价值/万关两	数量/万公担	价值/万关两	数量	价值
1927	8.17	8073.23	31.31	35 564.92	383.23	440.53
1936	3.71	1078.50	30.32	11 424.63	817.25	1059.31

资料来源:《中国近代纺织史》编辑委员会:《中国近代纺织史》(上卷),中国纺织出

---

① 张国辉:《甲午战后四十年中国现代缫丝工业的发展与不发展》,《中国经济史研究》1989年第1期。

② 李述初:《二十三年丝业之回顾》,《社会经济月报》,第2卷第1号(1935年1月),第57—72页。

版社,1997年版,第21页。

中国的生丝业历来都是谋国外之发展,国内人民生活并不富裕,购买力也非常有限,中国丝绸业的主要销售市场也就主要是国外。"能否不断开拓和长久维持一个广阔的国际市场,决定着中国丝绸手工业的盛衰荣枯。"①因此,中国丝绸业的发展与国际市场的联系是密切相关的,国际市场的需要和竞争力也直接影响缫丝业的发展。国际贸易的争夺、日本生丝的冲击以及国内缫丝产业生产与流通等的弊端,使得中国生丝的出口不断下降,从而由一个强有力的竞争者变为后来的失败者。

3.新兴农副产品与手工业品等的出口

随着世界市场的发展,中国传统的出口产品丝茶的销售萎缩。半殖民地国家的中国,受自身的经济结构与世界市场需求左右,出口商品的结构主要以农副产品等初级产品为主(见表2-15)。新的出口农产品如大豆、豆饼、花生、棉花、猪鬃的出口增加并成为这一时期出口的大宗商品。农产品出口成为出口的主要商品,其原因主要有两个方面:一方面是中国农村地区的经济对国际市场的依赖性不断加强,出口商品的货源越来越集中与多样化;另一方面在政府的鼓励出口贸易政策的激励下,中国的资源性初级产品越来越多地进入国际市场,这反映了中国资源的丰富,也反映了中国沦为世界原料供应地的半殖民地地位,中国的出口商品随国际市场的波动而变化。在这一时期,各种植物油、籽仁、编织类手工业品也开始进入国际市场,带来农产品商品化率的提高。1931年中国的粮食商品化率为31.4%。随着农产品出口的发展,一些农作物品种得以改良,产量有了提高,1936年农产品产量达到5.386亿斤,比1920年增加了92.8%。②尽管如此,"这些附加价值很低的农产品出口,取代附加价值很高的丝绸的出口,使中国在国际贸易中越来越处于不利的地位。"③

---

① 王翔:《中国近代手工业的经济学考察》,中国经济出版社2002年版,第21页。

② 孙玉琴、申学锋:《中国对外开放史》第二卷,对外经济贸易大学出版社2012年版,第254页。

③ 刘佛丁、王玉茹:《中国近代的市场发育与经济增长》,高等教育出版社1996年版,第71页。

表2-15　1929—1936年全国农产物输出贸易指数

1929	1930	1931	1932	1933	1934	1935	1936
109.91	100.00	101.61	62.99	46.03	42.90	52.29	50.39

资料来源:《中国农产品输出贸易指数表》(1925~1936年),《社会经济月报》1937年第四卷第7期,第68页;另见章有义编:《中国近代农业史资料》第三辑,生活·读书·新知三联书店1957年版,第606页。

(1)棉花等的出口

在中国输出的农产物中,棉花出口所占的份额也是比较多的(见表2-16)。20世纪初,中国棉花年产约在800万担左右,居世界第三位。当时日、德、法、美等国依赖进口中国的粗绒棉作为原料。因此,棉花是中国出口的大宗,每年的出口量大约在100万担左右。[1]在20世纪30年代经济大危机之前,中国的棉花生产因为国际市场的巨大需求和国内机器棉纺织业的兴起而不断发展。在世界经济危机发生后,中国的棉花生产与销售遭到重创,棉花市场价格猛跌,各地棉农入不敷出,收不抵本,纷纷破产。据30年代初期中国棉产统计会议的调查:"中国的标准棉市,受世界棉市的影响极大,所以中国各地的棉市,常常不能以棉花生产的费用为标准而只能依消费地域的棉市而涨落。"[2]在陕西自耕农的棉田,每亩平均收皮棉10斤,每亩地需要用肥料及人工费5元,差捐杂支洋1.50元,共计6.50元。所以在陕西亩棉田的生产费用虽要6.50元,但每亩所产10斤棉花的市价却只值2.50元(每担25元)。连棉籽、棉秆都卖掉,也只共值4元。农民收支相抵不敷洋2元5角。这样低的价格,棉农们无利可图,于是"乡农对于植棉,故毫无兴趣"。[3]不仅陕西如此,浙江、湖北、江苏、河北等地的棉农也大多这种情况,甚至有改种鸦片以谋利的。

---

①邹秉文:《上海商品检验局的筹设经过与初期工作概述》,中国人民政治协商会议全国委员会文史和学习委员会编《文史资料选辑》合订本第三十卷总第87—89辑,中国文史出版社,2011年版,第222页。

②顾毓泉:《中国棉织业之危机及其自救》,《新中华》第1卷5期,1933年8月。

③上海华商纱厂联合会:《中国棉产改进统计会议专刊》,报告,第45页,1931年。

表2-16　棉纱,棉花的出口量和出口值

年份	棉纱出口		棉花出口	
	出口量(担)	出口值(关两)	出口量(担)	出口值(关两)
1927	339 672	19 769 195	1 446 950	47 306 600
1928	349 822	21 590 039	1 111 558	34 158 765
1929	344 736	18 645 811	943 786	29 603 791
1930	329 869	18 965 594	825 545	26 499 307
1931	618 266	34 224 410	789 862	26 960 949
1932	346 825	19 289 405	663 624	20 819 301
1933	541 159	25 665 943	723 632	19 393 060
1934	447 119	20 085 944	346 362	9 756 662
1935	241 401	12 332 150	520 876	13 948 855
1936	148 670	7 961 385	609 377	1 799 017

资料来源:(1)1927—1928年的量、值引自杨端六、侯厚培:《六十五年来中国国际贸易统计》,国立中央研究院社会科学研究所1931年版;(2)1929—1931年的量、值根据蔡谦、郑友揆:《中国各通商口岸对各国进出口贸易统计》,商务印书馆印行,1936年整理;(3)1932—1936年量、值根据1933年和1936年的《海关贸易报告》整理,其中1932年以后《海关贸易报告》计值改用"关金",这里将其折算为"关两";1934年以后《海关贸易报告》计量改用"公担",这里将其折算为"担"。转引自袁欣《对外贸易经济效益研究》,中山大学出版社2004年版,第189、191页。

就这一时期的棉货类商品进出口总体趋势来看,除了棉纱的进口在1931年之后减少,原棉和棉纺织品的进口都一直多于出口。从1928年起,中国棉纱出口量开始超过进口。1936年,中国棉纱出口量达14.9万担,是进口量1.0万担的14.9倍。进口棉花数量高达58%,即使在棉花进口数量大幅下降之后的1933—1934年,纱厂的棉花需求中,进口棉花数量仍占到30%左右。进口棉花数量减少的部分,完全由中棉抵补。"但是,各纱厂纺织细纱使用的棉花尚不能全部用中棉替代,仍然需用一定数量的美棉,这也是进口棉花尚有相当需求的原因。"[1]在一战前,棉花是中国的重要出口商品,但是由于中国棉花的品种退化,产量低品质劣,而且

---

[1] 于新娟:《长江三角洲棉业外贸研究1912—1936》,上海人民出版社2010年版,第51页。

中棉的纤维粗而短，所以仍然需要从国外输入洋棉。①随着中国国内棉纺织业的发展，中国棉花对外贸易入超（见表2-17）。1930年棉花入超量为264 934担，1931年入超3 478 000担，入超值为抗战前最多，达1.5亿海关两，约占外贸入超总值的30％。②棉花的大量入超，直接的后果就是国产棉花价格的下跌，棉农的经济损失严重。1931年，国产棉花最高价格为每担46两，1932年则跌至35.7两，比上年下跌了1/4。③

表2-17　1930—1934年国内棉花供需状况　单位：千担

年份	国内产量	输入量	输出量	入超	总供给量	总消费量
1930	7587	3456	826	2630	10 217	8939
1931	8810	4653	790	3863	12 673	8860
1932	6400	3713	663	3050	9450	8966
1933	8106	1994	724	1270	9370	9096
1934	9974	1865	317	1458	11 313	8946

资料来源：王子建：《民国二十三年的中国棉纺织业》，《东方杂志》第32卷，第7号，1935年。

　　中国的棉纺织业，主要是棉纱和棉纺织品的发展，使中国该产业的"进口替代"步伐加快（见表2-18）。到20世纪30年代，中国的棉纺织品甚至出现在非洲大陆和中美洲国家。1931年时，棉纱和棉制品出口已占出口总值的4.9％，1936年尚能占3％。④其中，棉纱出口从无到有，从1928年起棉纱出口量为350担，进口则为285担，出口量已经开始超过进口，1931年时棉纱出口达61.8万担，而进口仅为4.8万担。棉制品进口状况也与棉纱一样发生了变化。1931年时，棉纺织品进口值为108 959关两，

①　中国的土棉纤维甚短，平均长度半英寸，不适于纺造细纱，但其颜色洁白，极宜制造线毯垫褥，故主要输往日本。
②　徐仲迪：《我国棉花产销合作事业的重要性》，《棉运合作》1936年第1期。
③　经济要闻，《经济旬刊》，1934年第3卷10期，第8页，转引自曾玉珊《冯泽芳与中国现代棉业改进研究》，中国农业科学技术出版社2012年版，第135页。
④　张东刚：《中日经济发展的总需求比较研究1886—1936》，生活·读书·新知三联书店出版社2005年版，第367页。

1936年时则降为9292关两,而出口则不断增加。①

表2-18　棉货进出口　单位:1000

年份	原棉(担)		棉纱(担)		棉纺织品(关两)	
	进口	出口	进口	出口	进口	出口
1925	1807	800	527	65	154 433	11 767
1928	1916	1112	285	350	170 345	16 356
1931	4688	790	48	618	108 959	12 229
1936	673	609	10	149	9292	3767

资料来源:《中国海关贸易报告》。参见郑友揆:《中国的对外贸易和工业发展》,上海社会科学院出版社1984年版,第42页。

(2)新兴手工业品出口

随着中国对外贸易的发展,适应国际市场的消费需要,兴起一些新兴的手工业,草帽出口中的金丝帽和麻帽就是一个典型的例子(见表2-19)。金丝帽和麻帽是一种半制品的帽坯,帽料轻,编工精细,这种"料轻工重"的产品,实际上是一种依靠编工赚取外汇的商品。这种手工业进口的原料主要是洋商发放来自国外的金丝草和麻草等原料,出口的洋行利用中国农村廉价劳动力(主要是妇女劳动力,估计多达20万人左右)和编织工艺,编织的地区主要是浙江等沿海地区。这种商品的原料依靠进口,其余则靠手工技术,因此它的生产成本不到30%,利润比较丰厚,这对经济比较贫困的农村地区来说是非常有益的事。"1929年以前,包括其他少数品种的出口草帽,如席草帽等在内,编织总工资收入约达1,000万元以上。"②收购半成品以后运销到欧美等西方国家(见表2-20)。这些半成品到达国外之后,需要经过加工染色,制成各种时髦流行的式样,成为西方妇女的高端服饰。这种商品的国外需求旺盛,在国内并没有销售市场,因此在经济大危机之前基本主要满足国外的市场,出口量一直呈上升趋势,

---

① 郑友揆:《中国的对外贸易和工业发展(1840—1948)》,上海社会科学院出版社1984年版,第42页。

② 上海社会科学院经济研究所、上海市国际贸易学会学术委员会编著:《上海对外贸易(1840—1949)》(上册),上海社会科学院出版社1989年版,第307页。

1929年大危机之后,草帽出口才受到打击,出口量锐减,价格也低落。金丝草帽和麻草帽的内外价格差距比较大,以1937年上海汇率来算,金丝草帽坯的出口价格平均每打仅5.93美元,每顶约仅0.49美元,而在美国,最高档的金丝草帽零售标价有的甚至高达50美元1顶。①金丝草帽和麻草帽几乎全部由上海出口,贸易增长很快。1928年,由上海口岸出口的金丝草帽和麻草帽总计达113.37千打,总价值881.16千海关两。战前1930年的出口达到最高,1930年草帽出口数量为375.91千打,出口价值为5351.14千关两。②

表2-19 上海各年草帽出口数量金额表 单位:千打/千关两

年份	金丝草帽		麻草帽		合计	
	数量	金额	数量	金额	数量	金额
1928	60.08	613.90	53.29	267.21	113.37	881.16
1929	132.39	2283.11	79.08	747.06	211.47	3030.17
1930	209.58	3230.13	166.33	2121.01	375.91	5351.14
1931	112.17	1804.27	140.52	1999.71	252.69	3803.98
1932	73.84	1130.81	60.06	623.51	133.90	1754.32
1933	161.85	1998.90	215.96	1426.12	377.71	3425.02
1934	173.73	1964.38	414.70	2239.99	588.43	4204.37
1936	105.73	1131.90	196.97	1141.34	302.70	2275.24

资料来源:各年海关贸易统计报告。上海社会科学院经济研究所、上海市国际贸易学会学术委员会编著:《上海对外贸易(1840—1949)》上册,上海社会科学院出版社1989年版,第310页。

表2-20 上海草帽出口的国别构成表

年份	出口总数(万顶)	美国%	英国%	法国%	澳洲%	其他%
1931	303	53	21	15	2	9
1934	707	51	16	24	1	8
1936	367	33	17	32	4	14

①上海社会科学院经济研究所、上海市国际贸易学会学术委员会编著:《上海对外贸易(1840—1949)》(上册),第309页。
②上海社会科学院经济研究所、上海市国际贸易学会学术委员会编著:《上海对外贸易(1840—1949)》(上册),第310页。

资料来源:各年海关贸易统计报告。上海各口岸这个帽种的出口数量占全国出口数的99%以上。上海社会科学院经济研究所、上海市国际贸易学会学术委员会编著:《上海对外贸易(1840—1949)》上册,上海社会科学院出版社1989年版,第310页。

金丝草帽和麻草帽类商品出口利润丰厚,在华的外国洋行纷纷从事经营,到1930年上海经营草帽出口的有法、美、德、瑞士、英、日、葡等国的洋行20余家。[1]贸易规模也颇为可观(见表2-20),1931年出口草帽303万顶,1934年为707万顶,出口的主要国家是美国、英国、法国和澳洲等地区,其中大多数出口到美国,1931和1934年的出口量均占50%以上。可见,虽然金丝草帽和麻草帽类商品利润丰厚,"而吾国经营草帽出口者,大都间接经由洋行之手,输出国外。"[2]除此之外,中国出口的并非制成品而是半制成品,因此国内那些手工艺编织者并没有获得高额工资,大部分利润都外流。"国外草帽进口商为了谋取最大利润,极力扩大销售量,压低收购价格,他们进货时强调要大量下档货,价格要便宜。""国内华商为了多做生意,务求尽量满足国外客户的要求,同业间又相互竞争,价格越压越低。"[3]可见,由于中国在国际分工中处于不利地位,即便是非常盈利的手工业在国际流通中获取的比较利益也是非常有限的。

(3)大豆的出口

大豆是中国传统的出口商品。它的相关衍生品,如豆腐乳、豆腐、豆芽,各种豆制品,可以用作副食品和营养品。压榨豆油以后的豆饼则是最好的饲料和肥料。在近代,大豆不仅可以满足国内广大市场需要,而且是中国出口农产品的大宗,在国际市场上也占有重要份额。

我国大豆出口的鼎盛时期在20世纪20年代,在这一时期,以主要出产地东北地区为例,这时的大豆1927年的输出量为184.6万吨,1931年则创纪录地高达284万吨;大豆制成品豆油的出口量1926年为18.2万吨。

① 上海社会科学院经济研究所、上海市国际贸易学会学术委员会编著:《上海对外贸易(1840—1949)》(上册),第319页。

② 杨大金:《续编39近代中国实业通志制造业》,台湾学生书局1976年版,第579页。

③《舟山文史资料》第2辑,浙江人民出版社1992年版,第80页。

1931年为18.7万吨；大豆副产品豆饼的出口量1927年高达204.6万吨。①

1929—1936年间，中国大豆的年产量占世界总产量的80%以上，是世界上大豆及豆制品出口量最多的国家（见表2-21）。在中国，东北地区则是大豆种植的主产区，1924—1929年，东北大豆的种植面积为50 461千市亩，占全国的比重为31.10%，产量为102 045千市担，占全国的比例为31.07%；1931—1937年，无论种植面积与产量，东北的大豆所占比重都增加了10%左右，在这一时期，东北大豆的产量为55 485千市亩，占41.8%，产量为83 914千市担，所占比重为41.12%。②1929年经济危机爆发前，大豆每年出口量达280万吨，每吨值32美元，而至1931年即减为260万吨，价格猛跌至每吨18美元。③

表2-21　中国大豆产量与世界的比较（1929—1936年）　单位：千公担

年份	中国	世界	中国所占比重%
1929—1933	113 959	127 427	89.4
1934	90 647	107 145	84.6
1935	88 987	112 689	79.0
1936	100 750	120 910	83.3

资料来源：许道夫：《中国近代农业生产及贸易统计资料》，上海人民出版社1985年版，第182页。

中国近代大豆的重要聚散市场有上海和汉口。上海每年集中的大豆均在数百万包（每包重130～170市斤不等）。如1929年估计达750万包，其中半数以上来自东北。④大豆的主要出口市场为东北，如营口、大连、安东及哈尔滨。在出口商中有日本商人、欧美商人及华人，但华商经营所占比例很小。1919年，全国大豆及其制品的出口值中，东北占90%强。⑤近代东北在政策、市场需求和供给等方面，具备了发展大豆三品贸易的比

① 衣保中：《东北农业近代化研究》，吉林文史出版社1990年版，第155、181页。
② 许道夫：《中国近代农业生产及贸易统计资料》，上海人民出版社1985年版，第195—196页。
③ [苏]斯拉德科夫斯基：《中国对外经济关系简史》，财政出版社1956年版，第195页。
④ 许道夫：《中国近代农业生产及贸易统计资料》，第194页。
⑤ 许涤新、吴承明：《中国资本主义发展》第二卷，人民出版社1990年版，第1021页。

较优势。①因此,东北大豆等商品的较快发展,大豆在东北总输出价值中所占的百分比,1932—1935年间分别是59.6%、56.9%、54.1%和51.3%。②因此,大豆对东北的社会经济产生了重要影响。③大豆的出口在东北对外贸易中占有重要地位,是东北对外贸易能够保持出超的主要商品(见表2-22、表2-23)。在1928年,大豆三品的出口取代了中国传统的茶叶和生丝两大商品,成为中国第一出口商品。东北沦陷以后,中国失去了大豆这一出口创汇的重要商品,中国对外贸易的入超更加严重。东北的豆类商品出口比1931年之前也有所下降。但是,大豆输出依然是东北对外贸易出口的主要商品,占东北总输出价值的1/3以上。在1933—1935年期间,东北大豆的输出价格下降,直到1936年时每担价格重新高涨。在这一时期,中国大豆出口的减少,除了因为东北沦陷的外部因素之外,还因为来自国际市场的竞争压力。20世纪30年代初以后,美国国内的大豆生产兴起,到30年代末,东北占世界总产量约50%,美国已增长到占世界总产量约30%。④中国出口美国的大豆遭遇强有力的竞争,而且美国的大豆出口也挤占了中国的其他国际市场份额。在这一时期,作为东北豆饼的主要出口国的日本农民开始使用化肥,这样中国东北的豆饼出口量也减少,1927年豆饼的输出量为161公担,1933年则减少为79公担,直到1935年时才恢复到105公担。

表2-22　1927—1935年东北大豆三品的输出数量　单位:公吨

年份	大豆	豆饼	豆油	合计
1927	18 463	161	19 894	38 518
1928	24 982	129	16 517	41 628

① 关于近代东北地区大豆贸易的相关论文主要有,胡赤军《20世纪初中国东北大豆出口研究》(《社会科学战线》1995年第5期)、胡雪梅《东北大豆出口贸易与近代中国东北开发(1860～1931)》(《北方文物》2002年第3期)、王国臣《近代东北地区大豆三品贸易研究》(《农业经济》2006年第9期)、尹广明《东北大豆出口贸易衰落原因探析(1929—1945)》(《农业考古》2015年第3期)等。

② 罗真端整理:《大豆生产与贸易》,国际贸易丛刊社1949年版,第32页。

③ 参见王国臣:《近代东北大豆三品贸易及对经济发展的影响》,《长白学刊》2007年第3期。

④ 尹广明:《东北大豆出口贸易衰落原因探析(1929—1945)》,《农业考古》2015年第3期。

年份	大豆	豆饼	豆油	合计
1929	28 395	119	14 157	42 671
1930	20 994	134	15 185	36 313
1931	3000	188	18 974	22 162
1932	2564	128	14 224	16 916
1933	2227	79	10 529	12 835
1934	2115	95	12 063	14 273
1935	12 334	105	8504	20 943

资料来源:《中国海关贸易报告》及许道夫:《中国近代农业生产及贸易统计资料》,上海人民出版社1988年版,第190页。

表2-23　1932—1937年东北的大豆输出

年度	数量 (百万担)	价值 (百万伪满元)	总输出中的价值百分比	每担大豆的平均输出价格 (伪满元)
1932	41.8	217.4	36.2	52.64
1933	38.4	165.6	39.0	43.12
1934	40.4	157.2	37.4	38.91
1935	28.4	126.3	32.3	44.47
1936	31.5	220.3	39.3	66.76

资料来源:[英]琼斯著,胡继瑗译:《1931年以后的中国东北》,商务印书馆1959年版,第193页。

(三)桐油及矿产品的出口与国际市场的新需求

1.桐油的出口

桐油是中国的特产。我国桐油产量占世界桐油总产量的85%,1933年桐油的出口排在出口物资中的第5位,1935年则跃居出口物资的第一位。[①]"我国桐油生产,战前估计全国约2 805 861市担,植桐总面积约4 667 000市亩。其中以川、湘、桂、鄂、浙5省为最多,约占总产量的90%。"[②]

---

① 游时敏:《四川近代贸易史料》,四川大学出版社1990年版,第247页。
② 上海社会科学院经济研究所、上海市国际贸易学会学术委员会编著:《上海对外贸易1840—1949》下册,上海社会科学院出版社1989年版,第266页。

其中又以四川为出口的大宗。桐油大多数供外销,在国内消费的比例很小。中国桐油素以"质优量丰"而闻名于世,我国的桐树结果甚佳,所产的桐油有亚麻子油的优点,而且价格低廉,用做油漆,有供不应求的趋势。随着科技的进步,桐油的用途由原来的生活领域扩大到生产领域,世界各国工业上所用的桐油,仰给于我国者甚多,故桐油在我国出口贸易上,占极优越的地位(见表2-24)。

民国以后,桐油在国际市场上的销量增加,这时桐油的用途被人们广泛发现。此项货品在国际市场的用途,以漆布业居第一位,次供颜料、电气、木板、避水化合物,汽车扎布、雨衣制造各业之用,近年来以世界军需景气,具有军事上的意义。①桐油对于制造军舰、商轮、飞机与汽车的油漆供应特别重要,桐油富有弹性、粘性,具有抵抗冷热、潮湿的特性及防止破裂的功能,可以确保军需品的质量。由于桐油的国际市场需求旺盛,经济效益明显,因此,在桐油贸易的发展下,带动了我国桐油的生产。1931—1937年全国桐林面积平均为454.3万亩,全国桐油产量1933—1937年五年平均为0.68亿公斤。②20世纪30年代中期,桐油输出迅速增长,并取代丝茶占据出货值第一位。在抗战前十年,每年平均输出量为658 000余公担。③民国以后,桐油输出量不断增加,1912年输出数为582 815担,1930年高升至1 167 255担的高峰。④资本主义经济危机发生后,桐油作为一种工业原料,世界市场的需求量下降,因此,1931和1932年中国的桐油输出量也下跌。1933年之后,中国桐油的输出量大幅度上升,达到了754 081公担,1936年时则达到867 783公担。⑤据1935年海关贸易报告,桐油出口总值达4100余万元,后更增至10 000万元左右。再据1936年全

① 穆藕初:《穆藕初文集》(增订本),上海古籍出版社2011年版,第342页。

② 陈曙光、范继良、李兴国编著:《中国植物油商业史》,南京大学出版社1992年版,第18页。

③ 吴大明等主编:《中国贸易年鉴:民国三十七年》,上海中国贸易年鉴1948年版,第114—115页。

④ 刘佛丁主编:《中国近代经济发展史》,高等教育出版社1999年版,第311页。

⑤ 邱良荣:《民元来我国之桐油贸易》,朱斯煌主编《民国经济史》,银行学会、银行周报社1948年版,第303页。

国外销总量计807 383公担,内销为467 090公担,内外销合计为1 334 473
公担。全面抗战前,欧洲各国扩军备战,大量购储桐油,"桐油的需求日
多,价格日涨,刺激了中国桐油的输出,此所以在百业萧条中的中国,只有
桐油一业独向繁荣。"[1]1936年桐油产量高达1.368亿公斤,四川省年产桐
油达4500万公斤,湖南年产3000万公斤,湖北、广西、浙江、贵州等省年产
桐油都超过1000万公斤。[2]也有数据显示,1936年全国桐油年产量约
193.4万担,其中四川占32%,湖南占31%,湖北占11%,这三个省合占全
国年产量的74%。[3]就这一时期的桐油价格来看,1912—1936年间,中国
桐油的出口价格的变化呈现明显的双峰骆驼形,1927年是第一个高峰,
1933—1934年间跌入谷底,1936年达到历史第二个高峰。"桐油出口价格
的这种大起大落,既有市场需求和社会经济兴衰的因素,更主要的还是外
国资本操纵的结果。"[4]1933年海关报告,购买中国桐油的国家共达26国
之多,主要是以输美为最多,其次为英、荷、德、法等国,遍及美洲、欧洲、亚
洲、澳洲等区域。[5]

表2-24　1927—1936年我国桐油输出数量和价值表

年份	数量(公担)	数量指数(1913=100)	价值(国币元)	价值指数(1913=100)
1927	545 094	194.40	34 730 735	549.34
1928	661 820	236.02	36 304 858	582.33
1929	646 914	230.70	36 643 696	587.79
1930	705 944	251.76	47 592 828	763.38
1931	523 661	179.40	31 808 287	471.86
1932	485 505	173.14	23 161 234	385.90
1933	754 081	269.92	30 261 269	504.17
1934	652 836	232.82	26 216 683	470.29
1935	738 865	263.50	41 582 879	692.79

---

① 李若果:《广西桐油业的产销概况》,《正路》1936年第1期。
② 吴大明等主编:《中国贸易年鉴:民国三十七年》,上海中国贸易年鉴社1948年版,第
114—115页。
③ 林维志:《我国桐油之产销概况》,《统计月报》,1937年2月第28号。
④ 刘克祥、吴太昌主编:《中国近代经济史1927—1937》,人民出版社2012年版,第957页。
⑤ 参见《中国桐油业》,《中行月刊》,1937年4月第14卷第4期。

年份	数量(公担)	数量指数(1913=100)	价值(国币元)	价值指数(1913=100)
1936	867 783	309.33	73 378 654	1222.52

资料来源:邱良荣:《民元来我国之桐油贸易》,朱斯煌主编《民国经济史》,银行学会、银行周报社1948年版,第303页。

美国是中国桐油出口贸易的最大市场(见表2-25)。美国的工业发达,所需求的桐油量也是比较多的,每年从中国输入的桐油占世界首位,在全面抗日战争之前,美国吸收了中国桐油总出口量的70%或80%左右。[①]美国从中国进口的桐油,一部分用于美国国内的消费,另一部分则作为国际桐油的贸易中转站,转销加拿大、德国、英国等国。从贸易国别来说"美国在很大程度上操纵了世界桐油贸易"。[②]

表2-25 美国输入及消费桐油数量统计表 单位:公担

年度	桐油进口量	占我国出口%	桶油消费量	占植物油消费量	亚麻仁油消费量	占植物油消费量%
1925	427 038	79.98	293 285	9.7	3 293 449	81.5
1929	444 668	68.74	403 817	11.1	3 876 584	80.2
1930	528 590	75.44	451 735	14.0	2 468 854	76.6
1933	531 671	70.51	463 310	18.8	1 705 144	69.0

资料来源:邱良荣:《民元来我国之桐油贸易》,朱斯煌主编《民国经济史》,银行学会、银行周报社1948年版,第305页。

2.矿产品的出口

国民政府时期,矿产品的出口也是非常重要的,这里所说的矿产品包括一般的矿产品和特种矿产品。[③]全面抗战前,由于国际上对矿产品的需求不断增加,因此国内矿产品的生产增加,出口也大量增加(见表2-

① 张嘉铸、曹越华:《中国桐油贸易的历史回顾》,重庆市工商业联合会文史资料工作委员会等编印1985年版,第9页。

② 刘玄启:《桐油用途变化与近代国际桐油市场的勃兴》,《广西师范大学学报》(哲学社会科学版)2009年第1期。

③ 所谓"特种矿产品",主要是指钨、锑、锡、汞、铋、钼、铜等金属矿产。

26)。中国不仅一般的矿产品蕴藏丰富,特种矿产品也非常充足。特种矿产品具有重要的经济与军事价值。中国储藏的钨占当时世界已探明储量的60%,储藏的锑占70%以上,储藏的锡占世界约第4位。[1]中国国内工业发展落后,军工生产能力也非常有限,因此这些特矿产品主要是出口国外(见表2-27)。这一时期,中国特矿的出口地区主要是德国、苏联、英国、法国、美国等。最初,与这些国家签订贸易协定的主要是广西、广东、湖南等地方政府,后来国民政府设立专门的机构来进行管理。抗战前,国民政府不仅经济备战,而且要军事备战。国内军工企业仅能满足军队所需的一半武器装备,其余的则需要从国外进口。中国从各国的军火贸易主要是通过以易货贸易的形式进行,其中最主要的进口国就是德国。这时的德国用武器和军工生产所需要的机器设备来交换中国的钨、锑等矿产品。总之,中国是很多矿产品的主要生产国,却是低消费国,这些矿产品绝大多数甚至全部出口,经营这些矿品贸易的中外商人从中获得极丰厚的利润,直到国民政府设立专门的统制机构来管理,这种局面才有所改变。从1936年起,国民政府的资源委员会先后统制过钨、锑、锡、汞、铋、钼、铜7种矿产品,统制重点是钨、锑、锡。[2]

表2-26 1927—1936年中国铁矿产量和出口量

年份	产量(吨)	净出口(吨)	净出口量占产量比重(%)
1927	1 181 235	501 730	42.4
1928	1 474 900	924 695	62.7
1929	2 046 996	979 434	47.8
1930	1 773 536	849 033	47.9
1931	1 840 279	549 138	32.3
1932	1 839 212	559 831	30.4
1933	1 903 466	592 984	31.2
1934	2 135 031	856 061	40.1
1935	2 904 457	1 314 325	45.3

---

[1] 薛毅:《国民政府资源委员会研究》,社会科学文献出版社2005年版,第172页。
[2] 王方中编著:《1842—1949年中国经济史编年记事》,中国人民大学出版社2014年版,第457页。

年份	产量(吨)	净出口(吨)	净出口量占产量比重(%)
1936	2 922 180	1 301 038	44.5

资料来源:严中平等编:《中国近代经济史统计资料选辑》,中国社会科学出版社2012年版,第98页。其中净出口量占产量比重是作者依据前面数字计算的。

表2-27　1927—1936年中国特矿产品出口量　单位:吨

年份	钨砂净出口量	纯锑净出口量	锡锭块净出口量
1927	5034	17 287	2613
1928	7360	18 516	3221
1929	8867	22 590	3557
1930	8724	17 492	3322
1931	6914	9 498	2424
1932	2076	11 360	1862
1933	5539	12 200	9402
1934	4707	14 579	6338
1935	7383	16 445	9130
1936	7050	14 930	11 195

资料来源:严中平等编:《中国近代经济史统计资料选辑》,中国社会科学出版社2012年版,第98页。

(四)农产品的商品化与出口

中国的出口农产品随着世界市场的需求而品种多样化。在一个传统的农业社会国度里,社会商品经济的发展有一个重要的标志,那就是经济作物的种植与销售。①随着中国经济进一步卷入资本主义世界市场,国外市场对中国农产原料的需求增加,中国出口农产品的种类越来越多样化,数量也日渐增加,这在一定程度上提高了农产品商品化的程度。除了国际市场的因素外,国内城市工商业的发展,对商品性农业的需求也在加强;新式交通手段的推广,缩短了运输时间,降低了运输费用,改善了农产

---

① 经济作物生产的主要目的不是自给自足的消费,而是主要用于交换,期望通过市场活动获得收益,再以该收益来换取生活必需品以解决日常的温饱问题。

品的长途运输条件,这些因素也提高了农产品商品化的程度。棉花、烟草、花生、蚕桑等经济作物的种植面积不断扩大,在一些地方形成经济作物区域化。莫日达的估算是1920—1936年间,经济作物所占的比重为16.2%,1936年则增加为20.2%。丁长青的估算是1936年间几种主要农产品的商品率约为29.7%(见表2-28)。[1]吴承明等人考证了各种资料后估算,粮食、茶叶、蚕茧、棉花等主要农产品的商品值按不变价格计,1920—1936年间年均增长率约为1.8%。[2]根据许道夫的统计,1931—1937年间,油料作物的种植面积为15.89%,比1924—1929年间的12.65%有所增加,粮食的种植面积则由1924—1929年的83.25%,下降到1931—1937年的80.27%(见表2-29)。[3]中国的农民也是经济人,也会在约束条件下追求最大化。随着世界市场的不断冲击与洗礼,中国的农民也日渐意识到,仅仅靠内在的动力难以改变其种植方式,对自己的土地资源要实现最为理想的配置才是更好的出路。农民在外来变量的影响下,要想增产又增收,要想产业化,实现增产又增收,就需要种什么就能卖什么,而不是种什么,什么都卖不出去。农民在实际的生产和流通中,认识到种植经济作物要比种植粮食作物可以获得比较高的收益,于是,经济作物的种植成为趋势。以河南为例,据1935年调查,农民种植粮食每亩平均收入数,仅为3.54元,而经济作物每亩平均收获数为:棉花5.61元,花生6.81元,大麻11.58元,甘蔗10.97元,芝麻5.93元,其他8.89元。[4]经济作物每亩平均收获数为7.04元,比粮食作物高出将近1倍。在这种高利润回报的驱使下,河南的农民改变种植结构,挪出一部分耕地种植经济作物。这种状况在其他各省也非常类似。由于中国的地域发展不平衡等因素,在各地也形成了不同的经济作物区域。

---

[1] 丁长清:《关于中国近代农村商品经济发展的几个问题》,《南开经济研究》1985年第3期。

[2] 许涤新、吴承明主编:《中国资本主义发展史》(第三卷),社会科学文献出版社2007年版,第5页。

[3] 许道夫:《中国近代农业生产及贸易统计资料》,上海人民出版社1983年版,第338页。

[4] 《河南农林统计引言》,《河南统计月报》第2卷第8期,"河南农林统计专号",1936年8月,第3页。

表2-28　1920—1936年经济作物所占比重变化表　单位:千元

年份	粮食	棉花	油料	烟叶	合计	经济作物的比重
1920	5340 350	192 350	733 281	130 152	6 396 133	16.2
1933	754 050	337 041	1 407 855	216 665	9 715 611	20.2
1936	7 880 934	494 675	1 283 861	218 705	9 878 175	20.2

资料来源:莫日达:《1840—1949年中国的农业增加值》,《财经问题研究》2000年第1期。

表2-29　粮、油、棉的种植面积　单位:千市亩

时期	粮油种植面积	粮食		油料作物		棉花	
		种植面积	占%	种植面积	占%	种植面积	占%
1924—1929	1 415 098	1 178 068	83.25	179 053	12.65	57 977	4.10
1931—1937	1 474 497	1 183 634	80.27	234 395	15.89	56 468	3.83

资料来源:许道夫编:《中国近代农业生产及贸易统计资料》,上海人民出版社1983年版,第338页。

中国经济作物商品率的提高,并不完全是由生产力水平所决定的。在很大程度上,来自国内外市场的需求,是农民发展经济作物的最主要的原因,而且在这个过程中,农民为交换日常必需品而需要克制自我的消费。

在社会经济转型时期,"农产品市场给了农民一个生存和发展的机会,广大农民在学会利用这个机会的过程中又推动了农产品市场的发展。"[1]在农村商品经济发展过程中,近代中国农民自觉和不自觉地接受了商品经济的价值观念,商品意识日益浓厚,在生产方式、思想意识和日常生活等方面都有一定表现。珀金斯曾估计,在20世纪30年代,20%~30%的农产品是在当地出售,另外10%运到城市地区,3%是出口,同十年前相比,出口部分增长了1%~2%。[2]中国是一个传统的农业社会,出口的

---

① 盛邦跃:《20世纪20—30年代中国农村经济基本特征探讨》,《中国农史》2002年第4期。

② [美]德怀特·希尔德·珀金斯著,宋海文译:《中国农业的发展(1368—1968年)》,上海译文出版社1984年版,第136页。

农产品品种丰富多样,主要包括棉花、丝、羊毛、各种油籽、茶叶、皮毛等。蛋、蛋品、花生、干鲜果和蔬菜也是中国的重要出口商品。虽然表面上看,中国的出口商品很兴盛,但正如扬格所评论的:"发展对中国比较有利的出口商品,并使它们的出口价值达到足以抵付进口必需品费用的程度,以推动经济发展,显然不是件容易的事。"[1]马若孟认为在抗战前,中国的农民一方面人口在不断增加,为城市的发展提供了比较充足的劳动力;另一方面也为城市输送了粮食和工业用作物。而这些粮食和工业用作物有相当一部分是要出口的,剩下的人则在国内城市消费。因此,"农户的生活水平有了轻微的改善。"[2]

因此,我们不能把农产品的商品化只看成是对中国的商品倾销和原料掠夺,在农产品商品化过程中,农村商品经济的发展与世界市场的联系也在日渐加强,"对于不同农业商品来讲,由于国际市场的变化也带来了农业商品结构上的调整。"[3]中国的农村经济在对外贸易的交流中发生了变化,它的积极意义也是应该加以肯定的。但是国际市场决定了中国农产品商品化的进程,国际市场的需求量和国内的生产规模成正比,这种农产品的商品化意味着中国经济半殖民地性质的加深。就这一时期中国主要出口商品的出口优势指数来看,还是农副产品和手工业品占优势(见表2-30)。[4]

表2-30　中国主要出口商品的出口优势指数(1913年为基数100)

年份	茶叶	生丝	桐油	豆类	蛋类	棉纱	棉花
1927	103.45	109.50	202.69	98.55	123.00	338.06	99.92
1928	107.58	103.30	166.43	102.08	127.51	336.99	88.28
1929	108.93	92.06	160.32	95.22	91.08	275.50	84.06

①[美]阿瑟·恩·扬格著,陈泽宪、陈霞飞译:《一九二七年至一九三七年中国财政经济情况》,中国社会科学出版社1981年版,第367页。

②[美]马若孟著,史建云译:《中国农民经济——河北和山东的农民发展》,江苏人民出版社1999年版,第330—331页。

③王天伟:《中国产业发展史纲》,社会科学文献出版社2012年版,第308页。

④出口商品的出口优势指数表示某种出口商品的贸易条件或贸易利益超过所有出口商品的贸易条件或贸易利益的程度。

年份	茶叶	生丝	桐油	豆类	蛋类	棉纱	棉花
1930	94.44	85.77	190.13	89.86	89.04	291.82	85.72
1931	120.84	75.06	175.74	87.04	73.97	287.89	93.40
1932	115.91	61.44	65.06		85.81	343.59	101.97
1933	110.73	67.04	158.79		87.95	337.89	100.45
1934	113.37	50.31	172.88		79.35	348.15	114.86
1935	116.01	54.01	244.91		82.16	400.22	110.38
1936	120.57	54.66	292.20		70.36	332.73	96.54

资料来源:袁欣:《对外贸易经济效益研究》,中山大学出版社2004年版,第80页。

20世纪上半期,生丝、豆类、蛋类、棉花的出口相对优势在总体上没有什么大的起落,只有桐油和棉纱的出口优势指数在上升,在当时的条件下,继续扩大桐油和棉纱的出口,无疑将有利于中国总体贸易利益的增加。

国民政府时期,中国的农产品商品化在国内外因素,尤其是对外贸易因素的推动下,呈现与以往不同的新特点。

一是,中国农产品商品化的发展严重受国际市场需求变化的支配。近代以来,中国农村商品经济增长与世界市场的推动作用增强。资本主义国家对中国的农产原料等迫切需要,使得中国的农业越来越卷入世界市场中。这样中国的近代农产品商品化的发展与国际市场的联系呈现这样的趋势,即"国际市场需求量大,国内生产规模就大,反之则小"。①这种状况表明此时的中国农业是依附于资本主义国际市场才获得一定的发展的。这种依附性虽然存在诸多消极方面,但它在国际市场的影响下,毕竟比原来的封建经济有所进步。在中国传统的经济条件下,中国的小农经济对农产品的需要量是自给自足的,而不是根据市场的需求所生产。在进入20世纪二三十年代以后,中国的农业生产日益受到市场力量的牵制。当然,这种市场的力量来自两个方面,一方面是世界资本主义的大市场,中国的农民为获取现金或购买必要的工业制品,必须把自己辛辛苦苦生

① 张九洲:《中国旧民主主义时期的经济变迁》,河南大学出版社1999年版,第343页。

产的农产品投入市场,比如烟草、芝麻、桐油等产品很大一部分是供应国际市场需要的;另一方面,随着中国近代工业的发展,中国的民族资本主义在20世纪二三十年代得到了进一步的发展,国内的农产品日益成为工业发展所需的重要原料来源,中国农村的商品经济得以发展。1927—1936年期间,被称为中国近代经济发展史上的"第二个黄金时期",因此,"1936年是中国近代农村经济发展的顶点,同时也是近代农产品商品化发展的高峰。"①但是就这一时期农产品的购买力指数来看,基本是马鞍形的,就是大危机之前是购买力指数比较高,进入大危机之后购买力指数下降,直到1935年以后农产品对工业品的购买力指数才有所恢复(见表2-31)。

表2-31　工业品和农产品批发物价指数及农产品购买力指数(1928—1937年)

1913年=100

年份	农产品批发物价指数	工业品批发物价指数	农产品对工业品的购买力指数
1928	168.9	155.4	108.7
1929	174.5	160.9	108.5
1930	174.6	180.0	93.9
1931	156.5	194.0	80.1
1932	146.7	184.6	79.5
1933	119.4	168.3	70.9
1934	105.0	154.0	68.2
1935	133.9	155.2	86.3
1936	166.6	174.7	95.4
1937	182.7	196.5	93.0

资料来源:南开经济研究所编:《天津批发物价指数》,《南开经济指数资料汇编》,第8页,转引自刘佛丁等《中国近代的市场发育与经济增长》,高等教育出版社1996年版,第205—206页。

二是,中国近代的农产品商品化发展,有助于中国国内工业的发展。前面曾经说过,农业可以通过输出农产品,帮助发动工业化。几十年来,桐油和茶等农产品曾在中国对外贸易中占据输出项目的第一位。这项输出

①盛邦跃:《卜凯视野中的中国近代农业》,社会科学文献出版社2008年版,第58页。

116

显然是用于偿付一部分进口机器及其他制成品的债务。但是全部输出额，比起要有效地发动工业化所需的巨额进口来，实嫌太小。农产品输出究竟能扩张到什么程度，需看对农产品需求的收入弹性和其他国家的竞争情况如何而定，例如茶；也要看别的国家正在发展人造代用品的情况如何而定，例如桐油。由于多数农产品需求的收入弹性较低，以及输入国家用移植或人造方法来增加代用农产品的事实，中国农产品输出的扩张性很可能是不大的。所以发动工业化的资金，看来大部分必须从其他的途径获得。[1]

根据民国时期的一些调查统计资料，近代农民家庭日常生活购买与自给的比重，冀、豫、晋、皖、江、闽6省13处2370户农家的自给率为65.9%，购买比例为34.1%；浙江兰溪的自给率为45.07%，购买率为54.93%；江苏海门的自给率为50%，购买率为50%；成都平原农家食料来源自给率为65.9%，购买率为34.1%；绥远毕克齐73户农家的自给率为45.26%，购买率为54.74%。[2]在偏僻边远的地区，小农产品流向市场的比例也在增加。如国民党资源委员会1936年时，对贵州356户农家的调查表明，植物产品出售率为38.07%，家畜产品、特作和水果的比例则高达70%以上，分别为73.38%、79.09%和78.96%。[3]为世界市场需求所牵动的附属性农产品原料的商品性种植和生产，进一步影响到了小农经济生活的各个方面。[4]也就是说，中国原来比较封闭的小农经济生活，在经历了世界市场的浸染之后，虽然中国的自然经济依然在抵抗商品经济的发展，但是中国的农副产品日益同市场流通紧密联系在一起，这种趋势是持续的和不断扩大的。马若孟认为。全面抗战前的中国农民不断向城市输

① 罗荣渠主编：《从"西化"到现代化》（下册），黄山书社2008年版，第1050页。
② 章有义编：《中国近代农业史资料》第二辑，270页；第三辑，321页，生活·读书·新知三联书店1957年版；王清彬：《第一次中国劳动年鉴》，北平社会调查部1928年，第530页；冯和法：《中国农村经济资料》，上海黎明书局1933年版，第256、866页。
③ 国民政府资源委员会等：《贵州省农业概况调查》，贵州农业改进所1939年印本，第52、54页，见章有义编《中国近代农业史资料》第三辑，第321页。
④ 陈庆德：《论中国近代农村商品经济低层次扩散的历史性质》，《近代史研究》1989年第1期，第8页。

送粮食和工业用作物,在此基础上,农户的生活水平也逐渐有了轻微的改善。①中国的经济作物如烟草、芝麻、蛋品、桐油等,很大部分是供资本主义市场需要的。农村自然经济的解体,加强了农民对市场的依赖,其根本原因在于中国的农民由于也具有经济人的禀性,因此也就是市场的积极参与者。"从农业中游离出来到城市谋生的农民,又成了商品性农业生活资料的消费者,从而扩大了商品性农业的国内市场基础。"②不过,我们也不能扩大中国近代农业中商品经济发展的速度。据徐新吾的估算,1936年中国的农业商品经济与自然经济的比例为44∶56。③而在1920年农业商品经济与自然经济的比例为38∶62,在这16年间,中国的商品经济发展还是相对缓慢的,即便是所谓"黄金经济"发展时期的中国农民经济的商品化程度还不到50%。

当然,对这种农村的商品化也不宜高估。据统计,1929—1933年在中国19省148县、151个地区的实地调查,各地农产品的运销中,在本村或邻村销售的占19%,在邻近市镇销售的占44%,在县城销售的占29%,而在远距离的大城市销售的只占8%。④在中国农村的商品经济过程中,还存在着一种伪商品经济化现象,就是农民为生活所迫,临时出售粮食和农产品,然后在一定时期又买回这些商品。"事实上,对于这一部分农村中最贫困的农民而言,生活贫困和对市场的依赖,是一个无穷尽的恶性循环,他们不得不将原来直接用于吃穿的各种农产品,拿来交换,以获取货币,应付各种支出。"⑤这样,我们就可以看到一种旧中国农村的奇怪现象,农民的生活并无改善,产品并未增加,甚至有所减少,但是他们给市场提供的商品却增加了。这种病态的商业繁荣,实际掩盖了贫困农民的苦

---

① [美]马若孟著,史建云译:《中国农民经济:河北和山东的农民发展》,江苏人民出版社1999年版,第330—331页。

② 吴申元主编:《中国近代经济史》,上海人民出版社2003年版,第68页。

③ 徐新吾:《中国自然经济的加深分解与解体》,《中国经济史研究》1988年第1期。

④ 章有义:《明清及近代农业史论集》,中国农业出版社1997年版,第206页。

⑤ 刘克祥:《1895—1927年通商口岸附近和铁路沿线地区的农产品商品化》,参阅中国社会科学院《经济研究所集刊》1988年第11期。

难。"这种农产品商品率的提高不是以劳动生产率的提高和生产者剩余产品量的提高为前提。"有人认为这是一种贫困的商品经济。[①]这在一定程度上说明,中国的农村还是半自给状态。中国的农产品商品化主要受制于国际市场,即便是大规模的出口商品价格的控制权也不在国内,因此,中国的农村日益半殖民地化。发展资本主义工业,需要广阔的市场容量,但在半殖民地半封建的中国,"市场容量是很小的。"[②]因此,即便是在被称为"黄金时期"的20世纪30年代,中国的资本主义工业依然是落后的。

三是,中国近代农产品商品化,有限地提高了农民的收入,可以购买一定的洋货产品。在20世纪30年代,中国居民的粮食人均消费量和经济收入都有了一定程度的增长。1933年和1936年,粮食平均每人占有量分别为557市斤和555市斤。[③]农副产品的出口增加,农村的经济结构与商品化程度提高,这有利于中国农村的商品经济的缓慢发展,也有助于提高各地农民的收入,这些农民的总收入中货币收入的比重在增加,农民手中有了一定的现金,这对他们的消费行为产生了一定的积极影响,即可以有限度地购买一定数量的工业品甚至偶尔购买洋货。李景汉在30年代初调查了定县的34户农家,其中年均每户收入在350元及350元以上的有9户,户均收入在250到349元左右的有14户,收入在250元以下的有11户,"如以中等水平来看,人均收入为50元,按货币购买力折算,至少相当于今天人民币1 000元,应当说收入是不算低的。"[④]农民收入的增加,是农村市场自由发展带来的结果。不仅是华北地区如此,在沿海沿江地区的农民收入增加还要高于华北地区的农民。根据张东刚的研究,从20世纪20年代到30年代,农家消费商品化的趋势如果以现金支出的比例来衡量,大约现金支出的比例从20年代的30%已增加到30年代的50%(见表

① 朱玉湘:《中国近代农民问题与农村社会》,山东大学出版社1997年版,第193页。

② 汪海波:《汪海波文集》第四卷,经济管理出版社2011年版,第31页。

③ 莫曰达:《1840—1949年中国的农业增加值》,《财经问题研究》2000年第1期。

④ 李景汉:《定县社会概况调查》,中华平民教育促进会出版1933年版,第306页,转引自丁长清、慈鸿飞《农村现代化新趋势:天津市静海经济社会发展战略》,商务印书馆2000年版,第378页。

2-32)。①当然,不同的农民阶层对市场的依赖是不同的,总体来看,就农产商品化程度而言,中等农户比较低,富裕农户和贫穷农户则较高:"就最基本生活必需品,即饮食品的来源而言,贫穷农户依赖市场的程度最高,中等农户和富裕农户则较低。"②因此,即便是农村商品化发展,但就不同的阶层而言,其程度是有很大差别的。

表2-32　农家年平均总收入和消费支出的变动(1927—1936年)　单位:元

指标年份	1927—1929	1930—1931	1932	1933—1934	1935—1936
名义收入	249.38	269.90	251.96	258.85	312.07
消费支出	262.68	283.28	232.48	246.76	257.87
消费倾向	1.0533	1.0496	0.9267	0.9533	0.8317

资料来源:张东刚:《20世纪上半期中国农家收入水平和消费水平的总体考察》,《中国农史》2000年第4期。

城市流行的趋洋时尚也影响到广大的中国农村地区,购买工业品和各种洋货也成为农村生活的新风尚。洋货凭借着物美价廉的优势,迅速占领农村的广大市场,洋布、洋纱、洋火、洋(煤)油、洋纸、洋烟、洋铁壶和洋铁钉等为广大农村人使用。很多农村日用品,呈现国产与舶来相互交错使用的情况。以河北定县为例,1933年,河北定县输入货物总值中国货占84%,英国货占7%,美国货占4%,日本货占3%,德国货占2%。③随着内外市场的活跃,商品的流通也加快,农民的日用生活品,依赖日趋活跃的国内市场。据1935年对22个省146个县156个地区的调查,购买生活资料农户百分率为:购买粮食的户数占35%,购买洋布的占29.9%,购买洋袜的占43%,购买煤油的占54.2%,购买肥皂的占34.1%,购买肥料的占26%,购买酒的占48.8%,购买香烟的占19.1%。④农民能够从市场上

---

① 张东刚:《20世纪上半期中国农家收入水平和消费水平的总体考察》,《中国农史》2000年第4期。

② 章有义:《明清及近代农业史论集》,中国农业出版社1997年版,第208页。

③ 章有义编:《中国近代农业史资料》第三辑,生活·读书·新知三联书店1957年版,第314—315页。

④ 章有义编:《中国近代农业史资料》第三辑,第310页。

购买一定的生活日用品,甚至洋货,这表明农民的收入有所增加,购买力才有所提高。这在很大程度上是农民卷入国内外市场,近代市场经济机制的发挥作用导致自给自足经济逐步解体,而自然经济的分解又加速了中国近代市场经济的发轫,这二者是互动的。因此,我们也不能简单地说,这一时期中国的农业经济就是衰退,城市和工商业的发展以及对外贸易的发展,为农业的发展也提供了不少的动力。①

当然,农产商品化对农民也有严重冲击。外国资本主义对中国农村大量输入商品和原料,使广大农民的生活、生产和国内与国际市场的联系加深了,国际市场对中国农产品的需求品种和需求量的大小直接决定着中国各类农产品生产的兴衰。外国资本主义通过对农产原料的垄断和强行掠夺出口,操纵中国农产原料价格,从控制流通领域入手进而深入到生产领域等手段,使中国的农业生产受制于国际市场。这时的农业生产,一旦遇上灾荒年份,农民就连糊口经济都难以维持。在重重剥削之下,在人祸所造成的天灾撞击之下,农民离村的离村,死亡的死亡,荒地一天天地增加。②据统计,1935年主要农作物产量与其最大产量年的百分比,稻米为70%,小麦为57%,小米和高粱为64%,玉米为66%,大豆为51%,花生为59%,芝麻为55%,烟叶为59%,棉花为54%。③在商品化的冲击下,农民种植市场所需要的商品作物,而这些作物的种植不是出于自己的消费。这样就减少了粮食的种植面积,本来能够自给的农民,需要从国内市场甚至国外市场购买粮食。因此,"在中国的农村经济关系之下,农产商品化不但不能改善农民的生活,而且商品化的程度愈高,农民的生活愈困难,这是被二三十年代的历史证明了的事实。"④但是,我们认为这种事实是不可避免的。盛邦跃曾经从农产品商品化与农村经济构成、农民收

---

① 关于中国近代农业的争论,主要有三种观点:一是"农业经济衰退论",二是"农业经济增长论",三是"停滞论"和"内卷论"。

② 许涤新:《捐税繁重与民族产业之没落》,《东方杂志》第31卷第14号,第200页。

③ 章有义编:《中国近代农业史资料》第二辑,生活·读书·新知三联书店1957年版,第614页。

④ 孙晓村:《民元来我国之农村经济》,朱斯煌主编《民国经济史》,银行学会银行周报社1948年版,第360页。

入与农民生活等两个方面,论证了20世纪二三十年代中国农村经济的基本特征是由传统农业向现代农业转型初期的非均衡发展。①

总之,对外贸易的发展加快了农产品商品化,有了出口贸易,不仅弥补了我国对外贸易的逆差,改善了贸易状况,还可以增加社会生产和消费总量。在农产品对外贸易的过程中,中国农村商品经济增长与世界市场的推动作用增强,由于国际市场的变化也带来了农业商品结构上的调整,这必然会给落后中国农业带来新的变化,促进农业生产力的提高和生产的社会化。尽管如此,我们也必须看到,中国的近代工业是落后的,"对农产品的容量和商品流通是有限的",中国的商品化程度无法同欧美发达国家相比,只是近代商品化程度比封建社会有了较大的发展。②

二、进口商品与国内市场

"外国商品的输入逐步成为中国近代市场的主导力量。"③世界各国的商品之所以能够进入中国,一方面是出口国的供给在不断增加,需要寻找新的市场销售,中国这样广阔的市场成为世界各国的重要选择;另一方面,国外商品的输入也创造了国内市场和需求的扩大,而刺激起来的需求使国内市场扩大,促进了中国近代工业的产生和发展,从而使供给进一步增加。国外商品的进口,也刺激了国内大机器工业产品的生产,由于生产技术的改进和产品质量的提高,国内商品的供给增加,使市场的短缺状况得到缓解。

(一)进口贸易与国内商品市场的扩大

进口贸易的发展,推动了中国国内市场的活跃。"从需求条件来看,由于多数中国家庭的收入都很低,这就使新商品在其预算中所占的比例很

---

① 盛邦跃:《卜凯视野中的中国近代农业》,社会科学文献出版社2008年版,第62页。
② 王天伟:《中国产业发展史纲》,社会科学文献出版社2012年版,第308页。
③ 刘佛丁、王玉茹:《中国近代的市场发育与经济增长》,高等教育出版社1996年版,第43页。

小。"①在前面一章中,我们已经详细地分析了中国的进口贸易规模的增长及进口商品结构的变化。可见,在这一时期,国外的工业品已经成功打入中国国内市场,不要说城市的日常生活用品,即使是农村的大多数消费者日常生活用品也普遍接受并使用洋货。

20世纪二三十年代,中国国内市场商品经济发展达到历史上较高水平。1927—1936年期间,国内市场扩大的一个主要表现就是商品量的增长。中国国内市场的商品主要由三部分组成:一部分是中国国内的传统商品,也就是我们经常说的土货;第二部分是西方对华的进口商品或外国在华设厂制造的商品,也就是洋货;第三部分是中国国内自己生产的工业品,也被称为国货。土货、洋货、国货构成按当年价格计算,1936年,中国国内生产的商品价值为152.46亿元,其中农业产品占44.8%,手工制造业产品为26.1%,近代制造业产品为16.8%,矿冶业产品为3.0%,进口洋货的价值为15.61亿元,占9.3%;如果按可比价格计算,1936年,中国国内生产的商品价值为125.04亿元,其中农业产品占43.0%,手工制造业产品为25.5%,近代制造业产品为16.5%,矿冶业产品为2.9%,进口洋货的价值为17.15亿元,占12.1%。1920—1936年的平均年增长率,按当年价格计算,国内生产品为4.07%,进口洋货1.72%,市场商品量为3.81%;按可比价格计算,国内生产品为2.93%,进口洋货为2.63%,市场商品量为2.89%。②按照吴承明先生的估计,1920—1936年间市场的发展是很快的,这期间国内所生产商品的商品量年均增长率为3.81%、进口商品的商品量年均增长率为1.72%,两者相加后平均来看,商品量的年均增长率也达3.6%,按可比价格也有2.51%。③这个年均增长率虽然低于以前历史的年均增长率,但它的商品结构却发生巨大变化。那就是现代化工厂产品

① [美]托马斯·罗斯基著,唐巧天等译:《战前中国经济的增长》,浙江大学出版社2009年版,第95页。

② 许涤新、吴承明主编:《中国资本主义发展史》第三卷,人民出版社1993年版,第221页。

③ 吴承明:《近代中国国内市场商品量的估计》,载《中国的现代化:市场与社会》,生活·读书·新知三联书店2001年版,第303页。

和矿冶产品的增长加快,同期手工制造业产品所占比例则下降。

1927—1936年间国内市场的扩大,还表现为商品流向的变化。当时商品流向的变化有两种类型。

一是工业品由沿海通商口岸流向内地。这一时期的工业品比以往要增多,其主要来源是两个方面,一个是外国的进口工业品,一个是国内制造的工业品,包括民族资本主义工业品和外国在华设厂制造的商品。二是进口商品不断增加,流向城市与乡村,在前文中,我们可以看到,随着国民政府的对外开放,国外进口的商品是在递增而不是减少,尽管国内经济民族主义高涨,但并没有降低人们对这些洋货的消费热情。外国洋货的进口通商口岸城市主要是上海、汉口、天津、广州、青岛和大连。外国洋货进口的供给增加,是因为国内消费的需求在增加。而这种现象的产生,并不是国内居民收入增加以后自然产生的现象,而是国内"消费早熟"的一种表现。所谓"消费早熟","一般是指经济欠发达国家在经济尚未进入成熟阶段之前,消费水平或人们对消费品的追求因受国际消费示范影响而进入了高消费时代。结果,消费跑到了生产能力前面。"[1]在全面抗战前的十年,社会各个阶层早已把洋货当作一种时髦和风尚,都在不同程度地追求新奇的洋货。这种消费早熟现象,最早是在主要通商口岸城市中兴起,然后向通商口岸城市周围的农村和内地城市扩散。由于示范效应的存在,消费洋货成为一种风尚,从而产生超越目前经济发展阶段的较高的消费方式。[2]

进口洋货和国内工业品的增加,使中国的商品流转加快。直至20世纪30年代后期,仍然以上海等几个大口岸为主要运销地。当时中国近代化工业主要是集中在上海等口岸城市,进口的外国工业品也是通过通商口岸流向内地市场,总计1936年中国埠际贸易值中,70%左右是在上海、汉口、天津、青岛、广州这五大商埠之间流转。"工业品主要由沿海通商口

---

① 刘国光主编:《中外城市知识辞典》,中国城市出版社1991年版,第422页。

② 樊卫国:《激活与生长:上海现代经济兴起之若干分析》,上海人民出版社2002年版,第321页。

岸流向内地,因而工业品的价格水准是在通商口岸决定的。它们经过批发、转运、零售等各种环节销往内地和农村,每个环节都要加上运销费用、商业利润、利息、捐税等,所以它们是逐级加价的。"①

中国对外贸易的发展,一个直接的后果就是促进国内市场商品结构发生变化。对外贸易的交流,可以使国内外商品互通有无。在国外工业品的刺激下,中国近代的工业化进程发展,制造业产品所占国内市场的比重增幅较大,手工产品的比重则不断下降。近代化制造业产品占国内市场商品值的比重,从1920年的9.6%增至1936年的6.5%。同一时期,手工制造业产品所占比重由32.2%降为25.2%。又据《中国埠际贸易统计》,1936年列前20位的大宗商品(占全部商品80%)中,近代化工业品已经占50%,农产品和手工业品则分别占30%和20%。②这一时期的贸易联系,首先最发达的就是通商口岸之间的贸易联系,并最终形成一个以上海为中心的江海城市体系。③不仅仅是上海,沿海的其他重要城市,广州、天津、大连、青岛及沿长江的汉口、重庆等都是对外贸易和国内贸易的中心。对外贸易的增长,带来的不仅是那些国内没有的商品,也带来国外先进的设备、技术与资本,由此带动这些城市的商业、金融业、机器大工业、交通、公用事业、房地产业的发展,从而形成全国或地区的经济中心。除了沿海沿江城市的贸易联系外,口岸城市与其他城市之间、城市与周边乡村之间的贸易联系的也获得发展。现代交通运输业的发展,则为这些贸易联系提供了良好的交通条件。

表2-33　1920—1936年进出口贸易货值与埠际贸易国货货值的比重

年份	由外国进口	向外国出口	国产品的埠际贸易	总计
1920	45.6	31.9	22.5	100.0
1930	44.4	30.7	24.9	100.0
1936	33.1	24.8	42.1	100.0

① 陈争平:《中华民国史》第三册志二,四川出版集团2006年版,第363页。
② 吴承明、董志凯主编:《中华人民共和国经济史1949—1952》,社会科学文献出版社2010年版,第56页。
③ 张利民主编:《城市史研究》(第30辑),社会科学文献出版社2014年版,第98页。

注:表中"国产品的埠际贸易"指海关统计的轮船运输的转口贸易货值。

资料来源:据郑友揆:《中国的对外贸易和工业发展(1840—1948)》,上海社会科学院出版社1990年版,第47页表14"进出口贸易与埠际贸易值的比重"改制。转引自刘克祥、吴太昌主编《中国近代经济史1927—1937》,人民出版社2012年版,第1617页。

　　进口贸易加快了国内外的远程贸易。在20世纪30年代之前,在国内远程贸易总值中,最主要的就是进出口贸易的货值。这时拉动国内大宗商品流通的,主要是进口的洋货和国内农产品的出口,这种状况一直持续到20世纪20年代。20世纪30年代以后,进出口商品带动国内远程贸易的状况改变,原因主要有两个方面:一个是国际因素的消极影响,另一个是国内因素的积极影响。具体说就是:一方面是国际经济形势的变化,中国的出口贸易受到国外市场萧条的制约或被主要出口国家制度所限制;另一方面也与国内生产和消费能力的变化有密切关系。国内近代化工业的发展,使得国货的供给能力不断增加,国内居民消费水平的提高,使得内部的需求增加。因此,"供国内消费的国货在国内商品流转中的比重有所提高。"[1]国内远程贸易的变动,除了其主要动力有所变化之外,国内远程贸易中的商品流通结构也发生了变化。根据章有义对1936年的统计,在全部埠际贸易总值中,工业品(机器工业产品)占34%,手工业品占42%,二者合计占76%,农产品只占24%。[2]而在1925年,埠际贸易中农产品占40%,手工业品占19%,机器工业品占41%。可见,在这期间,国内远程贸易的商品结构中,表面上看农产品和手工业品仍占我国全部流通总值的70%,但是这时的手工业品中有一部分已是具有资本主义性质的工场手工业的产品(尤其是那些长途贩运所经营的产品)。[3]因此,我们的结论是农产品所占比重是明显下降的,而工业品则呈现上升的趋势。

---

　　[1] 刘克祥、吴太昌主编:《中国近代经济史1927—1937》,人民出版社2012年版,第1618页。

　　[2] 章有义:《〈中国埠际贸易统计,1936—1940〉说明》,见章有义编著《明清及近代农业史论集》,中国农业出版社1997年版,第222页;吴承明:《中国资本主义与国内市场》,中国社会科学出版社,1985年版,第270—271页。

　　[3] 刘佛丁主编:《中国近代经济发展史》,高等教育出版社1999年版,第287页。

"国内主要商品的流通情况显示,农产品主要由内地商埠流向沿海口岸,工业品则主要由沿海口岸输往内地商埠。商品流向的这一特征与对外贸易密切相关,但也取决于中国工业布局。"①20世纪30年代,中国的工业品主要是在城市区域,农产原料则向城市的机器工业集中。这些农产原料及生活消费品先在内地商埠集中,然后再运销到就近的商业大城市或更远的商埠中心,工业发达的城市的机制工业品则通过内地商埠转销内陆腹地。原来旧的比较单向的区域经济关系和城乡经济关系,变成了一种双向的新型的区域经济关系、城乡经济关系。"伴随进出口贸易发展和工农业产品交换的兴起,城乡之间的经济联系和贸易往来加强,农村市场的商品流转环节增多、范围扩大,介入农村贸易的商人、小贩与日俱增,生产者或消费者同商人、小贩之间的商品交换越来越成为农村市场贸易的重要组成部分。"②与此相联系,在进口贸易的带动下,原先封闭或半封闭的农村市场被打破,很快被卷入全国性市场和资本主义世界市场的漩涡,越来越具有农产品初级市场(原始市场)和工业品终点市场(消费市场)的性质。另一方面来自各个通商口岸或城市的非农产品或农产加工品又持续地进入内地市场直至千家万户农民的手中。"远程交易的不断增多,不仅是商品经济进一步发展的前提,而且也是内地及农村自然经济快速走向解体的催化剂。"③

对外贸易,尤其是进口贸易带动中国国内市场的扩大,是传统经济向市场经济过渡的必然表征。20世纪二三十年代,中国的进口贸易的数量增加和商品结构的变化,进口贸易也带来新的交通运输业的发展和许多新兴工业与商业的不断兴起,中国的国内市场比以往明显扩大。以上这些都是进口贸易对中国国内市场的积极作用。"中国的经济结构使我们无法回避这种观点:中国的主要经济动力来自国内,而不是来自国外。在小

---

① 刘克祥、吴太昌主编:《中国近代经济史 1927—1937》下册,人民出版社 2012 年版,第1631 页。

② 刘克祥、吴太昌主编:《中国近代经济史 1927—1937》下册,第 1711 页。

③ 杨德才:《中国经济史新论:1840—1949》,经济科学出版社 2004 年版,第 421 页。

的贸易国,进出口总额常常超过总产出的50%。在中国,与其他大国一样,这个比例通常很低。"①因此,不能高估进口贸易对中国国内市场的积极作用,也要看到它对中国国内市场的消极甚至破坏作用。

(二)外资与国内市场

外资的进入(见表2-34),在一定程度上有利于中国市场的扩大和近代工业化的发展。根据侯继明的研究:是什么引起了中国新式经济部门的发展呢?他认为:"这个发展和以贸易、投资以及有关活动为代表的外国经济力量的渗透之间,可以找到重要的联系。"②中国近代外资是在国门被迫开放的情况下进入的,这些外资的进入动机完全是受经济利益所驱动,投资所向也不是基于中国经济的发展需要,因而导致中国的经济结构发展十分不合理。但是,这些外资的进入,也在客观上对中国经济的发展起到了积极作用。

外资也大多与外贸相关。外资在中国最早开展的业务就是进出口业务,而经营进出口业务的主要就是那些洋行。在进出口的经营贸易中,这些洋行占绝大多数,控制着中国的进出口贸易。"经营进出口业务的外资企业大多数是代理行,英、美、法、瑞士等国的进出口商所代理的大多是国外较著名的厂商和洋行。"③外国在华企业投资主要集中在金融、商贸、运输和工矿等行业。1933年,在华的外资工厂生产的产品占中国工业总产量的1/3。"外资控制的主要工业资产份额为:煤炭的39%,生铁的82%,造船的48.2%,棉纱的29.1%,棉布的61.5%。到1936年,中国工业总资本中,外资所占的比重已经达到73.8%。"④1931年,外国在华投资30亿美元,到1936年,外国在华的资本共计约达43亿美元,除小部分用于制造业

①[美]托马斯·罗斯基著,唐巧天等译:《战前中国经济的增长》,浙江大学出版社2009年版,第17页。

②侯继明:《外国投资和经济现代化(1840—1937年)》,张仲礼主编《中国近代经济史论著选译》,上海社会科学院出版社1987年版,第51页。

③沈祖炜主编:《近代中国企业:制度和发展》,上海人民出版社2014年版,第204页。

④陈谦平:《民国对外关系史论1927—1949》,生活·读书·新知三联书店2013年版,第212页。

投资外,大笔的外资用来维持外贸和支持银行及保险业(有人估计,比例高达55%),外资大部分化为银行贷款而投入中国进口贸易并帮助中国企业获利,对中国经济起着重要的输血作用。[1]20世纪30年代以后,外资集中的领域主要就是贸易业、金融业、运输业,这三者相加1930年约占全部外国企业投资的64.7%,1936年为64%。[2]"近代上海乃至近代中国经济的近代化是在外资企业的楔入后才开始实质性起步的。"[3]这些成就的取得在很大程度上与外贸的推动是分不开的。历史经验表明,对于一个落后的国家来讲,开放的力度和国家的现代化进程呈正相关,只要国家主权未受侵犯,全方位的开放是大大有利的。在当时的条件下,外贸发展的不利和外资的渗透等损害了中国的主权,但也绝不能由此得出与现代资本主义世界脱离接触,关门发展才更为有利的结论。

表2-34　帝国主义列强在华投资增长情况　单位:百万美元

	1914	1930	1936
英国	664.6	1047.0	1045.9
美国	99.1	285.7	340.5
日本	290.9	1411.6	2096.4
法国	282.5	304.8	311.9
德国	385.7	174.6	136.4
俄国	440.2	—	—
其他国家	92.7	263.9	354.3
合计	2255.7	3487.6	4285.4

资料来源:参见吴承明编:《帝国主义在旧中国的投资》,人民出版社1955年版,第45页。

到20世纪二三十年代,世界各国在华投资所占的比重发生了重大变化。一战前,英国在华投资居各国之首。全面抗战爆发前,帝国主义国家在华直接投资,英国增加了5倍多,美国增加了13倍,法国增加了7倍,德

　　① 吴承明:《帝国主义在中国投资》,人民出版社1955年版,第46页;[美]吉尔伯特·罗兹曼主编:《中国的现代化》,江苏人民出版社1995年版,第423页。
　　② 吴承明:《中国资本主义与国内市场》,中国社会科学出版社1985年版,第36页。
　　③ 沈祖炜主编:《近代中国企业制度和发展》,上海社会科学院出版社1999年版,第272页。

国则趋向减少,日本投资,跃进到占投资总额的80%以上。①而到1930年,日本在华投资额超过了英国。这年,英国对华投资总额为10.47亿美元,而日本则为14.11亿美元。到1936年,日本在华投资总额增达20.96亿美元,占各国全部在华投资总额42.85亿美元的49.9%。②1936年底,日本对华企业投资共达16.295亿美元(其中关内3.053亿美元,关外13.342亿美元),英国为6.51亿美元,美国为2.108亿美元,日、英、美对华企业投资分别为各国在华企业投资总额26.935亿美元的60.5%、24.2%、7.8%。③外国在华投资包括直接投资和间接投资两个部分。直接投资,包括金融、贸易、交通运输、矿业、制造业和公用事业等部门,这是帝国主义在华投资的最重要部分(见表2-35)。吴承明先生估计,如果不计战争赔款的未付额,则1914年直接投资和间接投资两者的比例分别为33.7%和66.3%;1930年直接投资的比重上升到72.9%,间接投资的比重下降到27.1%;1936年直接投资的比重升为80.5%,间接投资为19.5%。④关于贸易业的投资,这一时期帝国主义在华贸易业中的投资,1914年为1.4亿美元,1930年为5.5亿美元。对于1927—1937年间对华贷款比较多的国家:美国为11 969万银元,占75.5%;德国为10 003万银元,占31.2%;英国5345万银元,占16.7%;法国2231万银元,占7.0%;日本949万银元,占3.0%。⑤对于外国在华投资的作用,一方面我们应该承认在客观上对中国新的资本主义生产关系的产生和资本主义生产方式的形成起到了积极作用;另一方面,外国对华投资,在半殖民地半封建社会条件下,是资本帝国主义侵略和奴役中国的手段,沉重压迫了我国民族工业的发展。

---

① 王桧林等主编:《中国通史》,第十二卷近代后编(1919—1949)上册,上海人民出版社2015年版,第479页。
② 吴承明编:《帝国主义在旧中国的投资》,人民出版社1955年版,第52页。
③ 吴承明编:《帝国主义在旧中国的投资》,第161页。
④ 吴承明:《中国资本主义和国内市场》,中国社会科学出版社1985年版,第31页。
⑤ 王桧林等主编:《中国通史》,第十二卷近代后编(1919—1949)上册,第481页。

表2-35　外国在中国的企业资本　单位:百万美元

	1914年		1930年		1936年(关内)	
	投资额	占%	投资额	占%	投资额	占%
金融	75.6	7.9	317.1	16.0	310.2	22.6
贸易	142.6	14.8	555.0	28.1	397.7	29.0
交通运输	335.6	34.9	407.2	20.6	169.3	12.4
矿业	59.1	6.1	151.1	7.6	69.8	5.1
制造业	110.6	11.5	312.2	15.8	281.6	20.6
公用事业	26.6	2.8	119.0	6.0	132.3	9.7
其他	211.4	22.0	115.5	5.9	8.4	0.6
合计	961.5	100.0	1977.1	100.0	1369.3	100.0

资料来源:吴承明:《中国资本主义与国内市场》,中国社会科学出版社1985年版,第36页。

(三)进口贸易与国内民族工业的发展

在外国进口商品的影响下,国内民族工业发展,国内商品市场扩大。中国近代的工业是在仿制、竞争和局部创新的发展过程中逐步兴起,而这些近代工业主要集中在上海等大城市(见表2-36),上海的工业成为全国的典范。据有关资料统计,1926—1937年间,上海涌现出一批体现时代新科技的新兴工业,如机电、电讯器材、重化工、橡胶、有机化工、生物药物、医疗器材等新兴工业门类,仅上海机电行业就已经发展到15家,占同类行业的80%以上。[1]

表2-36　1933年上海工业行业部分主导产业产值及其在全国的比重　单位:千元

行业	上海产值	全国产值	上海占全国%
棉纺厂	42 704	85 500	49.9
面粉厂	74 172	186 136	39.8
轧花厂	7500	11 395	65.8
机器厂	7180	19 341	37.1
橡胶厂	31 767	35 460	89.6
搪瓷厂	4513	5643	80.0
丝织厂	31 206	41 826	74.6

---

[1] 徐新吾、黄汉民:《上海近代工业史》,上海社会科学出版社1998年版,第206页。

资料来源:巫宝三主编:《中国国民所得》,第124、156页,转引自张忠民主编《近代上海城市发展与城市综合竞争力》,上海社会科学院出版社2005年版,第370页。

在外来洋货的刺激下,国内民族资本主义工业发展。机制工业品的数量增加质量提高。20世纪二三十年代,上海的近代化工业已颇具规模。经过几十年的发展,民国时期的上海工业,不仅在机器制造、船舶、砖瓦、玻璃、水泥等领域率先发展起来,而且在火柴、棉纺、棉织、食品、缫丝、面粉等轻工业领域也成为全国的排头兵。30年代,上海的工厂企业和工人数都比以前增加,当然,上海的工业处于初级发展阶段,也存在着一些弱点,比如"资本过小、规模不大、机械化程度低、部分行业原料依赖进口及产品价值低等问题"。[1]国内的工业品,虽然不能取代外国的进口品,但也部分满足了国内的消费需求。内外商品的丰富,使得国内市场活跃。

对外贸易的交流,西方的商品、科学技术、设备原料等不断进入中国,中国国内的工业化经历了引进、仿制和自制等三个过程。正如柯文所言:此时西方登场了,西方的登场制造了种种新问题,但它也制造了一种新的情境。"尽管中国的情境日益受到西方影响,这个社会的内在历史自始至终是中国的。"[2]近代工业化是"人类使用非生物动力资源和高效工具进行自然资源开发和各种生产技术的不断提高,这些技术不仅普遍地用于工业领域,而且广泛地用于农业和其他一切生产领域"。[3]中国的工业化进程中,国外先进的机械设备、科学技术、工业原料等源源不断输入中国。关于对外贸易与国内工业的发展,我们将在本章的第三部分详细论述。

简而言之,对外贸易的近代化,不仅使中国的市场和世界市场的联系加强,也使国内贸易部分质变,有利于贸易的近代化发展。近代中国市场由传统市场和近代市场构成。所谓"传统市场"是指以实现小生产者的产品交换为基础的场所和领域,它虽然可以孕育市场经济的萌芽,但无法改

---

① 张宪文、张玉法主编:《中华民国专题史》,南京大学出版社2015年版,第203页。
② [美]柯文著,林同奇译:《在中国发现历史》,中华书局1989年版,第135页。
③ 虞和平主编:《中国现代化历程》,"绪论",江苏人民出版社2002年版,第8页。

造自然经济。近代市场则指以实现工农业产品的交换为主的场所和领域。①"传统市场与近代市场的根本区别在于前者主要是实现商品的使用价值,而后者主要实现商品的价值。"②国内市场的扩大,将国内更多的城市与乡村纳入商品经济的网络中来,加快了中国近代统一市场形成;"而中外贸易的不断发展,将中国纳入到世界市场体系中,参与商品生产的国际分工,从外部给中国经济发展提供契机并植入活力。"③在第一章的分析中,我们可以看到,1927—1936年间,中国的对外贸易的数量和结构都发生了变化,这一时期中国对外贸易发展是相对稳定并不断增长的,这个时期中国的市场也是不断发育的,无论是出口商品的国际市场还是国内市场都是具有一定活力的。按古典经济理论,市场扩大、对外贸易发展与经济增长是呈正相关的。因此,这一时期的经济出现黄金时期,和对外贸易与市场的扩大密切相关。外国工业品的大量进口和中国农产品的出口,加强了国内消费者对市场的联系和依赖,进入流通的外国工业品和本国农产品数量越来越多,这就促进了国内商业的发展。对外贸易发展有利于国内市场的扩大这个结论,也得到了相关计量分析的证明。吴承明先生的估计(见表2-37),国内生产商品量,1920年为89.58亿元,1936年则增加为163.01亿元,1920—1936年间国内所生产商品的商品量年均增长率为3.81%;进口商品的商品量1920年为11.88亿元,1936年为15.61亿元,1920—1936年间进口商品的商品量年均增长率为1.72%,全部商品量的年均增长率也达3.6%。在这期间商品的结构发生了很大变化,现代化工厂产品增长最快,1920年为8.83亿元,1936年则增加为28.31亿元。现代化工厂产品和矿冶产品,1920年只占国内生产商品量的13%,到1936年已占20.5%。农业产品的商品量由1920年的390.9亿元,增加为75.33亿元,按当年价格计算,这一时期的年均增长率为4.19%,按可比价

① 关于中国近代市场的发育,可以参看刘佛丁、王玉茹:《中国近代的市场发育与经济增长》,高等教育出版社1996年版。

② 陈国庆主编:《中国近代社会转型研究》,社会科学文献出版社2005年版,第21页。

③ 杨德才:《中国经济史新论:1840—1949》,经济科学出版社2004年版,第418页。

格计算也为2.84%。1927—1936年间,国内市场的商品量扩大,显然离不开中外贸易的贡献,也和政府的主导作用分不开。

表2-37　1920年、1936年国内市场商品量　单位:亿元

	1920年	1936年	年增长率(%)		年平均增长率(%)
			当年价格	可比价格	
国内生产商品	89.58	163.01	3.81	2.54	3.81%
农业产品	39.09	75.33	4.19	2.84	
手工制造业品	38.75	54.41	2.14	0.95	
现代化工厂产品	8.83	28.31	7.55	6.29	
矿冶产品	2.91	4.96	3.39	2.18	
进口洋货净值	11.88	15.61	1.72	2.32	1.72
全部商品合计	101.46	178.62	3.60	2.51	3.60

资料来源:吴承明:《近代中国国内市场商品量的估计》,载《中国的现代化:市场与社会》,生活·读书·新知三联书店2001年版,第301、303页。

中西经济贸易关系的往来,也推动了中国的传统市场向近代市场的转变,商业的资本主义发展与市场的不断扩大化,并趋向于形成统一的国内市场。工业化的基础和前提是市场化,而市场发育程度及其水平的高低也对工业化有着重大影响。[①]一系列先进的经济制度的产生都与市场的扩大,尤其是与世界市场和国际贸易的扩大是有密切关联的。中国近代对外贸易的活跃,对商品市场的扩大,对中国国内的产业发展、经济结构,以及日常生活产生了重要影响,这也相应地促进了生产力的发展和生产方式的变化。在国民政府时期,中国对外开放由被动性日渐变为主动性,中国与世界市场的联系有利于国内社会经济的发展。

三、对外贸易与国内社会经济的变化

前面两部分,我们分别分析了进出口贸易与国际市场与国内市场的变化的关系,即从市场化的角度分析了中国的对外贸易与近代市场的发

[①] 王玉茹等:《制度变迁与中国近代工业化——以政府的行为分析为中心》,陕西人民出版社2000年版,第164页。

育。在本部分中,我们重点分析对外贸易与国内社会经济变迁的互动。

在近代,进出口贸易是驱动近代商品流通驶出传统藩篱的前车后轮,"在不同的时期给予商品流通以发展动力"。①近代商埠贸易催动腹地农业产业化和近代工业化的进程,在一定程度上改变了传统小农经济占统治地位的经济类型,而且产业结构的变化在一定程度上也引起了地域构成和经济格局的演变。随着农业手工业的进一步商品化,出现了一些以港口市场为主要流通方向的采用新式经营方式的工商业,标志着近代化的开端。因此,中国近代对外贸易的发展,促进了中国社会经济的现代化进程。下面从现代化的角度,分析全面抗战前十年中国的对外贸易对经济与社会现代化的影响。

(一)对外贸易与农村经济的变迁

1927—1936年,在对外贸易和通商口岸商业的带动下,中国的广大农村地区也悄然发生变化。在外国资本主义的入侵下,不仅中国的对外贸易有所发展,中国农村的农产加工业和其他工业也被迫发展,内外因素的结合促进了中国农村商品经济的发展。在近代中西经济关系中,西方国家和中国农民的关系是最基本的一面。"农村经济是对外经济关系的经济基础,农民则成为中国民众中对外经济关系的主体。"②

1.对外贸易与自然经济的逐渐解体

对外贸易的发展,外国的商品可以比较自由地进入中国城市市场。在这一时期,农民生活对市场的依存程度越来越高,这是农家经济商品化程度的标志。一战后,资本主义国家对中国农村的侵入越来越深入,世界市场对中国农业生产的影响也加大。"市场势力和货币权力对农民已经有了统治作用了"。③这一时期,农家购买的物品中有部分需要由国外输入。以天津进口粮食为例,天津1931年进口米占74.7%,国内米占

---

① 庄维民:《近代山东市场经济的变迁》,中华书局2000年版,第186页。

② 赵德馨等:《近代中西关系与中国社会》,湖北人民出版社1993年版,第84页

③ 严中平等编:《中国近代经济史统计资料选辑》,科学出版社1955年版,第328页。

25.2%，1932年进口米占85.6%，国内占14.3%，"1933年上半年，由于新税则的实施，国内米源占大部分，进口米减少。"①农民对市场的依赖比以往加深。据1935年统计，广东全省有47.6%的农户要购买粮食（大大高出全国35%的比例）。②购买洋货、工业品的农户所占的比例，煤油82.6%，肥皂42.9%，肥料55.5%，洋布28%，洋袜26.8%。③这表明，农民对市场依赖程度的提高和农村市场贸易的繁荣。

从表2-38可知，农副产品和手工产品的商品化加强，并逐渐纳入国际市场。这一时期，农业产值中商品经济的比重增加，如1936年，农产值中商品经济的产值为87.38亿元，占43.86%，比1920年的商品经济产值61.96亿元，37.55%都有明显上升。④近代的农村的手工产品和其他副产品除自给外，还输入城市口岸，转销到竞争激烈的国际市场，中国纳入世界资本主义市场体系中，并处于半边缘的地位。1920年个体手工业产值为30.22亿元，商品经济12.09亿元，自然经济18.13亿元，两者之比为40：60；1936年个体手工业产值为44.22亿元，商品经济26.53亿元，自然经济17.69亿元，两者之比变为60：40。当然，农村农产品和手工业产品商品经济的发展，虽然在一定程度上反映了20世纪20年代到30年代中国农业和手工业生产的增长，但并不意味着农民的生活一定富裕和农村经济的繁荣与发展。"相反，在中国小农经济的生产特点下，在很大程度上代表着'贫困的商品经济'。"⑤中国的农村商品经济水平低，产品只是在国内外市场的简单扩展，没有引起农村经济结构的根本性变化，自然经济半自然经济的优势地位没有动摇。

---

① 罗澍伟：《近代天津城市史》，中国社会科学出版社1993年版，第564页。
② 国民政府中央农业实验所编：《农情报告》第4卷8期，1936年8月，转引自章有义编《中国近代农业史资料》第三辑，生活·读书·新知三联书店1957年版，第310页。
③ 李如汉：《中国租佃制之本质》，1936年，见章有义编《中国近代农业史资料》第三辑，第317—318页。
④ 徐新吾：《近代中国自然经济加深分解与解体的过程》，《中国经济史研究》1988年第1期。
⑤ 徐新吾：《近代中国自然经济加深分解与解体的过程》，《中国经济史研究》1988年第1期。

表2-38　1920年与1936年农业产值中的自然经济与商品经济　单位:亿元

1920年农业				1936年农业			
工农业总产值	%	农业产值	%	工农业总产值	%	农业产值	%
商品经济 97.66	44.59	61.96	37.55	商品经济 176.58	57.68	87.38	43.86
自然经济 121.37	55.41	103.24	62.45	自然经济 129.54	42.32	111.85	56.14
总　值219.03	100	165.20	100	总　值 306.12	100	199.23	100

资料来源:根据徐新吾:《近代中国自然经济加深分解与解体的过程》中的表格制作,《中国经济史研究》1988年第1期。

　　进口商品能够从城市蔓延到广大的农村地区,甚至穷乡僻壤,其主要原因就在于:其一,洋货的进口数量增加,品种多样化。在前面的章节中,我们可以看到,在国民政府时期,洋货进口的数量和价值都呈稳步增加的趋势。同时,由于国外的生产技术发达,进口洋货的品种也日渐多样化。在这一时期,进口洋货中工业品比重增加比较快。其二,洋货价廉物美。洋货的流行从地域来说,是由沿海沿江通商城市向内地、由城市向乡村而层层向外扩散的过程。在民国初期,多数洋货还被视为时尚物品和中高档用品,主要是在沿江沿海城市与周边乡镇有钱的上层社会流行,其他内地城市和乡村由于购买力有限,大多仍旧沿用旧土货。而到了二三十年代,洋货的价格已经可以为一般普通居民所接受,进口洋货尤其是多数生活用品,以其物美价廉的优势而占据主要市场,有的基本取代了原有土货。因此,洋货的流行就成为普遍的时尚。其三,洋货广告营销非常有效得力。在这一时期,洋货的各种广告,不仅在城市,而且在广大的乡村也是非常有效的。日常生活中的各种物质用品,从钟表、自行车、汽车、留声机、收音机到布料、丝袜、高跟鞋等,这些洋货不断地刺激着人们的消费感官,最后成功地走进人们的日常生活。其四,崇洋消费的形成。外贸的入超并不因为各种国货年的兴起而减少,洋货在市场上依然保持优胜,这说明,在国内的民众中已经形成比较浓厚的崇洋心态。"而此种心态的形成,则与洋货物美价廉的路径依赖式影响、上层社会的消费示范作用以及消费风尚藉商品广告和人员流动而广播蔓延不无关联。"[1]

对外贸易的发展,尤其是进口贸易的扩大,使中国的农村市场也发生了新变化。1927—1937年间,中国各地的农村市场都有较大程度的发展,虽然存在着区域发展不平衡的特点。进口贸易的发展,扩大了中国农村市场的规模,农村的集市、庙会等市场上也大量出现了洋货商品,这就改变了原来传统市场发展的模式。"除了保留原有的以农产品为主的小生产者之间的交换之外,又新加了以工农业产品为主的产业资本家之间、产业资本家与小生产者之间的交换。"[2]20世纪二三十年代,中国农村市场发生了深刻的变化。"农村市场的贸易量扩大,也不再局限于农产品与农产品、农产品与手工业品之间的交换,农产品、手工业品与机制工业品的交换已经出现,并不断增加。"[3]商品的流通范围扩大,远距离的贸易增加。不仅有地方性商品调剂与流通,工业品和农业品在城市和农村之间也相互流通加快。这种市场模式和商品流通,导致农村不仅更依赖于城市,而且依赖于国际市场。

我国的商品经济的发展是在本国生产力比较弱的情况下发展起来的,有人称之为一种"饥饿的商品生产";而农村的商品流通也是在农村市场购买力不高且衰退的趋势下发展起来,这是一种"虚假的商品流通"。"这种'饥饿的商品生产'和'虚假的商品流通'导致了中国近代农村商品化发展迟缓、程度不高。"[4]民国时期,中国农村的自然经济在内外因素的压力下开始分化,并逐渐解体;与此同时,新的商品经济呈渐进性微变态势,商品经济因素在旧中国的农村生长的趋势已经不可阻挡。

中国农村所受的剥削也是双重的,即不仅有国内的剥削,也有来自国外的剥削。进口贸易中的粮食等农产品对本国的农业萧条是雪上加霜。

---

① 乔兆红:《百年演绎:中国博览会事业的嬗变》,上海人民出版社2009年版,第267页。

② 苑书义、董丛林:《近代中国小农经济的变迁》,人民出版社2001年版,第243页。

③ 刘克祥、吴太昌主编:《中国近代经济史1927—1937》,人民出版社2012年版,第1710页。

④ 丁长清、慈鸿飞:《农村现代化新趋势——天津市静海经济社会发展战略》,商务印书馆2000年版,第228页。

例如经济大危机期间,中国的农产品进口量猛增(见表2-39)。粮食的进口净值由1929年的年平均2936.7万市担,迅速增加到1931年的4534.2万市担,1932年又继续增加到7849.8万市担,这种粮食进口的高额逆差一直持续到1935年。①资本主义国家农产品的倾销,造成农村土地荒芜,劳动力流失。从1929年开始,洋米、洋麦、洋面、棉花等农产品进口量大幅度增加,使农产品价格大幅下跌。以1931年为100,到1932年为72,1933年为61,1934年为56,1935年为57,1936年为60。②很多传统的手工业在外来机制品的冲击下破产,一些向国外大量出口的民族手工产品如针织品、陶瓷器等也在各国的关税壁垒的影响下出口大减,农民收入锐减。能够出口的农副产品,也由于价格主动权的失去而获利甚薄,工农产品的价格剪刀差的存在以及中间商的盘剥,使得那些农民即便在丰收之年也陷入困窘。陈其广的计量分析也认为:"近代百年中国的工农产品交换比价小利于农产品而有利于工业品,然而从这种状况中获利最大的却不是近代工业资本家,而是商人,尤其是投机商人。"③在国际市场上,中国的农产品进出口贸易条件不断恶化。农产品价格的惨跌甚至造成了1932年的所谓"丰收成灾"。

表2-39　1927—1931年洋货与食粮进口情况表

年份	食粮进口总值	洋货入口总值	食粮进口占入口总值百分比	全年洋货入超数量	食粮进口占入超数量百分比
1927	138 577 830	1 013 931 624	12.6	943 119 621	47.1
1928	101 536 144	1 195 969 271	8.5	204 614 283	49.6
1929	144 848 337	1 265 778 821	11.5	250 091 503	57.9
1930	167 363 840	1 309 755 742	12.7	414 912 158	40.2
1931	183 391 570	1 433 489 194	12.8	524 013 669	35.5
平均	143 143 539	1 243 784 920	11.6	297 585 715	66.1

资料来源:马乘风:《最近中国农村经济诸实相之暴露》,《中国经济》1934年1期。

---

① 史全生:《中华民国经济史》,江苏人民出版社1989年版,第283页。
② 王相钦:《中国民族工商业发展史》,河北人民出版社1997年版,第488页。
③ 陈其广:《百年工农产品比价与农村经济》,社会科学文献出版社2003年版,第244页。

2.对外贸易与农村资本主义经济因素的增加

对外贸易带动了农村经济作物区和集团经营的出现。农业生产专门化区域的形成。随着农业生产商品化进程的加快,至20世纪二三十年代,农业生产专门化表现突出,出现了专业化的产区。"所谓农业生产的专门化,即在一些区域专门生产一种市场生产品,而另一些区域又专门生产另一种市场生产品,而且农业的其他方面也都适应这种主要的生产品。"①大豆的主要产区在东北,1931—1937年,东北大豆种植面积占全国大豆种植总面积的比重为41.8%。花生的种植主要集中在山东、河北、河南等省。1931—1937年,三省花生种植面积占十七省种植总面积的比重为46%,产量也为49.2%。芝麻的主要产区在河南。据统计,1931—1937年,河南省的芝麻种植面积占全国芝麻种植总面积的比重为27.2%,产量占全国总产量的27.7%。河南、山东和四川是烟叶的重要产区。据统计,1936年,河南、山东和四川三省的烟草种植面积占全国烟草种植总面积的比重为43.6%,产量占全国总产量的45.1%。蚕丝的生产主要集中在浙江、江苏、广东、四川四省,30年代四省生丝产量占全国生丝总产量的比重也高达90%左右。茶叶的生产分布主要集中在浙江等东南省份。到30年代中期,仅浙江一省的茶叶产量占全国茶叶总产量的比重就高达52%。②

为了增强农产品的出口竞争力,在一些地区形成了专营农副产品出口的"特区",成立了大的农垦公司,集团化思想形成。例如,当时的江浙地区,农副业依靠蚕桑,四川、广东、山东各省的农户,也多依赖春茧之收获,"以资周转,甚至衣着之需,亦全仰给于此。"③适应外贸出口的需要,农村地区大力种植经济作物。据调查,1904—1933年全国15个省10个县102个地区各种作物播种面积的比重,经济作物在农业生产中的比重

---

① 赵津主编:《中国近代经济史》,南开大学出版社2006年版,第90页。

② 许道夫,《中国近代农业生产及贸易统计资料》,上海人民出版社1983年版,第182、195—196、201、214—219、239—241页。

③ 钱天达:《中国蚕丝问题》,上海黎明书局1936年版,第9页。

呈逐年上升趋势。从时间来看,中国近代农业中的经济作物种植与发展是在30年代达到鼎盛的(见表2-40)。北洋政府农商部编的《第四次农商统计表》中的资料显示,1914年时,粮食作物面积占各种作物总面积的88.9%,油料作物面积占8.8%,棉花面积占1.9%,烟叶面积占0.4%。根据《中华民国统计提要》中有关资料计算,1937年,浙江、江西、湖北、湖南、四川、河南、陕西、甘肃、青海、福建、广东、广西、云南、贵州、宁夏等15省粮食作物面积占作物总面积的83%,油料作物面积占13%,棉花面积占3%,烟叶面积占1%。由此可见,从1914—1938年间粮食作物种植面积的比重稍有减少,经济作物种植面积的比重略微增加。[1]中国农产品出口,不仅缓慢拉动中国农村经济发展,"这些出口商品换取的外汇收入又成为扩大进口的基础。"[2]

表2-40　1914—1939年中国经济作物在种植业中所占比重

年份	比重(%)
1914	11.1
1934—1935	12.6
1937	17.0
1938	19.0
1939	17.0

资料来源:丁长清、慈鸿飞:《中国农业现代化之路》,商务印书馆2000年版,第204页。

3.对外贸易对农村经济的冲击

对外贸易也给中国农村带来很多不利的影响。外国对华输出农产品大量增加,中国农产品价格下跌,农民收入水平降低。中国是农业大国,由于国内农产品的供求关系之矛盾,不能满足需要,因此需要进口来缓解矛盾。1928年进口大米1265万担,到1932年增长到2138万担;1928年进口小麦90万担,1932年进口1508万担,1933年更增为1771万担;1928年

① 丁长清:《关于中国近代农村商品经济发展的几个问题》,《南开经济研究》1985年第3期。
② 赵德馨等:《近代中西关系与中国社会》,湖北人民出版社1993年版,第83页。

进口面粉 598 万担,1932 年增为 371 万担。[1]外国农产品价格比较低,大量输进,引起中国农产品价格下跌。如南京、湖南等地米价在 1933 和 1934 年每石下降到 5 元以下,而当时每石米的生产成本要 10 元左右。[2]由于进口数量大,价格便宜,许多中国工厂都改用进口农业原料。如原来徐州地区,所产小麦主要供无锡、上海两地面粉厂需用,但到 30 年代,美麦大批进口,"洋麦价格既较本麦低廉,厂商亦无于取用,故近年沪、锡厂商亦告绝迹。"[3]中国农民对洋货的依赖在加强。20 世纪 30 年代,农民所用的日常生活中的一些用品来自国外的输入品,如煤油、火柴、食盐、洋线等,这些用品需求弹性比较低,因此外商可以随意涨价,农民陷于日益贫困之中。中国农产品是出口商品中的大宗,但竞争能力却较弱,在国际市场上不断被排挤。以茶叶为例:在国际市场上,由于印度、锡兰、日本等国的激烈竞争,中国茶叶出口数值不断下跌,1931 年为 5108 万元,1933 年下降为 3857 万元,中国茶农遭到极大打击,很多地方茶树栽培荒芜。外国廉价农产品进入中国市场,使本国农民生产农产品滞销,农民的收入也由于无法获得现金降低,生活水平受到影响如江苏武进县农民 1931 年收入价格指数为 100,1933 年则下降为 71。

4. 对外贸易与城乡关系的新困境

中国近代的通商口岸城市是在非正常、被动与屈辱之下开放、走向世界,但它在中国近代化过程中扮演了"先行、窗口、带动、传递"的角色。[4]在西方经济贸易势力的影响下,沿海沿江城市的"商业革命""工业革命"发生,由此引发中国传统的城乡关系发生复杂变化。一方面,城乡关系由原来比较单一的联系,变为比较密切的双向联系;另一方面,中国的通商口岸城市越来越近代化,中国的城乡趋于两极化。

城乡商品经济的发展,使城乡的贸易往来更加密切。旧的城乡一体

---

[1] 章有义:《中国近代农业史资料选辑》第三辑,生活·读书·新知三联书店 1957 年版,第 412 页。

[2] 章有义:《中国近代农业史资料选辑》第三辑,第 618—619 页。

[3] 章有义:《中国近代农业史资料选辑》第三辑,第 417 页。

[4] 张仲礼主编:《东南沿海城市与中国近代化》,上海人民出版社 1996 年版,第 23、24 页。

化结构打破,新的开放结构随着工商业的发展而逐渐形成,由此推动城市经济不断发展,不但需要大量来自农村的农副产品和工业原料,也需要向农村推销其工业制成品,城乡间的经济联系由之而增强。城乡间经济联系的不断增强,进口洋货中有许多消费性产品,这些产品除供给城市居民消费之外,还有一部分流入广大农村,并获得普通民众的购买,尤其是一些奢侈品为地主们所喜欢,农村资金向城市尤其是贸易口岸中心集中;与此同时,农副产品和粮食输送城市(大多为通商口岸城市),这些产品大量出口到海外寻找市场,也有部分在运销中在国内市场便得以消费,有些产品在城市的工厂中得到加工后,其中也有部分回到农村。①经过彼此的双向交流,20世纪30年代,从通商口岸到农村,从农村到通商口岸城市的商业贸易网络正加速形成、确立。对外贸易的快速发展,使得洋货在中国的农村也获得市场。以前农民的衣料,多由农民自行纺织,而这时自行纺织的农家,不过24.4%,多数仰给于市场,如洋袜、洋布、毛织品、人造丝织品及绸等,其中购买洋袜的农民最多,全国平均达43%;购买洋布的农家计占29.9%;购买毛织品的占9.6%;购买人造丝织品的约8.5%;购丝绸者占7.2%。②

新式交通的日渐普及与发达,则为城乡的物质交流提供了更便捷的通道,为农村经济的变化提供了现实的物质途径。借助新式交通工具的速度和装载量,城乡交流的内容起了变化。在国民政府统治时期,外国的洋纱、洋布、五金、颜料等进口的商品已经可以很方便地进入乡村的各个角落。这些物美价廉的洋货,把中国传统的手工业品逐渐挤出市场,在"商战"中,中国的传统手工业也敌不过这些与众不同的洋货,低廉的价格和优质的产品质量,成为冲击中国手工业堡垒的舰船重炮,给中国的传统手工业带来的更多的是严峻挑战,甚至是厄运。即便是中国的农产品出

---

① [美]德怀特·希尔德·珀金斯著,宋海文译:《中国农业的发展(1368—1968年)》,上海译文出版社1984年版,第147页。

② 陆国香:《论农村信用及农村信用调查》,载《农行月刊》第3卷1936年10月第10期,第5—6页。

口,但是中方并不能掌握这些商品的定价权,所获利润也是微薄的,"他们颠簸于世界市场的供求起落之中。"①

城乡对外贸易的日益发展,带动了城乡人口流动。对外贸易刺激了城市工业的发展,现代产业部门在城市迅速发展,使得城市的劳动力明显不足,于是吸引了农村剩余劳动力的移出。农村的剩余劳动力,在城市就业的吸引下便走出农村,流向经济发展较快的城市。城市里新兴的手工业和不断发展的商业为进城劳动力提供了更多的就业机会。临近上海的青浦县黄渡村,几乎家家都有一二人进入上海。上海纺织厂女工大多来自周围二三百里的农村,人力车夫多为苏北人,技术工人不少是无锡、苏州人。②通商口岸的物质生活富裕,对周边及内陆地区形成巨大的吸引力。那些有钱的地主、乡间富绅、商人、士大夫从乡村搬到城市居住,在与外部世界的接触过程中,有些开明的人士还把资本投入现代的产业部门。在20世纪二三十年代,城市的人口增加比较显著。从1912年至1937年,上海市人口由100万人左右增至300万人以上;天津市由75万增至110万;广州市由80万增至100万。③近代城市人口的急剧增长主要是由于农村人口的迁入造成,城市化水平的提高同时伴随着农村劳动力的迁移。一方面是城市人口的增加,另一方面则是农村离村现象的严重。近代城市人口的增加,约95%是因为进城农民所致,市民人口自然增长的因素则影响非常微小。1933年,全国22省的统计,离村率已达8.9%,其中71%为20—49岁的青壮年。④另据1935年的一份有关农民全家离村去向的报告所记载,其中59.1%的到达城市,青年入城者达65.5%(见表2-41)。⑤二三十年代的中国,农村人口仍占绝大多数,城乡人口的比例远未达到布莱克所说的城市现代化中城乡人口比例3:1的标准,但人口的

① 陈旭麓:《近代中国社会的新陈代谢》,上海社会科学院出版社2006年版,第148—150页。

② 邹农俭:《中国农村城市化研究》,广西人民出版社1989年版,第75页。

③ [美]德怀特·希尔德·珀金斯著,宋海文译:《中国农业的发展(1368—1968年)》,上海译文出版社1984年版,第202页。

④ 池子华:《中国"民工潮"的历史考察》,《社会学研究》1998年第4期。

⑤ 国民党中央农业实验所编:《农情报告》第4卷第7期,第177页。

流动有助于比例的变化。不管怎样,农村人口向城市流动的趋势在不断加强,"这些城市以其有利可图的工商业和提供多种谋生手段吸引了形形色色的移民,形成了近代人口的城市化。"[1]农村剩余劳动力由乡村向城市移动,也表明随着中国近代资本主义经济的发展,原先的城市对乡村的依赖性在递减,而乡村对城市的依赖性则日渐递增。

表2-41　1935年全国部分省份农民向城市流动规模量化表

省份	全家离村到城市的比重(%)				其中离村青年男女的比重(%)		
	逃难	打工	谋生	住家	打工	谋事	求学
总计	14.2	21.3	15.4	8.2	27.7	20.1	17.5
哈尔滨	31.4	18.3	11.6	7.2	29.5	18.8	12.3
绥远	14.8	10.8	11.6	8.5	24.3	9.1	10.4
宁夏	9.4	15.0	10.5	6.6	24.4	9.4	9.1
青海	13.7	15.9	14.1	8.1	23.5	19.1	13.9

资料来源:实业部中央农业实验所:《农情报告》第4卷第7期,第177、178页,1936年7月。

城市的发展带动周边乡村的发展,乡村的进步加快了城市化的进程。外贸的发展成为联系城乡的重要桥梁,对城乡的繁荣起到了举足轻重的作用。当然,"城市近代化是以口岸城市为中心,它的辐射先到周边农村,再到内地城市,最后到内地农村,一波一波传递开去。由于内地城市不发达,无法对传来的力量加以整理加强,最后到达内地广大农村时,辐射力已经微乎其微。"[2]因此,我们也不能过分扩大对外贸易对城乡一体化的作用,这时的城乡差距并没有因为对外贸易的联动而减小,反而造成了城乡的两极分化的加重。

(二)对外贸易与国内工业的发展

对外贸易的发展,刺激了中国现代工业的发展,并取得不少令人可喜

① 赵津主编:《中国近代经济史》,南开大学出版社2006年版,第37页。
② 林星:《近代东南沿海通商口岸城市城乡关系的透视——以福州和厦门为个案》,《中国社会经济史研究》2007年第2期。

的成就。

1.外贸商品结构与"进口替代"

中国近代工业是在欧风美雨的刺激下发展起来的,对外贸易的活跃带动进口替代工业的兴起,这是中国近代工业兴起发展的主要路径之一。该期的工业进口替代程度,可以分为四大类型:进口替代成功或较为成功的工业、进口替代半成功的工业、外国商品占市场优势的工业和基本无替代的工业。对外贸易启动了国内商品市场,成为近代工业技术从外国转移到中国的一个重要媒介。中国商人由外贸所得的利润,为中国进口替代工业的发展提供了源源不断的资本,使中国近代的进口替代工业一步一步地扩展。同时,进口替代工业的扩展又推动了对外贸易的发展,进口替代工业的发展需要从国外购买机器原料,并在国外寻找一些市场,促进对外贸易的增长。据1936年《中国经济年鉴》记载,中国近代工业有食品、棉纺织、碱、酸、盐等18个主要行业,肥皂、造纸、电灯、酸碱、铅笔、化妆品、电扇、甘油等民族企业都以进口替代的形式楔入市场而发展起来的,共计进口替代行业有14个,占主要行业总数的77.8%。[1]在这些替代工业中,发展最快也最有显著效果的就是机器棉纺织业(见表2-42)。1927—1936年期间,华商机器棉纺织业基本是上升趋势的,无论纱锭、布机、棉纱产量以及棉布产量都是有所增加的,1927—1936年期间的平均增长率虽然不如1921—1930年,但在外国纺织品进口和本国外资企业的竞争下,能保持这样的增长速度是应该不错的。这些进口替代工业的发展,是20世纪二三十年代中国产业的希望之星,代表着当时中国产业发展的最高水平。

表2-42　1927—1936年华商机器棉纺织业概况

年份	纱锭(枚)	布机(台)	棉纱产量(万件)	棉布产量(万匹)
1927	2 018 588	12 109	123.4	426.0
1928	2 113 528	16 283	135.0	600.9

---

[1]《中国经济年鉴》,1937年(下)的工业分类目录。

年份	纱锭（枚）	布机（台）	棉纱产量（万件）	棉布产量（万匹）
1929	2 326 872	15 503	146.1	662.6
1930	2 390 674	16 318	148.1	685.4
1931	2 589 040	18 771	142.8	824.3
1932	2 637 413	19 081	166.5	954.8
1933	2 742 754	20 926	161.7	904.0
1934	2 807 391	22 567	159.6	926.5
1935	2 850 745	24 861	143.7	896.8
1936	2 746 392	25 503	144.6	1099.2
平均增长率	1921—1930年分别为7.58、10.44、2.37、16.21		1931—1936年为1.19、6.32、0.25、5、92	

资料来源：许涤新、吴承明主编：《中国资本主义发展史》第三卷，人民出版社1993年版，第120页。

1937年以前，中国的经济增长虽然主要是初级产品的出口（这主要是通过沿江沿海通商口岸城市实现的），但已具有向国内市场输入生产要素的"进口替代"的倾向。"进口替代"对中国民族工业步入经济舞台具有一种强劲的市场牵引力。[1]从初级产品的出口向进口替代转型，这是后发展国家实现工业化的必经之路。

进口替代是落后国家发展工业的一条可行之路，中国人口众多市场广阔，可以为国货的替代提供良好的市场基础，同时"进口替代也对民族工业产生了颇大的型塑作用"。[2]中国的进口替代，是从轻工业开始的，这是许多先发展国家迈向工业化的经验。

表2-43　30年代进出口贸易中的轻工业产品　单位：百万元

年份	进口值（%）	出口值（%）
1912年	403（54.7）	63（10.9）
1930年	685（33.6）	301（21.6）
1932年	432（26.3）	—

① 张仲礼主编：《东南沿海城市与中国近代化》，上海人民出版社1996年版，第308页。
② 潘君祥：《近代中国国货运动研究》，上海社会科学院出版社1998年版，第235页。

年份	进口值(%)	出口值(%)
1933年	274(20.4)	158(25.8)
1936年	135(14.3)	95(134.5)

资料来源:[日]久保亨:《近现代中国的对外贸易结构和工业发展》,载章开沅主编《对外经济关系与中国近代化》,华中师范大学出版社1990年版。

从表2-43可以看到,中国的轻工业产品的进口从30年代初开始直线下降,由1930年的33.6%,降至1936年的14.3%,比民国初年降低了近41个百分点;轻工业产品的出口则保持在20%左右,即使最不景气的1936年,出口值也由1912年的63百万元,上升到95百万元,所占百分比提高了3%。1936年轻工业产品出口值下降的原因有两个方面:一是大危机后,世界贸易保护主义抬头,轻工业产品被列为各国限制重点;另一方面是轻工业发达的日本在美国抢占中国的丝绸市场,在东南亚抢夺棉织品市场,中国产品的出口受到强烈的冲击。当然,轻工业产品的出口值下降,并不能得出轻工业衰落的结论,因为它的产品部分转向国内市场,满足了本国民众的生活需求。轻工业产品进口的减少和出口的增加,表明中国的轻工业在对外贸易的发展中已具有初步的进口替代的能力。20世纪以来,一批新兴国货工业先后诞生,其产品大都沿着进口替代这一途径迈入市场。据1936年《中国经济年鉴》记载:中国近代工业有食品、棉纺织、碱、酸、盐等18个主要行业,其中14个是进口替代行业,占主要行业总数的77.8%。①卷烟是近代中国进口之大宗,从最初的每年1000多万元增长至30年代的6000多万元。民国时期中国的烟草消费以旱烟居多,卷烟消费仅占烟草消费总量的15%。②在30年代,由于购买力的下降,中国卷烟消费也呈低端化趋势,这为中国民族卷烟厂的发展提供了契机。为减少洋烟进口,国内的民族卷烟工业的规模也不断扩大,从民国初的十几

---

① 《中国经济年鉴》,1937年(下)的工业分类目录。
② 皇甫秋实:《危机中的选择:战前十年的中国卷烟市场》,东方出版中心2016年版,第93页。

家,发展到20世纪30年代的100多家,其中上海1927年时有67家,1928年最盛时101家,1936年则有44多家。①1935—1936年间,我国卷烟工业形成了上海、青岛、汉口、广州四个中心。当然,民族卷烟工业的发展并不是一帆风顺,虽然在办厂数量上超过外商烟厂,但是卷烟产量只占2/10。②其他如肥皂、造纸、电灯、酸碱、铅笔、化妆品、电扇、甘油等国货工业都是以进口替代的形式进入市场而发展起来的。③在欧风美雨的刺激下,中国的近代民族工业发展起来,进口替代是对这种刺激的一种反映。

从行业结构上看,在20世纪30年代以前相当长的时间内,进口货以日常消费品为主,相应的民族工业以棉纺织业、面粉业等轻纺工业为骨干。轻工产品的生产一般具有投资少,见效快,利润高,风险小等优点,再加上政府的鼓励与提倡,轻工业便迅速发展起来。如"1936年,全国华商棉纺织业共有纱锭2,746,392枚,线锭173,316枚,布机25,503架,形成了上海、青岛、武汉、天津、无锡、南通六大近代棉纺织业基地"。④棉纱不仅在当时条件下基本实现"进口替代",并开始向"出口导向"发展。棉纺织品进口也大量减少,1936年仅计929.2万海关两,"进口替代"步伐明显加快了。⑤从地区分布上看,通商口岸地区,由于洋货输入时间最久、密度最高,进口替代的可能性较大。如上海是近代中国最大的外贸口岸,其进口值达全国的一半;同样,这里也最容易发展进口替代的民族工业,上海成为近代民族工业的经济中心,民族工业的产值占50%左右。棉纺织业的兴盛,满足了国内市场的产品需求,(国内棉纺织业主要使用外国进口的棉花)开拓了国货市场,减少了洋货之进口。

重化工业的投资大,技术含量高,利润低,风险又大,一般私人企业难以承担,只有少数由国家经营,而政府对重化工业的扶植由于资金短缺而

① 中国科学院上海经济研究所、上海社会科学院经济研究所编:《南洋兄弟烟草公司史料》,上海人民出版社1958年版,第255页。

② 方宪堂:《上海近代民族卷烟工业》,上海社会科学院出版社1989年版,第58页。

③ 潘君祥:《近代中国国货运动研究》,上海社会科学院出版社1998年版,第234页。

④ 严中平等编:《中国近代经济史统计资料选辑》,科学出版社1955年版,第10、135页。

⑤ 袁欣:《近代中国的对外贸易与工业"进口替代"》,《南开经济研究》1996年第1期。

力绌,虽然取得了微进,但明显不如轻工业的进口替代能力。

表2-44　30年代重化工业产品进出口贸易

年份	金属(%)		机器(%)		化学(%)		贸易值(百万元)	
	进口	出口	进口	出口	进口	出口	进口	出口
1930	9.9	2.5	6.0	——	12.0	0.4	2041	1395
1933	12.8	5.9	5.9		13.9	0.8	1347	612
1936	16.6	5.8	11.9	0.1	18.4	0.7	941	706

资料来源:[日]久保亨:《近现代中国的对外贸易结构和工业发展》,载章开沅主编《对外经济关系与中国近代化》,华中师范大学出版社1990年版。

由表2-44我们可以看到,重化工业产品的进出口比例均呈上升趋势,但进口比重远大于出口比重,进口贸易值远大于出口值,故重化工业产品的进口远超过出口。就机器业来讲,1936年以前的出口几乎为零,发展较好的1936年也仅有0.1%的比例。重化工业的进出口情况表明,一方面国内工业建设的需求增加,另一方面也表明重化工业替代与发展的艰难。不过,近代中国以机械制造业为代表的重化工业已有些微发展,形成了上海和汉口两个机制业中心,从事船舶、纺织机、食品机、印刷机等机床和铁路车辆及农用机械的制造。[1]

表2-45　1930—1936年中国进口商品位次变化

位次	1930年	1936年
1	棉制品	金属与矿石
2	原棉	石油制品
3	米	机器与工具
4	砂糖	书籍、纸制品
5	金属与矿石	棉花与棉制品
6	石油制品	运输机
7	香烟	化学品药品
8	化学品药品	谷物与谷物粉
9	谷物与谷物粉	金属制品
10	机器	染料

———————

[1] 袁欣:《近代中国的对外贸易与工业"进口替代"》,《南开经济研究》1996年第1期。

资料来源：麦利克谢托夫：《中国的官僚资本》，第123页，转引自虞宝棠《国民政府与民国经济》，华东师范大学出版社1998年版，第222页。

从表2-45进口商品的位次变化中我们可以看到，在30年代中后期，中国进口商品结构中重工业产品开始占据主要地位。1913年时，国外进口中国的各种机器设备不仅总值低，仅有800万海关两，而且所占比例只有当年的1.4%。但是到1936年的时候，这些产品一下子增加到3850万海关两，增加了3000多万海关两，占进口的总值也增加到了6.4%，增加了5个百分点。在1925—1936年间，钢铁等金属品的比重从4.7%上升到13.2%，交通器材的比重从1.9%上升到5.6%，液体燃料（含煤油）的比重从7.9%上升到8.3%，上述诸项1936年总计占44%有余。[①]当然，这种重化工业产品进口的增加原因，一方面是由于中国近代工业发展，使得相关的原料与设备进口大幅度增加；另一方面，国民政府积极进行战前的经济准备，开展大规模的国防建设，因此军火等装备进口，而这些在海关的统计物品中都被列入重化工业产品进口之列。

由于采矿业，纺织业和食品加工业等行业发展的需要，上海和汉口成为两个机制业中心，从事食品机、印刷机等的机床和机械制造，进口替代的货物达到包括新的机器设备的程度，这是令人振奋的进步，但这些产品的技术含量低，普及面窄，因而不能评价过高，成套的先进设备仍需从国外进口，重化工业发展仍不尽如人意。

2.近代工业"进口替代"的特点

(1)"进口替代"的主动性与积极性增强

南京国民政府恢复了关税自主，对竞争性和非竞争性商品实行差等税率，外贸管理体制趋于完善，保护了国内民族工业的发展，国民政府发动的国民经济建设运动、国货运动等，也为工业的进口替代创造了有利条件，政府发展经济贸易还是具有一定主动性和积极性的。

[①] 历年海关报告，来自郑友揆：《中国的对外贸易和工业发展(1840—1948)》，上海社会科学院出版社1984年版。

在 1931—1936 年,工业的年增长率高达 9.3%(如把东北除外,当降为 6.7%),工业生产的指数也不断增加,1930 年总产值指数为 81.6,净增值指数为 80.1,到 1936 年则分别为 122.0 与 1350(以 1933 年的指数为 100)。[1]虽然中国由于起点低基础薄而需要大打折扣,但这对于工业差的欠发展国家来讲仍是可贵的,工业的"进口替代"在其发展中有着重要作用。

(2)"进口替代"的非均衡性与辐散性

中国地域辽阔,行业种类繁多,"进口替代"在不同地区不同行业有不同程度的发展,呈非均衡发展态势。就产业结构来看,产业结构不协调、不配套,工业在整个国民经济中的比重很小,重工业特别是钢铁、机械、电力、石油等工业尤为薄弱。工业的"进口替代"首先从容易取得成效的轻纺业开始,棉纺业和针织业取得了满意的效果,有些还达到了出口导向的目的,而技术含量高的重化工业虽有进步,但明显不如轻工业,轻重工业发展不平衡。20 世纪 30 年代中国工厂雇工 60%多集中在纺织工业,纺织、服装和饮食烟草业的产值加在一起,约占工业净产值的 74.5%,金属、机械、车船等加在一起,约占工业净产值的 6%。[2]在这一时期,重化学制造业的发展代表就是制碱业,"红三角"牌纯碱在 1928 年世界博览会上获得金奖。侯德榜发明的制碱方法被国际定名为"侯氏制碱法",这是中国民族工业发展的骄傲。1933 年,生产资料生产中生产净值占 27.3%,其中电力工业和金属加工工业生产净值在工业结构中各占 7.9%,其次是化学工业占 5.3%。在消费资料生产过程中,生产净值占 72.7%,其中纺织工业所占比重 41.4%,食品工业则占 24.6%,其他工业占 6.7%。[3]就地区分布不均衡来看,沿海城市和长江沿岸地区的工业进口替代发展快,替代程度业较高。工业比较发达的城市主要是上海、天津、北京、广州、南京、汉口

---

① 转引自章长基《中国解放以前工业发展:一个量化分析》,爱丁堡大学出版社 1969 年版,第 60—61 页;黄逸峰等:《旧中国民族资产阶级》,上海古籍出版社 1990 年版,第 430 页
② 陈争平、兰日旭编著:《中国近现代经济史教程》,清华大学出版社 2009 年版,第 117 页。
③ 严中平等编:《中国近代经济史统计资料选辑》,科学出版社 1955 年版,第 105 页。

等。而内地边远地区的工业发展速度缓慢，替代程度较低，有些地区甚至没有最基本的工业设施。就资本流向来看，民族资本主要集中在日用工业品等消费品生产领域，而国民政府建立后，以将招商局收归国营为开端，逐步加强了国家资本主义举措，逐步建立了在新式产业中的国家资本垄断，同时也注意发展重工业和交通业。工商资本方面，1936年（包括东北）商人资本122.5亿元，产业资本42.7亿元，商人资本大大超过产业资本。[①]

当然，工业发展的非均衡的态势会随着商贸的发展被打破。先进的沿江沿海地区带动周边区域发展，形成一个个准工业化中心地带，它向四周辐射工业化的现代性因子，传播"进口替代"的成果，影响落后地区；发展较快的轻工业影响重化工业，推动重化工业的加速前进。

（3）"进口替代"工业由于受到外资外企的挤压和缺乏政府有效的保护而发展艰难

进口替代产品中包含着外资在华设厂的产品，这些产品一部分就地消费，一部分出口到国外。棉纺织业是中国民族工业较发达的部门，1927—1936年间，棉纱生产中，有30%以上为外资所控制，60%的棉布生产为外人所控，外厂占全国纱锭的42%以上，线锭的60%以上，织布机的50%以上。[②]与重化工业相关的采矿业受外人控制更严重，30年代的中国96%以上的生铁，99%以上的铁矿石，66%以上的煤炭由外厂经营。[③]民族工业的发展受外资挤兑，进口替代受到极大的限制。"1936年各国在中国的投资总额达45亿美元，其产品产量占我国的总产量，铁矿石为99%，棉布在60%以上，煤、电、卷烟占55%强。"[④]

工业的进口替代发展缓慢，与南京政府缺乏系统持久的经贸战略密不可分。再加上国内的无秩序和不安全感等因素，直接导致外贸的狭小

---

① 陈争平、兰日旭编著：《中国近现代经济史教程》，清华大学出版社2009年版，第117页。

② 严中平等编：《中国近代经济史统计资料选辑》，科学出版社1955年版，第131、136页。

③ 侯继明：《外国投资和中国经济发展》，哈佛大学出版社1965年版，第128页。

④ 孙敬之：《中国经济地理概论》，商务印书馆1983年版，第69页。

与困难。①严重影响相关行业的健康发展,进口替代无法快速完成。和日本相比,中国的工业发展仍有较大差距,这可以通过外贸出口的商品结构的比较得以反映(见表2-46)。

表2-46　1936年中日出口商品结构的比较

国别	食品(%)	原材料(%)	半制品(%)	制成品(%)
中国	44.1	4.2	12.3	39.5(手工制品为32.4)
日本	7.6	4.7	26.6	58.1

资料来源:中国,严中平等编:《中国近代经济史统计资料选辑》,科学出版社1955年版,第72—73页;日本,中国科学院上海经济研究所:《主要资本主义国家统计集1840—1960》,世界知识出版社1962年版,第408页。

就出口商品构成来看,1936年,中国出口一次性产品(包括食品和原材料)的百分比为48.3%,而日本仅为12.3%;制成品中国为39.5%,日本高达58.1%,二者相差近19个百分点,中国制成品中仅有32.4%为手工制品,机制品仅占7.1%,而日本几乎全部为机制品;即使是半制成品,日本的出口也大大超过中国的出口。日本已实现工业化,由一个农业国成为工业国,出口导向为其经贸的发展战略,而中国仅部分实现进口替代,工业化水平仍很低。不过,正如美国学者饶斯基所言:"从(抗日)战争前中国工业史的整个过程来看,外贸对于工业进步是起了积极影响的。"②

3. 对外贸易与近代工业化的缓慢发展

国民政府在20世纪30年代取得较高的工业增长率,工业产品的自给率也较前有或多或少的增加,如丝织品(自给率200%),植物油(237.8%)、火柴(101.5%)、卷烟(98.8%)、针织品(98.3%)等可以自给。从表2-47中可以看到,轻工产品自给率要比重化工业产品自给率高,有些轻工产品不仅可以满足国内的供给,而且可以出口满足国际市场需要。其余的产品

---

① 转引自Louis Beale, G. Peltam and J. Hutchison, *Trade and Economic Conditions in China 1931—1933*; Hom Statoionery office, reprint San Francisco China materiais Center, 1970, p7.

② 转引自T. Rawski, *China's Transition to Industrialism*, 密歇根大学出版社1980年版, 第27页。

自给率虽很低,但可以通过进口来满足需要。[1]但是,也有自给率比较低的,主要是重工业和石化工业,如石油、汽油的自给率只有0.2%,钢铁只有5%,车辆船舶自给率只有16.5%,机械的自给率仅有23.5%。[2]

表2-47 抗战前中国民族工业产品的自给率

制品名称	年生产额或生产价值	自给率	制品名称	年生产额或生产价值	自给率
棉纺织品	6 685 300吨	79.0	毛及毛织品	8 799 000元	26.7
丝织品	4 180 000元	200.0	灰泥土类	22 350 000元	98.3
小麦粉	76 000 000袋	95.8	洋灰	3 130 000桶	83.3
砂糖	362 000吨	40.4	酸类	24 000吨	88.8
烟草	78 614 000元	98.8	碱类	160 000吨	85.1
玻璃制品	6 500 000元	53.0	染类	2 000 000元	7.4
铁器	4 475 000元	83.5	植物油	88 000 000元	237.8
火柴	7 000 000箱	101.5	石油汽油	200吨	0.2
纸类	25 660 000元	38.9	铁钢	30 000吨	5.0
皮制品	4 336 000元	60.4	机械	20 000 000元	23.5
纤维制品	22 108 000元	76.5	车辆船舶	6 140 000元	16.5
炼瓦	3 855 000元	92.3	电气	269 000kW	49.6

资料来源:洪丈里:《民元来我国之工业》,见周开庆《民国经济史》,台北华文书局1967年版,第240页。

注:表中几项产品的自给率高于100%,意味着这些产品除满足国内市场外,还可出口国外;自给率不足100%的产品则由外国进口或在华企业的产品补足。

尽管中国的近代工业有所发展,但和其他国家相比,中国的工业仍处于幼稚阶段。我们以全面抗战前的中国经济发展最好的年份1936年为例。在1936年,中国钢产量仅为英国的1/29,苏联的1/39,美国的1/117;电力供应量为英国的1/6,苏联的1/10,美国的1/39。[3]和当时的日本相比,无论是工业品的总产量还是人均拥有量都是低于日本的,如中国钢产量414 315吨,人均0.81千克,日本钢产量5 223 000吨,人均75.43千克;

---

① 转引自罗荣渠:《现代化新论》,北京大学出版社1993年版,第324页。
② 胡庶华:《中国战时资源问题》,青年书店1939年版,第17页。
③ 国家统计局编:《我国的国民经济建设和人民生活》,统计出版社1958年版,第5页。

生铁产量中国为809 996吨,人均1.59千克,日本生产量为2 008 000吨,人均29.00千克;中国煤生产量39 902 985吨,人均78.12千克,日本生产量为41 803 000吨,人均604千克;中国电力生产量为1724百万度,人均3.38度,日本的电生产量则为27 315百万度,人均394.49度。[1]不仅无法与欧美、日本等发达国家相比,甚至中国的工业产量不如印度,1933年,中国生产的钢是同年印度的3.7%,铣铁是印度的20%,纱锭是印度的10%,布机是印度的18%。[2]国民政府经过十年的发展,工业化的效果如何呢? 简单地说就是先进与落后并存,对比度极为强烈,各业之间差距极大,没有真正大规模的工业,工业的分布也是不合理的。

对外贸易带来的中国进口替代工业的发展水平依然是有限的,对中国工业化的进程推进也是缓慢的。在外来商品、资本和技术等外来因素的刺激下,中国的进口替代工业有所成就,但就当时的水平来讲,依然不可以高估,和发达国家相比更是存在很大的差距。中国的进口替代工业主要集中于那些"工艺简单、技术含量少、附加值低、资金投入有限的行业,品种范围也较狭窄,其发展还处于较低的层次,外国工业品仍是社会生产和社会消费不可或缺的商品"。[3]中国的进口入超问题一直存在,即便是在30年代大危机期间,世界的银价下降,进口的成本已经急剧增加,但中国的进口额并没有减少,各种提倡国货运动也没有扭转这种局面。在这一时期进口的中国商品,不仅有各种国内市场稀缺的商品,也有国内市场不能充足供应的商品,普通的日用生活品也在进口,甚至是奢侈品的进口不见减少,反而增加。进口洋货消费的发展,造成中国本来就有限的资金外流,国内企业无法扩大再生产,传统产业的技术改造与产品也难以升级,中国国内企业的竞争力始终处于弱势地位。另一方面,中国的进口替代工业从轻纺和初级日用品工业开始取得明显效果,这在一定程度上

---

① 刘佛丁主编:《中国近代经济发展史》,高等教育出版社1999年版,第77页。
② 参见汪敬虞:《中国资本主义的发展和不发展》,中国财经出版社2002年版,第415—424页。
③ 樊卫国:《激活与生长:上海现代经济兴起之若干分析:1870—1941》,上海人民出版社2002年版,第251页。

有利于中国民族工业的发展,也有利于民族工业自信心的树立。中国的企业创新,是在国外商品的刺激下不断发展的,化工企业、香烟制造、机器工业以及一般的食品等工业,"都表明了进口产品或本地外国工厂的产品,在引导中国企业走向新市场中的重要性。"①

　　中国的进口替代工业发展,并不意味着中国工业的发展进入良性的发展轨道。这时的民族工业依然发展艰难,中国的工业化在低水平发展是一个客观事实。中国日用的米和面粉,很多需要从国外进口。"言及工业,则我国民族工业如棉纱麦粉,本国无重工业之供给,一切工具须仰求外国,无根本之支持,加以我国情形易受外货倾销,我国工业何能自保。"②中国的重工业尤其如此。例如,我国的国内钢铁大量的需要从国外输入。1926—1934年间,输入的钢铁数量分别为,1926年433 582吨,1927年389 061吨,1928年624 898吨,1929年634 192吨,1930年327 429吨,1931年557 625吨,1932年362 124吨,1933年355 036吨,1934年58 884 541公担。③从中国自身的发展历史来看,尽管中国的工业化在对外贸易的带动下取得了不少成就,但如果与发达资本主义国家相比仍比较落后,和邻国日本相比较也是差距越拉越大。这个差距我们可以用经济学上的"霍夫曼比例"清楚地看到。④

表2-48　近代中国"霍夫曼比例"的变动

指标　　年份	消费品工业(万元)	资本品工业(万元)	霍夫曼比例
①1894	2083	2871	0.73/1
②1911—1913	15 084	13 848	1.09/1

①[美]托马斯·罗斯基著,唐巧天等译:《战前中国经济的增长》,浙江大学出版社2009年版,第19页。

②王振铎:《经济建设与煤铁工业问题》,《工商杂志》1935年第2期。

③王振铎:《经济建设与煤铁工业问题》,《工商杂志》1935年第2期。

④德国经济学家根据近20个国家的时间系列数据,分析了制造业中消费品工业和资本品工业的比例关系,这一比例关系表现为消费品工业的净产值和资本品工业净产值之比。霍夫曼比例=消费资料工业的净产值/资本资料工业的净产值。霍夫曼的核心思想就是在工业化的进程中,霍夫曼比例呈下降趋势。

指标 \ 年份	消费品工业(万元)	资本品工业(万元)	霍夫曼比例
③1920	33 545	22 939	1.46/1
④1933	103 651.5	38 926.2	2.66/1
⑤1942	96 927.7	96 974.9	0.99/1

①消费品工业是指生产消费资料的本国近代工业,包括棉纺织业、缲丝业、面粉业、火柴业、卷烟业等行业;资本品工业指以生产工具等生产资料的本国近代工业,包括机器业、水泥业、水电业、矿冶业等行业。②1894年、1911—1913年、1920年、1942年为资本额;1933年为净产值。

资料来源:①—③据许涤新、吴承明主编:《中国资本主义发展史》第二卷,人民出版社1993年版,甲表2、3计算。④严中平编:《中国近代经济史统计资料选辑》,科学出版社1955年版,第105页。⑤陈真、姚洛编:《中国近代工业史资料》第4辑,生活·读书·新知三联书店1961年版,第93页。

转引自张东刚《中日经济发展的总需求比较研究(1886—1936)》,生活·读书·新知三联书店2005年版,第347页。

(三)对外贸易与通商口岸城市化

中国近代的通商口岸,一般是指条约口岸。因为它是在外力的压迫下根据不平等条约而为贸易往来而设立的港口。这种近代中国通商口岸制度,直到1943年才废除。城市化的动力主要是两个,一个是商业化发展,另一个是工业化发展。对外贸易为主的商业化动力是通商口岸城市变迁的重要外力,作为商品的集散地和交易市场,带动这些城市的经济结构发生变化,并推动城市化水平的发展。中国城市经济结构的变化,使得近代的城市越来越开放。但是在半殖民地半封建的中国,城市化的推动主要是靠商业的力量,而不是工业的力量。因此,中国的城市化水平最高的20世纪30年代,也只有12%～15%左右。①通商口岸城市化对中国的

① 何一民主编:《近代中国城市发展与社会变迁:1840—1949年》,科学出版社2004年版,第140页。

近代化产生的作用是双重的。一方面,通商口岸城市的作用是积极的。通商口岸城市商贸发达,对周围经济区域具有强烈的辐射作用。在这种港口—腹地模式的影响下,20世纪二三十年代的中国城乡发展出现双向的良性互动局面,封闭的经济状态进一步打破并逐渐融入世界经济市场体系。另一方面是比较消极的作用。通商口岸的城市化只是一种畸形的繁荣,在这繁荣的背后,是以许多内陆城市和广大农村严重的衰败和动荡为代价的。

中国通商口岸城市的发展,很大程度上是贸易开放和资本植入。即凡是对外贸易比较发达的城市(主要指通商口岸城市),其城市化的发展就快,反之亦然。可见,通商口岸城市的发展和中国现代化的关系是社会发展的两个方面,是有机的统一体,二者是相互渗透的。城市的兴起,必然伴随着城市的工业化、商业、交通运输、文化娱乐等的进步与繁荣;而这些行业的进步与繁荣,又促进了城市的发展,对外贸易是推动城市化的重要动力和桥梁。

1.通商口岸形成商贸中心

表2-49　五通商口岸30年代情况统计表(%)

年份	广州	上海	汉口	天津	大连	其他
1929—1931年	5.0	44.8	2.4	8.4	15.0	24.4
1933年	6.1	53.4	2.1	10.6	—	27.8
1934年	5.1	55.4	2.7	11.3		25.5
1935年	4.9	53.1	3.1	11.7		27.2
1936年	4.4	55.5	2.8	11.6	—	25.7

资料来源:历年海关报告及严中平等编:《中国近代经济史统计资料选辑》,科学出版1995年版,第69页。

说明:表中数字为所占进出口额的百分比;“九一八事变”以后,大连港口的统计数字未再列入。

20世纪二三十年代,通商口岸城市的贸易发展迅速。“这些城市既是外国商品的集散地、销售市场,也是中国原料的输出基地,因而,通商贸易成为这些城市的经济主体,由此推动了这些城市经济率先向近代化转型,中国近代城市化也因此而获得发展动力。"①广州、上海、汉口、天津、大连五城市成为全国贸易发展的中心。1929—1931年，五通商口岸城市的贸易额平均每年占对外贸易总额的75.6%，此后，一直保持在70%以上（见表2-49）。由于贸易地位的变化，上海由区域性的国内贸易中心发展为全国性的贸易中心，奠定了上海城市发展的基础。由于大规模的资本主义商品经济的发展是近代上海以及其他各主要通商口岸城市兴盛的重要原因。②在五大通商口岸城市中，上海发展最引人瞩目。在30年代，上海成为全国乃至东亚的贸易中心，每年有50%的进出口比例，1936年则高达55.5%，在埠际贸易中也跃居首位。"1933年起，上海对外贸易总值经常占全国的50%以上，1936年为55.6%。其间，上海口岸的出口商品结构发生了变化，许多小商品逐渐发展为大宗出口商品，如豆及豆饼、桐油、籽仁籽饼、猪鬃等出口增长了几十倍。新的出口货源大量被扩展出来，如蛋制品、肠衣、花边、草帽的出口日益扩大，有的几乎全部从上海口岸出口。在31类主要出口商品中，初级及初级产品如皮货、油脂、籽仁、茶叶、纺织纤维、针织品、匹头、金属制品等9大类占上海口岸出口商品总值的84%，它们绝大部分出口到美、英、德、法、荷等少数几个国家，茶叶则转向非洲，以摩洛哥销量最大，其余22类商品大部分出口南洋。"③而就进口商品而言，无论是普通的日用品还是工业原料和机器车辆等工业产品，在各类进口商品中，上海口岸都占绝对大的比例。"进出口贸易是上海经济的支柱，进出口贸易的快速发展，直接推动了上海的航运业、船舶修造业和进出口工业的大发展。"④当时的上海是世界和内地两个巨大的辐射扇面，它不仅是内地城乡贸易商品的聚散中心，而且和世界主要国家发展了常年的贸易关系，其中国商品中心市场的地位牢固确立（见表2-50）。上海作为中国重要的对外贸易口岸城市，随着对外贸易的发达，相应的辅助机构也规

① 杨德才：《中国经济史新论：1840—1949》，经济科学出版社2004年版，第555页。
② 隗瀛涛主编：《中国近代不同类型城市综合研究》，四川大学出版社1998年版，第280页。
③ 凌小言、孙东华：《解放前上海口岸的对外中转贸易》，《上海经济研究》1992年第1期。
④ 隗瀛涛主编：《中国近代不同类型城市综合研究》，第283页。

模扩大。据统计,1936年上海仅西方外商洋行就有559户,占全国919户的60.8%;20世纪二三十年代又有数百家华商外贸机构成立,上海成为外贸商务中心。①对外贸易的发展,使得大量的内外商业资本和金融资本向上海大量集中,上海很快成为全国最大、最重要的金融中心。据统计,1935年全国164家华资银行中,总行设在上海的达58家;这些银行在外埠设有629个分支机构,建立了数以千计的通汇点。②

因此,在对外贸易过程中,外国资产阶级给中国带来了先进的资本主义的商业经营方式,通商的口岸城市的商业逐渐向近代资本主义的商业企业转化;进出口贸易的种类增多,在通商口岸不断兴起新兴的商业类别及商业行业,促进了这些城市商业化的进程;同时随着国内外贸易的发展,与之相应的城市交通运输、金融、保险、通信等新式经济部门也在不断兴起。

表2-50　全国和上海进出口贸易增长变化表　单位:千关两

年份	进口			出口			进出口总值		
	全国	上海	上海占全国%	全国	上海	上海占全国%	全国	上海	上海占全国%
1913	586 290	244 452	41.69	403 306	176 858	43.9	989 596	421 310	42.57
1914	584 209	238 590	40.84	356 227	147 692	41.5	940 436	386 282	41.07
1918	577 644	214 968	37.21	485 883	201 291	41.4	1 063 527	416 259	39.14
1921	932 850	425 514	45.61	601 256	210 528	35.0	1 534 106	636 042	41.46
1929	1 281 321	624 646	48.75	1 015 687	364 041	35.8	2 297 008	988 687	43.04
1931	1 448 187	833 568	57.56	909 476	277 476	30.5	2 357 663	1 111 044	47.12
1934	666 867	386 419	57.80	343 859	174 779	50.8	1 010 726	560 198	55.43
1936	606 241	356 343	58.78	453 652	323 525	51.3	1 059 893	588 868	55.56

资料来源:海关贸易统计报告,转引自上海社会科学院经济研究所、上海市国际贸易学会学术委员会编著《上海对外贸易(1840—1949)》上册,上海社会科学院出版社1989年,第184页。

---

① 参见上海社会科学院经济研究所、上海市国际贸易学会学术委员会编著:《上海对外贸易(1840—1949)》上册,上海社会科学院出版社1989年版,第217页"1936年西方外商洋行在华分布表";樊卫国:《激活与生长:上海现代经济兴起之若干分析:1870—1941》,上海人民出版社2002年版,第42页。

② 吴景平:《近代上海金融中心地位的形成和作用》,《上海经济论丛》,上海社会科学院出版社1993年版,第282、284页。

大多数通商口岸都是位于沿海或沿江的港口城市,成为与外部国际市场连接的关键点。西方资本主义国家,在就近倾销工业产品和输出资本的同时,也把资本主义的工业文明等不断移植到这些通商口岸城市。资本主义国家在通商口岸的输入文明,并不是为了改变中国的贫穷与落后,但客观上加强了中国与世界的交往,对外开放的宏观经济效应就是刺激了中国资本主义的发展。在众多的通商口岸城市中,最为突出的就是上海的崛起,可以说,上海已经成为中国对外贸易的心脏,其他口岸则是血管。东南沿海以上海为贸易中心,华北地区则以天津为中心,东北区域则是以大连为中心,华南地区以广州为中心,华中地区以汉口为中心,这些通商口岸城市成为区域经济与贸易的中心,它们的兴起对其腹地"强力辐射",并形成港口—腹地的模式,带动相关区域经济发展。[①]通商口岸城市凭借其优越的地理位置,便捷的交通,不仅成为外贸中心,而且是内贸中心。出口和进口货物的分配,主要是上海、香港、天津、广州及汉口几个大城市之间的互相流通。[②]上海不仅是中国外贸的中心,也是国内贸易的中心。全面抗战前的十年,上海直接对外贸易总值占全国外贸总值的一半以上。另外,上海也是国内埠际贸易中心,1936年,上海对各通商口岸贸易总值9万亿元,占全国的75.2%。[③]一方面,通商口岸城市周围的农工产品输入邻近的通商口岸,再由这些城市输往别国(有些就地消费);另一方面,口岸城市以及进口的外国商品转口输送到周边城市和乡村地区。因此,通商口岸城市的发展基本是以外贸为先导,带动口岸城市及附近地区的发展。表2-51是中国几大通商口岸在1927—1936年间,关税收入占全国的比重情况。从这个关税收入统计表可以看出,上海是中国对外贸易的中心,而天津则是北方主要的贸易口岸,这种格局一直维持到全

---

　　①腹地是为港口提供出口物资并消费港口进口物资的地理区域,同时也是可以促进人力资源往来、产业转移、资本流动以及技术与信息传递的地理区域。参见吴松弟:《通商口岸与近代的城市和区域发展——从港口—腹地的角度》,《郑州大学学报》2006年第11期。

　　②章开沅、罗福惠主编:《比较中的审视:中国早期现代化研究》,浙江人民出版社1993年版,第296页。

　　③唐振常等主编:《上海史》,上海人民出版社1989年版,第9页。

面抗战前。

表2-51　　中国几大通商口岸历年关税收入在全国所占比重%

年代	上海	汉口	广州	青岛	天津	大连
1927	37.34	4.28	4.31	4.81	12.57	10.37
1928	40.88	6.22	3.73	4.03	10.91	9.94
1929	45.44	5.41	4.01	4.36	10	8.4
1930	47.97	4.15	5.4	5.08	7.32	6.83
1931	50.65	3.87	4.52	4.64	9.48	5.07
1932	46.04	4.1	4.64	7.77	12.53	3.56
1933	51.9	6.01	3.24	6.65	12.31	
1934	52.4	5.79	2.39	6.02	12.3	
1935	47.26	7.1	3.05	7.77	13.02	
1936	45.86	7.35	3.37	6.26	10.94	

资料来源:依据杨瑞六、侯厚培等《六十五年来中国国际贸易统计》及历年《海关中外贸易统计年刊》所载数字计算,转引自姚洪卓《近代天津对外贸易研究》,天津古籍出版社2011年版,第227页。

2.通商口岸外贸带动工业发展

通商口岸城市形成对外贸易的中心地区,刺激了城市工业的兴旺。"近代城市化往往以贸易为先导,因商而兴,由工而盛。"[1]中国的通商口岸城市,是华洋之间的"中间地带",这些城市先行接触到欧风美雨,成为传统农业文明和近代工业文明交接对抗的角力场。"文明碰撞的结果,则是在通商口岸城市中逐渐实现了西方资本主义文明与中国传统文明的'嫁接'。"[2]通商口岸城市作为中国对外的前哨,对洋货的进口反应最为敏感。大量洋货输入,使中国的民族工业由仿制到创新,小规模到大规模地发展壮大起来,各种新型的行业也应运而生。上海的发展就是典型的例子,"上海崛起的主要动力来自通商口岸贸易",[3]对外贸易值埠际贸易

---

[1]章开沅、朱英主编:《中国近现代史》,河南大学出版社2009年版,第301页。

[2]马学强等:《中国城市的发展历程、智慧与理念》,上海三联书店2008年版,第271页。

[3]章开沅、罗福惠主编:《比较中的审视:中国早期现代化研究》,浙江人民出版社1993年版,第296页。

值都高居全国首位。1931年,上海的外贸国已经由民国初年的34个增加到44个,遍布世界各大洲主要区域。外贸推动了上海工业的发展,迅速成为全国的工业中心。例如,1933年时的工厂数占全国的34%,资本总额占全国的40%,产业工人数占全国的43%,工业产值占全国的51%。[1]外贸是上海经济发展的龙头,贸易是打开上海经济之门的钥匙,如果没有贸易奠定良好的经济基础,上海很难成为多功能的经济中心,到20世纪30年代,上海的综合实力已经稳居全国首位。民国时期,上海的工业品出口占全国的比重比较大的行业有棉布、棉纱、机器及其配件、烟草等,不仅涉及生产资料,也涉及生活资料(见表2-52)。不仅是上海,其他通商口岸城市,它们既是中国对外贸易发达的区域,也是近代工业发展较快的地带。以1933年为例,这一年上海、天津、青岛、广州、福州、汕头等6个口岸城市,便占了工厂总数的67%,工人总数的72%,资本总额的86%,以及生产净值的85%,其他的6个城市只占很小的份额。[2]沿海口岸城市借助于地理上的优势和对外贸易,走上以港兴市、商贸兴市的道路,迅速发展为比较现代的经济城市,有的还成为区域的经济中心。口岸城市的现代化具有强烈的示范效应,周边地区及更远的地区也开始从传统向现代转型,而进出口贸易和国内商业的兴盛促使这些口岸城市的经济越来越市场化和外向化,内地的城市也不断加强城市化和工业化进程。虽然,在这个时期不可能形成现代的经济发展带,但各区域之间的经济联系越来越紧密,以沿海重要口岸城市为核心的各个经济区已经初步形成,各地区的经济面貌发生与过去不同程度的重要变化。

表2-52 民国时期上海工业品出口占全国的比重 单位:海关两

工业品名称 \ 年份	1919	占全国的比重(%)	1927	占全国的比重(%)	1931	占全国的比重
棉布	2 515 776	50.7	14 922 686	92.7	11 147 992	91.2
棉纱	2 566 016	96.2	15 758 076	79.7	25 135 599	73.4

①参见刘大钧:《上海的成长发展与工业化》,1938年版。
②严中平等编:《中国近代经济史统计资料选辑》,科学出版社1955年版,第106页。

年份\工业品名称	1919	占全国的比重(%)	1927	占全国的比重(%)	1931	占全国的比重
纸、纸版及制品	82 547	2.1	373 919	6.5	332 858	8.4
机器及其配件	23 552	39.5	1 225 502	88.1	610 256	63.0
电料金属及制品	57 394	4.3	314 773	40.6	1 362 117	34.7
白厂丝	32 744 920	61.4	46 747 430	51.9	25 540 880	49.3
烟草	9 124 538	67.1	17 883 033	74.0	5 747 992	57.3
*化学及药用材料等	1 492 792	13.7	2 919 171	30.9	3 049 131	23.6

*包括颜料漆胶、肥皂、洋烛、香料、肥料、炸药

资料来源:蔡谦、郑友揆编制的《中国各通商口岸对各国进出口贸易统计》中有关资料,白厂丝3数值取自徐新吾主编的《中国近代缫丝工业史》中有关资料,转引自葛卫国《激活与生长:上海现代经济兴起之若干分析》,上海人民出版社2002年版,第273页。

通商口岸还是外资企业集中之地,中外企业在口岸城市共同生存、竞争,促进城市的工业化中心地位形成与确立,在沿江沿海地区形成中国最早的工业化带,通商口岸是中国经济较发达的体系。[①]中外进出口贸易的倍增,是国内市场扩大的一个重要原因之一。世界各地的商人来到这些通商口岸,有限的国内市场扩展为越来越广阔的国内外市场,而市场的扩大,又反过来促进了贸易交流的增加,并带动相关行业的发展。和外贸相关的行业得以改进与发展,而这又恰恰有助于外贸的活跃与繁荣。美国经济学家托迭罗"城乡劳动力转移模型"认为:农民进入城市的动机主要决定于城乡预期收入差异,虽然城市也存在大量失业,农村劳动力仍会离开农村源源不断地涌入城市谋生。近代口岸城市的发展,创造了新的就业机会,与对外贸易相关的劳动力出现短缺,这样就可以吸引周边地区农村的剩余劳动力进入城市。而且离城市比较近的农村,人口流动要远高于远郊农村,农村人口日益转为城市人口,城市规模扩大化。以上海为例,到1930年时上海人口突破了300万大关,到全面抗日战争发生前夕,

①伊懋可:《进步的报酬:中国经济现代化初期基本问题》,载罗荣渠、牛大勇主编《中国现代化历程的探索》,北京大学出版社1992年版,第116—123页。

上海人口总数已经达到了 375 万余人。上海人口在不到 30 年的时间里，净增加了 246 万余人，年平均增长速率达到 10.77%。[①]随着中外贸易的商品交流加快，城市的新式商品供给推动着商品市场的拓展，城市庞大的人口及其形成不同需求的市民消费群体，造成城市的消费需求的总量与内容不断增长、扩大。在近代城市的发展过程中，由于西方物质文明的输入，于是便产生一些与生产力水平相应的城市新兴行业和新兴职业，城市传统的人口成分和职业结构发生变化。因此，对外贸易成为中国城市化的加速器，以通商口岸城市为中心的城市带的形成，影响这整个现代化的历史进程。

3. 通商口岸通向世界的桥梁

通商口岸在中国现代化的进程中曾扮演了重要的角色。通商口岸城市既是中国与世界联系的桥梁、世界进入中国的门户，更是展示中国现代化发展的窗口。通过沿海通商口岸城市，附近的农产品和原料等输送到世界各地，各国的进口物资则输入通商口岸及腹地，这样各个地区的经济都不同程度地纳入了世界经济体系。"如果将中国广大内地比作一个巨大的扇面，将国外比作更为巨大的另一个扇面，沿海口岸城市就是连接这两个扇面的枢纽。"[②]中国的对外贸易的主要阵地就是这些通商口岸城市。对于广大的内地而言，这些口岸城市成为新兴生产力的样本，对于广大的内陆地区和乡村具有强烈的示范与辐射作用。除了上海之外，天津、青岛、广州、大连、汉口等城市，也纷纷带动了所在区域的发展，并通过现代化的交通体系将影响输送到自己的腹地，共同推动了中国现代化因素的发育和成长，导致中国的经济结构在悄然发生变迁。"各个口岸城市几乎都是空间范围不等的不同地区现代化的领头羊。"[③]

通商口岸在近代化过程中，虽然步履蹒跚，深深地打上了半殖民地的

---

① 张仲礼等主编：《长江沿江城市与中国近代化》，上海人民出版社 2002 年版，第 382 页。

② 吴松弟主编：《中国百年经济拼图：港口城市及其腹地与中国现代化》，山东画报出版社 2006 年版，第 10 页。

③ 复旦大学历史地理研究中心编著：《历史地理研究》3，复旦大学出版社 2010 年版，第 84 页。

烙印,但这些城市发生了与传统城市形态不同的变化,"这些城市发展的结果,对内促进地方市场向全国统一市场的过渡,对外则开始了中国经济纳入世界资本主义经济的过程。"①中国的城市,尤其是那些通商口岸城市,已经向城市的近代化迈了一大步。当然,我们也必须看到事物的另一方面。"通商口岸的城市化是以牺牲广大内陆城市和农村为代价的,极少数通商口岸城市畸形繁荣的背后,是许多内陆城市和广大农村严重的衰败和动荡。"②西方国家的城市化主要是本国的工业化发达推动的,而这时中国的城市化动力显然外力多于内力,商业化的动力超过本国工业化的动力,这种商强工弱的格局,限制了中国城市化的进程。

(四)对外贸易与其他现代性因素的滋长

1.技术改进与企业家精神

近代中国是一个迟发展的国家,它起步于世界联系日益密切的时代。通过贸易、通讯和民间交往等渠道,发达国家的经济技术、先进思想输入到落后国家,使迟发展国家自我现代化的同时又被现代化。不论是自觉的,还是非自觉地实现现代化,没有开放的观念是不行的,而对外贸易可以增大开放的力度,作为中国与世界互相了解的窗口。20世纪30年代的中国颇具开放意识,注重发展与各国各地区的贸易往来,使封闭的中国由被动的开放向主动的开放过渡。

20世纪二三十年代,近代中国的发展中,资本主义的经济因素在不断增多。在外贸发展中,常发生洋货与国货的竞争,或是出口国货与进口洋货的竞争,或是外企的洋货与同处一地的国货的竞争。二三十年代的中国,人们对此现象似乎有了更多的较理性的思考,不再简单地以抵制外货作为推销国货的唯一手段(除含有政治意义的抵制洋货运动),也不以关闭国门来挽救竞争带来的出口损失。民族资产阶级以实业救国作为民

---

① 赵津主编:《中国近代经济史》,南开大学出版社2006年版,第161页。

② 章开沅、朱英主编:《中国近现代史》,河南大学出版社2009年版,第303页。

族振兴、国家富强的手段,他们积极发展本国的实业,注意改良本国国货的生产技术,改善企业的设备,加强企业间的合作,充分运用广告等手段创造中国自己的名牌产品,其结果是中国的民族企业不仅站稳了脚,而且有些行业的产品击退了洋货的冲击,实现了出口导向的愿望。在社会心理上,资产阶级所提出的实业救国的行为取向,并不完全排斥外国的先进文明和资本,而是积极引进利用,力图建立一种平等互利的中外经贸关系。这表明,中国的资产阶级在经济民族主义的刺激下,已经形成理性的民族主义观念并表现出理性化的民族主义行为。在历次轰轰烈烈的国货运动中,政府积极倡导,华商发奋图强,业外民众积极响应与支持,在巨大的市场压力下,还是有一定成效的。

对外贸易以其对新产品及新生产方法的引进,促进了仿制和替代进口产品的生产。通商口岸在客观上充当了中国人学习和模仿外围新式企业、新技术、经营管理程序的学校。中外企业家在竞争中各有优势,"任何企业家只要能有效地制造并销售其产品,就能获取利润。"①外资企业在中国的创办及经营成功,为民族企业投资提供了选择的方向和直接借鉴的经验;外资产品市场导入的成功,也为民族产品成功地推向市场奠定了基础。对于那些外资企业而言,这些作用是被动的、不自觉的,而对于本地的民族企业来说则是一个积极、主动的模仿、学习乃至创新的过程。②以上海为例,20世纪二三十年代,上海已经出现了一批具有创新精神的企业家,"这种创新的企业家精神则可分为开拓精神、求新精神、冒险精神等,无不体现出上海企业家身上所蕴藏着的一种强烈的创新冲动欲望。"③在经过市场的激烈竞争和经济大危机洗礼后的中国企业家,注意学习、运用西方先进生产技术和科学管理方法经营企业,他们的综合素质得到普遍提高,受过高等教育或专业培训的企业家越来越多,在这些企业

① [美]吉尔伯特·罗兹曼主编:《中国的现代化》,江苏人民出版社1988年版,第423页。
② 沈祖炜主编:《近代中国企业制度和发展》,上海社会科学院出版社1999年版,第275页。
③ 张忠民主编:《近代上海城市发展与城市综合竞争力》,上海社会科学院出版社2005年版,第333页。

家身上更体现了时代特征,有的企业家所表现出的经营能力甚至达到相当高的水准。中外企业的共同存在与竞争,迫使中国的企业家们以强烈的事业心和旺盛的成功欲,扩张企业的生产规模,在组织形式、技术设备、管理、产品等方面不断创新,并积极延揽人才。只有这样,才能使企业立于不败之地,而这也为中国近代工业的发展创立了一定基础。

2.新式交通运输的发展

交通运输是商品生产和流通的物质基础,20世纪二三十年代,对外贸易的发展,也直接或间接推动了中国的铁路、公路、航运、航空等新式交通建设的发展。铁路建设是南京国民政府的建设重点,"1928年至1937年南京国民政府的铁路建设计划,它是以发展经济、加强国防为目的的。"[①]在1927—1937年期间,"修筑铁路总共3793公里(东北三省修筑的1600公里未计在内)。使中国本土(东北三省未计在内)铁路已达12 000公里左右。"[②]随着铁路里程的增加,机车的数量不断增加。据统计,1936年5月,全国共有机车1116辆,货车14 580辆,客车2090辆。[③]铁路的发展,产生了良好的社会经济效应。在1932—1935年间,在此期间的铁路货运量中,农畜产品占14.4%~19.1%,而工业制造品为10.3%~11.9%。[④]国营和私营的轮船运输业大大发展,1936年,中外进口船只中中国的吨位数占30.5%,比1930年的16.8%提高了近1倍。根据1936年统计,轮船运输的农产品商品量为1388.55万公担,机制工业品288.14万公担,其他1544.26万公担。[⑤]从以上数据可以看到,铁路、轮船运输比较多的是农产品,这就有利于农产品的运输和销售。空中航线也于1929年创建,并发展到1万公里。[⑥]这些交通设施对于外贸的发展又起了积极作用,两者是互动的关系。虽然如此快速发展,但这些交通的建设和中国这样的大国

---

① 陆仰渊、方庆秋:《民国社会经济史》,中国经济出版社1991年版,第436页。

② 张公权:《抗战前后中国铁路建设的奋斗》,台湾传记文学出版社1974版,第40、94页。

③ 张公权:《抗战前后中国铁路建设的奋斗》,第122—123页。

④ 陈其广:《百年工农产品比价与农村经济》,社会科学文献出版社2003年版,第228页。

⑤ 陈其广:《百年工农产品比价与农村经济》,第229页。

⑥ 中国文化建设协会编:《十年来之中国》(上册)1937年上海版,第310—312页。

相比还是不尽如人意的。1936年，中国仅有铁路19 028公里，平均每500平方公里1公里，每2.4万人1公里。这些指标，不仅低于同期的英、美、等发达国家，也远远落后于印度等国，连当时非洲的阿比西尼亚（今埃塞俄比亚）的铁路，也比中国发达。①中国的公路建设在这个时期也大大发展。"汽车是外国货，汽油是外国货……事实上汽车的运输成本因限于汽油的价格，不能甚低，亦决与吾国一般民众的生活程度不相称，似难有发达的可能。"②至1937年7月，中国公路网共有干线21条，支线15条，公路总里程已达109 500公里，其中有路面的约43 521公里，泥土路面65 979公里。③同时，全国约有公路营业客车10 000辆，货车13 000辆。④在这个时期，中国还有了自己的汽车配件厂、轮胎厂和机械厂。同期的日本，国土面积虽然只有中国的1/26，而公路居然比中国多8倍，汽车也多1倍以上。1936年中国各式船只约为3457艘，576 000吨，这个数字仅为日本的1/6。航空方面，到抗战前已拥有3家航空公司，开辟航线12条，通航里程约15 300余公里。⑤以上这些新式交通业的发展，大大降低了商品的运输成本、缩短了运输时间和延伸了商业线路，对于促进商品交易有着重要的作用。到1936年，在中国交通运输总收入中，旧式运输业的所占份额由1914年69.69%而下降为69.63%，新式运输业所占份额则由1914年20.31%上升到30.37%，加之也由1.33亿元增加为3.16亿元，新式运输业的增长速度明显快于旧式运输业。⑥新式交通的发展以后，出口货源增多了，进口货的消费市场扩大了，商品经济的触角也不断地向穷乡僻壤延伸，降低了商品交易的成本，促进了市场信息的扩散，增强了市场活动主体对市场活动的合理预期。现代交通运输业的发展，给所经之地带来新

---

① 吴承明：《帝国主义在旧中国的投资》，人民出版社1956年版，第97—98页；《交通建设》创刊号，交通建设出版社1941年版，第102—120页。
② 洪瑞涛：《铁路与公路》，交通杂志社1935年版，第272—273页。
③ 周一士：《中国公路史》，文海出版社1957年版，第130页。
④ 张公权：《抗战前后中国铁路建设的奋斗》，第235页。
⑤ 中国文化建设协会编：《十年来的中国》，商务印书馆1937年版，第266—267页。
⑥ 刘佛丁、王玉茹：《中国近代的市场发育与经济增长》，高等教育出版社1996年版，第79页。

的生活方式、社会观念与风俗也发生变化。

本章小结

对外贸易的经济效益可以分为两个方面，一个是出口经济效益，一个是进口经济效益，这两者合在一起则被称为对外贸易的综合经济效益。如果从对外贸易经济效益的层次来看，又可以分为微观经济效益与宏观经济效益。以上我们从对外贸易产品的流向分别考察了对外贸易的进口、出口经济效益和综合经济效益，并且在这种分析中也对对外贸易产生的微观经济效益与宏观经济利益兼做了分析。对外贸易的发展，在市场化和工业化两个层面上对中国近代经济产生了重要影响。国际分工是对外贸易的前提，随着生产力的发展，中国越来越深入地卷入国际市场体系。国际市场需求的变动，刺激了中国出口贸易的变动以及国内社会经济的发展。在世界资本主义经济与市场体系的影响下，中国的出口商品有了迅速的增长，越来越依赖国际市场的需求，由此带来的是国内自然经济的解体加快，国内市场扩大，中国的近代工业化发展。资本主义的商品大量进口，虽然带有经济侵略的性质，但也在一定程度上促进了中国市场的扩大，刺激了民族工业的发展。在进口贸易的冲击下，封建经济体系下的生产与消费被打破，国内的社会经济结构发生新变化。虽然这一时期中国对外贸易的速度与发展水平都不能与世界发达国家相比，对国民收入的增长影响也不是太大，但它对当时中国的社会经济的变动还是产生了极大的影响，促使中国经济从传统经济向现代经济转型。

第三章　对外贸易与国内居民的日常消费

　　鸦片战争以后,中国国内市场上近代西方商品不断涌入,传统物质生活资料的内容更丰富,出现了一大批为满足人们衣、食、住、行等所必需的生活日用品,国内市场的产品除了传统的土货外,有了国货和洋货,市场也变得更加活跃起来。[1]中国近代市场的格局也变成了土货、洋货与国货相竞争的格局。新型物质生活资料的出现,不仅活跃了国内市场,也大大提高了人们的物质生活水平。本章将叙述中外贸易交流对中国人的衣食住行等的影响,以透视该时期人们的消费的生活发展变化。

一、对外贸易与国内居民的食物消费

　　民以食为天,在衣食住行中,饮食是构成居民日常生活消费中最首要的部分,也是满足人们最基本的生存需要。一般所指的饮食结构,就是指日常饮食中的主食、副食的种类与搭配。中国人的膳食热量来源大部分以谷物类食料为主,占食物总量的75.3%;蔬果类为18.1%;油糖类占4.0%;肉类占2.5%;乳酪制品为0.1%。[2]

---

　　[1] 中国的国货由近代工业产品、手工业产品和农副产品三个部分所组成。洋货的名称是在西方资本主义国家的机械工业制造品输入中国以后出现的。在市场上,中国对外国进口的机制工业品称之为洋货。以后,一切外来品均称为洋货。与此相对应,中国的传统手工业品、农副业产品等则被称之为土货。吴慧主编:《中国商业通史》第五卷,中国财政经济出版社2008年版,第104、108页。
　　[2] 梁庆椿:《世界粮食问题》,商务印书馆1937年版,第93页。

172

（一）国内居民的主食消费

1.日趋严重的粮食进口

在民国时期,尤其是20世纪二三十年代,粮食进口成为这一时期的一个突出特征之一。从1927年至1936年间几乎每年都有进口(见表3-1)。据统计,在1927—1936年间,中国每年从国外进口的粮食总价值一般在10%上下,低于这个比例的年份只有1928年和1930年,分别为8.49%和5.90%,1932年和1933年则要占进口商品价值总额的1/5。[①]

在这个时期,中国每年除了粮食进口的增加,农副产品的出口也在大幅度地提高,这表明了中国的农业结构发生了一定变化,除了满足自身的需要之外,已开始融入世界大市场之中并参与国际分工,进口粮食的增加,意味着居民粮食的人均消费量有一定增加,而农产品出口则表明农民的经济收入有了一定程度的增长。

表3-1　粮食产量及外粮进口数量对照表（1924—1936年）　单位:千市担

年度	粮食产量	指数	外粮净进口	指数
1924—1929	2 570 727	100	29 367	100
1931	1 840 485	71.6	45 342	154.4
1932	2 025 548	78.8	78 498	267.3
1933	1 968 639	76.5	62 603	213.17
1934	1 775 162	69.1	33 085	112.7
1935	1 971 088	76.7	46 572	158.6
1936	2 017 258	78.5	365	1.2

说明:粮食产量包括米、麦及杂粮等谷物,不包括杂豆及薯类。

资料来源:许道夫:《中国近代农业生产及贸易统计资料》,上海人民出版社1983年版,第149页。

就主食来讲,由于南北居民的差异,米面南北居民消费各有所重。南方居民的粮食消费,基本上以大米为主。北方居民的粮食消费,则基本以

[①] 王克久:《外粮之输入与我国民食问题》,《交行通信》1936年第2期。

面粉为主。进口粮食可以分为米、麦、面粉及其他杂粮类。"战前,粮食进口以米为最多。次为小麦及麦粉,又次其他粮食。"①1921—1936年间米麦粉三项年平均进口量达2540万担。②下面分别阐述:

(1)洋米的进口

20世纪二三十年代,中国是世界上仅次于日本的第二大米的净输入国。中国的进口洋米主要是指安南、暹罗、缅甸三国输华之米或由香港转口。若就洋米占进口贸易额的比率来看:1932年全国各货进口总值163 400万元,而进口洋米值为18 000万元约占11%。1936年全国各货进口总值为134 500万元,而洋米进口值150 00万元,占入口总额11.15%。③就进口大米所销售的区域来看,也主要是这些地区,广东、福建、浙江和上海。

(2)洋麦的进口

全国小麦的消费中,食用的平均占74%,家畜饲料占5%,种籽占11%,其他用途占10%。④1927—1936年间,洋麦的进口量总计114 008 034市担,年均量为11 400 803.4市担。进口量最多的是1931—1933年,这3年共计进口的洋麦7878多万市担,平均每年2626多万关担。⑤就国内小麦进口来源地来看,中国市场上的洋麦进口国家主要来自美国、加拿大、澳大利亚、阿根廷、日本、美国,其中澳大利亚、阿根廷输入最多。以天津港口的进口为例:1933—1935年天津进口小麦100.69万公担,其中澳大利亚68.16万公担,占67.69%,阿根廷32.22万担,占32%,日本关东占0.31%。⑥就国内进口小麦的口岸城市来看,上海市是最为突出的,其次

---

① 中国第二历史档案馆编:《中华民国史档案资料汇编》第五辑第二编财政经济(八),江苏古籍出版社1997年版,第286页。

② 章有义编:《中国近代农业史资料》,生活·读书·新知三联书店1957年版,第2辑,第674页表,第三辑,第412页表。

③ 许宗仁:《中国近代粮食经济史》,中国商业出版社1996年版,第180页。

④ 中国科学院经济研究所中央工商行政管理局资本主义经济改造研究室编:《旧中国机制面粉工业统计资料》,中华书局1966年版,第130页。

⑤ 许道夫编:《中国近代农业生产及贸易统计资料》,上海人民出版社1983年版,第138页。

⑥ 万铀能等编著:《中国近现代粮食贸易简史》,武汉出版社2001年版,第99页。

为天津、南京、汉口和广州等城市。这时洋麦进口的增加,很重要的一个原因就是这些城市是国内面粉工业的中心,由于洋麦的价格低廉和出粉率高等优点,国内面粉工业的原料依赖外来进口小麦。

(3)洋面粉的进口

我国进口面粉在1927—1934年间呈递增趋势。1927年进口面粉382万关担(合228万公担),1928年增至598万关担(合357万公担),1929年达到历史最高点,为1194万关担(合712.6万公担),1930—1932年,外国面粉进口量虽回落到年均557万关担,但仍超过1928年以前的水平。[1]1934年12月16日起开始征收面粉进口税,面粉每担0.75金单位。[2]洋粉进口量已从1932年的578万关担下降为1933年的323万关担,再下降为1936年的51万关担。在外国面粉大量输入的同时,中国每年也有一定数量的面粉出口国外,但出口量远低于进口量,因而造成中国面粉的大量入超。我国进口面粉主要来自美国、加拿大、日本和香港地区。其中日本面粉(包括从朝鲜进口)则占据了北方面粉市场。1932—1934年间,华北港口进口面粉占进口总数的比例平均为51.7%,华中港口进口面粉占进口总数的比例平均为2.5%,华南港口进口面粉所占进口总数的比例平均为22.5%,可见华北地区是进口面粉销售的主要地区,这和北方人习惯面食有很大关系。

---

① 上海市粮食局等编:《中国近代面粉工业史》,中华书局1987年版,第53页;孙宅巍等主编:《江苏通史》(中华民国卷),凤凰出版社2012年版,第192页。

② 许璇:《粮食问题》,商务印书馆1935年版,第119页。

表3-2　1927—1936年大米、小麦、面粉进出口数量表　单位:市担

年度	大米			小麦			面粉		
	进口	出口	差额(+)	进口	出口	差额	进口	出口	差额
1927	25 175 510	102 994	25 072 516	2 017 423	592 020	-1 425 403	8 421 870	140 967	-8 280 903
1928	15 016 910	35 533	15 071 377	1 097 955	2 150 211	+1 055 256	1 077 955	1 022 143	-55 812
1929	12 918 679	33 962	12 884 717	6 760 548	957 514	-5 803 034	1 193 000	31 927	-11 907 073
1930	23 743 253	32 743	23 710 510	3 297 098	23 731	-3 273 367	5 188 000	5592	-5 182 408
1931	12 820 801	36 056	12 784 745	27 183 088	8951	-27 174 137	5 835 995	29 858	-5 806 137
1932	26 841 203	43 042	26 798 161	30 169 446	833 650	-29 335 796	13 273 316	646 139	-12 627 177
1933	25 912 944	125 386	25 787 558	21 429 278	47 618	-21 381 660	3 954 226	794 816	-3 119 410
1934	15 421 222	136 578	15 284 644	9 298 838	265 328	-9 033 510	1 191 496	129 144	-1 013 266
1935	25 928 962	131 738	25 797 224	10 418 174	189 532	-10 228 642	1 020 992	7726	-435 792
1936	6 206 970	573 422	5 633 548	2 336 186	633 616	-1 702 510	620 136	184 344	-435 792

资料来源：根据许道夫：《中国近代农业生产及贸易统计资料》，上海人民出版社1983年版，第123、138、141页表制作。

综上所述,这一时期洋米的进口比较稳定(见表3-2),若就洋米占进口贸易额的比率来看:1932年进口洋米的价值占全部进口贸易值的比例为11%,1936年则为11.15%。1932年至1935年小麦和面粉的进口量约占全国消费量的3.1%。除了以上三种主食的原料进口外,杂粮也有少量进口,大概只有全国产量的千分之一。所谓的杂粮就是指大麦、玉米、燕麦、裸麦及其他谷类等项。杂粮是辅助粮食,其消费量伸缩性很大,往往与国内粮食丰收与歉收密切相关。我国出口杂粮的数量是很大的。据统计,1927年至1936年这十年间,"除1928年为1120多万担和1936年进口量较少外,其余各年都在3000万市担以上,最高曾达7800多万市担。"[1]世界粮食市场的供求和中国粮食的进口有着密切的关系,尤其是主要粮食的消费。在进口的洋货中,1930年、1931年和1932年粮食的进口价值占当年洋货进口总值的比例,分别为12.7%、12.8%及19.8%,而其对于入超总值的比例更高一些,分别为40.2%、34.9%及35.5%。"粮食为我国民日常生活之最主要资料,乃亦仰给国外,达漏卮全额之35%左右,或在40%以上。"[2]

2.外粮进口与国内粮食出口

在这个时期的粮食贸易中,一个突出的现象就是外粮的进口与国内粮食的出口。国内粮食供求平衡是一种理想状态下的理论推导。中国市场卷入世界市场,国内粮食商品化,但是中国的特殊国情导致粮食商品率的提高并没有给农民带来预期的经济利益。相反,"农民为了换取货币以购买日用品和支付货币赋税与地租,不得不压低生活水平而出卖口粮。"[3]然后购买自己生产和生活上需要的物品。还有的地方所产的优质米,每年出口一定的粮食到国外则是为了供给华侨生活之需。国内粮食供求的失衡,最根本的原因就是中国农业的生产效率低下(见表3-3),也就是说,中国投入的劳动力多,但实际产量小。据卜凯统计,全面抗战前,

① 许宗仁:《中国近代粮食经济史》,中国商业出版社1996年版,第180、183、184页。
② 王秀清、谭向勇主编:《百年农经(1905—2005)》(1),中国农业出版社2005年版,第694页。
③ 李文海、行龙:《近代中国的民族觉醒》,清华大学出版社2002年版,第184页。

同一面积的玉米种植,中国投入的劳动力是美国的14.1倍,而产量却仅为美国的46%。这样,就需要从国外进口粮食来满足国内居民消费需求以及其他用粮需要。

表3-3　每一劳动力生产粮食数　单位:市斤

时期	水稻	小麦	杂粮	合计
1924—1929	819	337	589	1745
1931—1937	610	276	475	1361

资料来源:许道夫:《中国近代农业生产及贸易统计资料》,上海人民出版社1983年版,第341页。

中国的粮食进口的原因,还有一个方面就是我国的特殊国情,在粮食问题上具有两个比较鲜明的特性,即粮食供求在地域间和时间上的不平衡。一方面是东南沿海地区经济作物种植面积扩大,形成粮食的紧缺;另一方面是长江中上游地区粮食生产发展,粮食比较充足。[1]同时,我们也看到,进口粮食的种类与出口粮食的种类也是略有不同的。比如,由于外国小麦比国产小麦质量优,上海采购外国小麦原料又比到北方采购便利,于是就进口小麦,而不是真正的小麦供给不足。于是便出现了,有的区域粮食需要出口,而有的地域则粮食需要进口。而在中国海关的统计中,就出现了中国这个农业为主的国家,一方面每年进口大量的外国粮食,另一方面又每年出口一定数量的粮食的奇怪现象。

(二)副食消费

除了主食之外,还有副食的消费,而考察中外贸易交流给人们带来的副食的消费状况要复杂得多,只能依据有限的资料,对这一时期副食消费状况作一个大致的分析。

1.蔬菜和肉类等副食的消费

在蔬菜类等副食方面,差别更大,一般的民众是根本不可能享受到进

---

[1] 吴柏均:《影响中国近代粮食进口贸易的诸因素分析》,《中国经济史研究》1988年第1期。

口的蔬菜等副食的。

在农村,由于阶层不同,对蔬菜等的消费有很大差别。贫民阶层菜源一般是自己菜地里播种的山药、白菜、菠菜、韭菜和自制的咸菜与豆腐渣,等到食用时以白水煮熟,并无荤油。中产阶级的菜是荤油炒或熬豆腐、四时青菜,有时有肉吃,但一年中也超不过二三十次。富人家菜除了四时的蔬菜外,肉类多以猪、牛、羊肉为主,辅以鸡、鸭和鸡蛋,沿江沿海的特定地域的人家可以吃到各类海鲜海菜。①除了少数地主阶层外,一般的农民的蔬菜消费呈现单而少的特点。根据20世纪二三十年代的调查资料,我们可以大体看到当时农民的蔬菜等副食的情况。以华北地区为例,1937年对河北清苑11村500家农户调查结果显示,平均每家每年的饮食消费为126.3元,其中用于肉类的3.9元,占3%;用于蔬菜1.8元,占2%;用于调味品6.6元,占5%,其余的全部用于主食消费占90%。②根据卜凯1929—1932年的调查统计数据,南方各地区的农民在蔬菜、荤食的消费方面要高于其他地区(见表3-4)。

表3-4　1930年前后中国各地农民家庭食物消费概况　单位:(克/人、天)

食物种类	大米	小麦	其他粮食	蔬菜	猪肉	其他荤食	油	糖
浙江嘉兴	405	41	3	173	19	10	13	17
江苏常熟	357	55	130	269	16	5	6	18
江苏武进	535	57	207	458	18	11	14	10
绥远包头	—	67	1021	680	14	14	7	*
甘肃皋兰	—	291	328	663	6	3	5	*
河北阜平	21	63	636	337	12	8	2	2
河南临漳	—	217	367	266	3	5	4	2
山西寿阳	—	28	427	302	1	2	4	1
陕西渭南	2	345	107	451	4	*	11	2
山东堂邑	*	110	611	828	3	5	5	2
山东惠民	2	190	485	755	14	10	7	7
安徽太湖	368	92	83	343	30	7	17	6

① 周妤编:《中国社会生活简史》,新疆大学出版社1999年版,第44页。

②《社会科学杂志》第八卷,第一期(1937年3月),第77页,转引自侯建新《西欧资本主义起源研究》,高等教育出版社2005年版,第211页。

食物种类	大米	小麦	其他粮食	蔬菜	猪肉	其他荤食	油	糖
湖南常德	1033	2	24	204	10	21	15	2
江西高安	531	11	12	155	13	5	22	3
广东高要	619	—	2	203	7	24	13	4
四川绵阳	365	54	86	543	26	4	11	4
云南玉溪	674	16	13	240	25	7	12	8

资料来源:卜凯:《中国土地利用统计资料》,第86—121页。各消费项经过合并计算,如蔬菜包括豆类、薯芋类、瓜菜类,各类下仍有细目。油包括猪油和植物油。其他荤食包括鱼、牛肉、羊肉、鸡、鸡蛋等。"*"调查平均数不足0.1,"—"无调查数字。转引自侯建新主编《经济—社会史评论》,生活·读书·新知三联书店2013年版,第96页。

在城市里,则显然比农村要丰富多了,来自西方的菜已成为那些有产阶层的桌上餐。和农民相比,城市里的工人食品费用的分配结构要好于他们。工人的豆及蔬菜类、鱼肉类、调味类的消费比例一般高于农民的消费比例(见表3-5)。到20世纪30年代,从西洋引进的番茄、卷心菜、生菜、洋白菜、洋节(马铃薯)、花菜、洋百合、洋葱等成为人们餐桌上的美餐。西餐常见调味品咖喱酱、番茄酱、味精等也被民众所接纳。西餐大菜成为城市富裕阶层的日常生活,普通民众也接受了各种机器制造的食品。在20世纪二三十年代,国内居民逐渐接受西式蔬菜与食品,这样原来比较单一的谷粮蔬菜结构变得越来越多样化,饮食也越来越讲究科学性。

表3-5 20世纪二三十年代劳工家庭食品费用分配比例%

地点	时间	业别	全年每家食品费用(元)	各类食品费分配比例					
				米面类	豆级及蔬菜类	鱼肉类	调味类	其他	合计
上海	1927—1928	工人	218.53	53.42	19.20	13.02	10.51	3.85	100.0
上海	1929—1930	工人	241.54	53.39	17.46	16.50	10.55	2.09	100.0
无锡	1933	工人	139.09	41.06	19.92	19.85	12.24	6.93	100.0
天津	1927—1928	手工	131.51	61.10	17.60	10.30	9.40	1.60	100.0
南京	1929—1930	手工	263.30	44.60	9.25	12,77		33.38	100.0
北平	1926	工人	105.40	83.20	10.20	0.80	5.00	0.80	100.0
北平	1926—1927	车夫	99.74	79.20	8.99	3.21	6.65	1.95	100.0

地点	时间	业别	全年每家食品费用（元）	各类食品费分配比例					
				米面类	豆级及蔬菜类	鱼肉类	调味类	其他	合计
南京	1933	棚户	105.07	68.69	17.66	3.05	10.60	—	100.0
定县	1928—1929	农民	167.97	81.79	12.57	2.17	2.96	0.51	100.0
江宁	1934	农民	136.36	63.44	14.33	6.75	15.48	—	100.0
吴兴	1934	农民	127.77	80.24	6.10	4.56	7.72	1.38	100.0
余粮庄	1935	农民	145.29	72.03	11.04	7.43	9.50	—	100.0
湘湖	1935	农民	156.22	82.54	5.38	7.78	4.30	—	100.0
乌江	1935	农民	309.96	72.34	7.28	10.06	10.32	—	100.0

资料来源：张东刚：《总需求的变动趋势与近代中国经济发展》，高等教育出版社1997年版，第2页。

国外水果的进口也日渐增多。而这时进口水果的增多，除了因为本国的水果不能满足国内消费的需要之外，其中一个重要原因就是外商尽力在华拓展销路。水果在当时是一种"高级货"，即便国内的水果也一般是由城市那些中产阶级和富裕人群消费，农村的居民一般都是生产水果，而很少去消费的。关于水果的消费，按照卜凯的调查数字，估计30年代江南一般农户消费水果的数量至少可达到每人每年10斤。[①]这样的消费数量是很少的，"中国农家水果的消费不值一顾，只当美国农家消费的三十分之一。"[②]而这时交通运输的发达，使国外水果的进口与贩卖更加便捷，水果的价值被国人肯定，使得人们注重营养结构，而国外水果的进口，使人们的消费日渐多样化、丰富化，当然能够消费进口水果的除了在华的外国人，就是那些上层的消费者了。

简而言之，城市的副食、蔬菜和水果等的消费，无论数量与品种都明显高于乡村地区。乡村的新鲜蔬菜、肉类与水果等源源不断输进城市，而

---

① 复旦大学亚洲研究中心编：《转型中的亚洲文化与社会》，复旦大学出版社2008年版，第104页。

② 陶孟和：《北平生活费之分析》，商务印书馆2011年版，第157页。

且国外的相关产品也瞄准中国这个市场,不断拓展在中国的销售渠道。在平时,农民最主要的副食是蔬菜或咸菜。而在城市里,富裕阶层的副食品主要包括肉类、蔬菜、果品、调味品以及由此制作出来的各种菜肴,他们的副食种类比乡村农民要丰富得多。

2.食用油、食盐和其他调味品

日常生活,离不开油盐酱醋等调味品。这些调味品丰富了居民的日常饮食,各地使用一定比例的调味品烹制有地域特色的菜肴,而就一般民众来说,这些佐料的添加也是很适用的。而在这些调味品中,有的是自己可以生产供给的,有的则是需要从国外进口弥补不足。

(1)食用油。就食用油来说,对普通民众尤其是农民是一种奢侈品。据农情报告的调查,二十二省中每一中等农家每年所需用用油平均47.2斤,边远省份青海、宁夏、甘肃、贵州等可能更少。农家所用的油类,主要以菜油为主,占全部油类的34%,麻油19%,豆油及花生油占10%,菜油、棉籽油及其他油类合占37%。[1]20世纪二三十年代,中国农户人均年食用油大约为4~6斤左右,可能江南地区的更高一点,其他地域则要少。1929—1932年,卜凯在嘉兴、德清、常熟、武进等地所作的抽样调查显示,这些地方食用油消费的人年均数字为猪油1.68旧斤,植物油(豆油和菜油)4.51旧斤,两者合计为6.19旧斤。[2]中国经济统计所的抽样调查为每人每年消费油5.85斤。[3]食用油是需要手工作坊生产,家庭无法自产出来的,因此人们在购买食用油时,物美价廉是人们的选择,一般农民是购买不起那些进口食用油的。华北农家购用日用品中油的比例,农民购买最多的是菜油,全国平均为23.8%,其次为豆油和花生油,各占10%。而在食用油的购买中,河北、山东、河南也各不相同。

(2)食盐。国内居民的食用盐主要是海盐。在民国时期,主要的产地

---

①《农情报告》1936年第8期,第197页;《商品输入农村统计》,《河南统计月报》,1936年第二卷第9期,第219—220页。

②卜凯:《中国土地利用统计资料》,商务印书馆1937年版,第103、105—107页。

③黄敬斌:《民生与家计》,复旦大学出版社2009年版,第94页。

是辽宁、长芦、山东和淮北,它们分别占全国产盐的比例分别为12%、12%、18.6%和18%。[1]中国的食盐主要是国内销售,也有少量国外销售。例如,1935年,盐的生产量为43 669千担,其中国内销售38 990千担,国外销售4679千担。1936年产盐为50 544千担,其中国内销售44 602千担,国外销售5942千担。国外销盐自1937年沿海各区大部沦陷后停顿。[2]盐税是国民政府的一项重要收入,因此多次进行盐政改革,并对食盐征税。1931年3月制定公布新的《盐法》。主要内容为:制盐须经政府许可,所制之盐由政府管理;盐场应由政府根据全国产销

状况限额生产;废除盐商专卖"引岸制",实行自由买卖,就场征税;实行从量征税,食盐每百公斤征税五元,不得重征或另行附加。食盐税每一百公斤一律征国币五元,不得重征或附加。渔盐税每一百公斤征国币三角。工业用盐、农业用盐一律免税。[3]农民的食盐穷困状态是令人吃惊的。盐税属于间接税,只要消费就得承担税收。"盐为生活必需品,不问贫民富民,其消费之量不相悬殊。况处理盐税之征收又不适当,即使处理适当,各人所缴之税额决不因各人缴税能力不同而有差异。"[4]国民政府的盐税征收,实际上是轻于富人而重于贫民,是一种不公平的赋税。盐税在国民政府财政收入中占第二位,政府在实行盐税政策时,实行就高不就低的原则。根据1927—1936年的统计,国民政府盐税收入总数为14.414亿元,占同期全国税收收入总额50.203亿元的28.7%。1927—1936年间,国民政府的盐税收入占总税收的比重,分别为:1927年44.7%,1928年11.4%,1929年26.4%,1930年28.1%,1931年23.4%,1932年27.1%,1933

① 丁长清主编:《民国盐务史稿》,人民出版社1990年版,第66—67页表。
② 南开大学经济研究所经济史研究室:《中国近代盐务史资料选辑》第四卷,南开大学出版社1991年版,第263页。
③ 国民政府财政部盐政总局档案二六六(2)/7763,财政部财政科学研究所,载中国第二历史档案馆编《国民政府财政金融税收档案史料(1927—1937年)》,中国财政经济出版社1997年版,第835页。
④ 《财政公报》第38期,转引自张生《南京国民政府的税收(1927—1937)》,南京出版社2001年版,第65页。

年26.9%，1934年43.3%，1935年47.9%，1936年23.4%。[1]1937年的盐税收入是1929年盐税收入的278%，比1929年增加140 717千元，增加了178%。[2]1927—1936年期间，中国盐产量最高时为1929年的60 898千担。"1931年盐产量是1927年的88%，减少了12%，1937年盐产量是1932年的90%，减少10%。1937年是1927年的85%，即减少了15%。"[3]也就是说，盐产量减少但盐税收却增加了很多。1927年全国食盐的平均税率，每担盐为2.83元，至1937年，全国食盐平均税率，每担已增至5.98元，短短10年间，盐税上的负担增加了1.1倍。[4]这就表明，这个时期盐税收的增加是其增加盐税、提高税率的结果。

一般居民生活水平低下，食盐又是生活消费必需品，盐税的提高使食盐的价格相应地抬升。当时中国人每年平均须负担2元以上的盐税，与当时的意大利、法国、日本、德国等人均盐税负担相比，分别高出60%、4倍、7倍，乃至45倍。[5]因此，老百姓就只能尽量减少盐的消费。国民政府时期，因为价格太高，很多农民因贫困而买不起盐，只能淡食甚至无盐可吃。"山中农民的生活，自然是很艰难，但他们最缺乏的是盐和小菜。盐，在他们看来是稀世之宝，平常是不容易吃着的，普通的家庭，他们一年之内不过吃几次有盐味的食物而已……中下的人家，就根本很少吃盐。"[6]如河南方城一带，盐价每斤竟高达1角6分，可换小麦8斤、高粱10多斤。[7]1935年中国经济统计研究所在吴兴的调查显示，当地人年均购买食盐为7.26斤；抗战期间满铁在江南各地的调查数据平均为7.02斤。[8]

---

①叶振鹏主编：《中国财政通史》第八卷 中华民国财政史下，湖南人民出版社2015年版，第536页。

②丁长清：《民国盐务等史稿》，人民出版社1990年版，第218页。

③丁长清：《民国盐务等史稿》，第219页。

④孙文学编著：《中国财政史》，东北财经大学出版社2015年版，第333页。

⑤章有义编：《中国近代农业史资料》第三辑，生活·读书·新知三联书店1957年版，第109页。

⑥何荫乔：《秦岭山中的农民》，《现代农民》1931年第二卷八期。

⑦《1934年12月周启刚等在国民党五中全会上的提案》，录自松江运付公署档案，转引自刘佛丁《中国近代食盐运销制度的变化》，《南开经济研究所季刊》1985年第3期。

⑧侯建新主编：《经济—社会史评论》，生活·读书·新知三联书店2013年版，第92页。

"调味品中最主要的为盐,此外有酱、花椒、姜、糖等,但用之者极少。"该记载对调味品费用的估计为,"平均每家每年所有调味费用约五元上下。"①与11村调查统计的结果(6.6元)相当接近(见表3-6)。②至于食盐之外的酱油醋等调味品,在农民看来,也是带点特别稀罕的东西。而对于都市的市民来说,他们用盐少是因为拥有酱油、醋等别的调味品。西式的牛肉汁、鸡汁、咖喱汁、番茄汁等各类浆汁调味也逐渐成为都市富裕阶层的重要调味品。

表3-6　河北清苑11村各类农民家庭的饮食结构

项目	地主		富农		中农		贫农		雇农		总平均	
	元	%	元	%	元	%	元	%	元	%	元	%
粮食	189.51	84.9	207.55	87.6	142.22	90.4	92.65	91.7	60.93	91.7	114.00	90.3
肉类	12.00	5.4	12.15	5.1	4.61	2.9	2.33	2.3	1.60	2.4	3.94	3.1
蔬菜	3.62	1.6	2.18	0.9	1.81	1.2	1.72	1.7	1.10	1.7	1.77	1.4
调味品	18.00	8.1	15.05	6.4	8.67	5.5	4.33	4.3	2.82	4.2	6.59	5.2
总计	223.13	100	236.93	100	157.31	100	101.03	100	66.45	100	126.30	100

资料来源:侯建新:《社会转型时期的西欧与中国》,高等教育出版社2005年版,第212页。

(3)食糖。一般来说,人均砂糖的消费量可以反映一个国家的经济力。生活程度高的国家糖的消耗量往往大于生活程度低的国家。就1930—1931年糖的消耗来看,中国每年所消耗的糖的总量不过百万吨,平均每人年消耗糖的数量为5.3磅,而人口仅为我国1/4的美国,每年糖的消耗反5倍于我国,平均每人每年食糖为108.4磅。③和英国相比,1700年英国的糖的消费已经达到每人4磅,1800年更达到18磅。④卜凯在30年

---

① 卞乾孙:《河北省清苑县事情》,新民会中央指挥部1938年版,第161—162页,转引自侯建新《资本主义起源新论》,生活·读书·新知三联书店2014年版,第338页。

② 侯建新:《民国年间冀中农民生活及消费水平研究》,《天津师范大学学报》(社会科学版)2000年第3期。

③ 麦秋:《从糖的消耗量说到人民的生活程度》,《现代生产杂志》1935年第7期。

④ [美]彭慕兰著,史建云译:《大分流:欧洲、中国及现代世界经济的发展》,江苏人民出版社2010年版,第144页。

代的调查发现,中国人的糖消费量约为每人2.2磅,约合1.76斤左右。卜凯1929—1932年在嘉兴等地调查发现,农民人年均消费糖6.55斤。[①]按照这个比例推算,北方各地应该比这个消费更少,岭南地区的消费则高于这个数字。糖类在家庭膳食费用的比例,上海工人为0.7%,河北清苑5.2%,浙江嘉兴7.3%,湖北黄安22.0%,广西12县11.1%。[②]中国食糖消费在都市中需要较多,农村中需要甚少。"用糖多者生活程度高,用糖少者生活程度低。"[③]"我国进口糖所得到的国际贸易利益在总体上是不断提高的。"[④]和国外相比,中国糖的消费是比较少的。如中国农家糖的消费占0.2%,美国的农家消费中糖占10.1%,前者糖的消费只有后者的1/5。[⑤]

从民众消费的角度来看,洋糖与土糖在市场的销售与使用的普及,对提高中国人的生活水平是有利的。在城市里的居民消费糖的数量要超过乡村居民的消费量,糖的消费量在南方区域又明显多于北方区域,这反映了糖的消费在城乡和地域上的消费是不平衡的。

从以上的主食与副食的消费可以看出,虽然随着对外贸易的发展,中国的食品消费有所提高。但城市与乡村的差距是很大的,即便是同处城市或乡村,社会阶层的消费也有明显差异。如果和国外相比,这种差距更加明显。中国的乡村中农家的生活消费最有代表性,据卜凯对4省6县1070家农家的调查,如果和美国的农家相比,中国农家的食品实在是很粗劣,中国农家的食物养料主要是粮食和豆类,粮食所占比例为70%,豆类占15%。中国的农家从肉类中获取营养的占1%,美国的比例则高达39.2%(见表3-7)。即便是城市劳工,中美之间的食品费的差距也是很明显的。陶孟和调查的上海劳工家庭数据显示,粮食占食品总费用的

① 黄敬斌:《民生与家计》,复旦大学出版社2009年版,第100—101页。

② 资料来源:张培刚、廖丹青:《二十世纪中国粮食经济》,华中科技大学出版社2002年版,第144页。

③ 麦秋:《从糖的消耗量说到人民的生活程度》,《现代生产杂志》1935年第7期。

④ 袁欣:《对外贸易经济效益研究:中国历史发展的经验》,中山大学出版社2004年版,第44页。

⑤ 陶孟和:《北平生活费之分析》,商务印书馆2011年版,第157页。

53.2%,蔬菜占10.9%,鱼、肉和鸡蛋等占13.2%,其他食品占22.7%。根据美国的调查数据,20年代的粮食只占9.5%,鱼肉则占33.8%。而同一时期,北平的劳工家庭食品消费所占比例,粮食则高达80.0%,蔬菜9.1%,鱼、肉、鸡蛋等仅占3.2%。[①]

表3-7　中国农家与美国农家食品消费比较表

	1070家中国农家调查	124家美国城市及乡村家庭的食料调查,为期若干年
种子及其制成品(如粮食、豆类及植物制油)	89.8%	38.7%
肉食	1.0%	39.2%
蔬菜及甜薯	8.9%	9.0%
糖	0.2%	10.1%
水果	0.1%	3.0%

资料来源:陶孟和:《北平生活费之分析》,商务印书馆2011年版,第157页。

二、对外贸易与国内居民的服饰消费

(一)洋布、土布的竞争与洋装的盛行

国民政府时期,随着对外贸易的发展,穿的方面也出现了土洋混杂的局面,其中洋布对中国居民的影响越来越超过土布,但土布并没有退出。

1.洋布的流行与土布的抗争

洋布一般可以分为两大类,即棉纺织品和毛织品,棉纺织品包括粗斜纹、细斜纹、市布、本色布、色布等几类。毛纺织品则包括哗叽、哆啰呢等种类。[②]这些物美价廉的进口洋布深受民众的喜欢,它们被广泛应用于内衣、夏衣、冬衣、丧服、鞋面、被里、窗帘等的制作。这种对洋货的崇拜,直接影响国内民族工业的发展。"目前都市男女服装,专事争新斗妍,以为美观,在此美观中,而尤以舶来品,更为他们所倾倒",妇女争相选购洋货

---

① 陶孟和:《北平生活费之分析》,第153页。

② 参见李长莉:《洋布衣在晚清的流行及社会文化意义》,《河北学刊》2005年第2期。

而不愿买国货,本国丝绸价格由此日渐跌落,以至于"造成丝业恐慌,请求政府救济"。[①]

洋布取代土布,不仅在于洋布的种类多样化,最主要的因素在于价格的优势。在这一时期,从外国输入的洋布种类多样化,主要包括原色洋布、原色粗布、白色洋布、白花布、粗斜纹布、细斜纹布、标布、袈裟布、罗布、印花布、印花斜纹布、印花锦缎、印花标布、各色标布、玄青义(意)大利布、素地绵羽绫、花棉羽绫、素地各色布、素地色布等等。1920进口2473万7千匹,1936年进口1306万9千匹,各年度进口数量均年进折合"标准土布"加以对比核算,1920年为641.19%,1936年为338.75%。虽然进口洋布下降,但国内机制布的数量上升。"洋布是机器生产的,具有布幅阔、布面光洁、成本低的优点。"[②]洋布在质量和价格方面都存在相对优势,尤其是人们在经济收入有限的条件下,价格则成为优先考虑因素。就质量来说,虽然不能说洋布的质量比土布好,但采用相同的原料,采用技术含量高的机器生产所制造的洋布应该不会比生产技术落后的土布质量差。机器生产洋布,因为大规模生产,节约劳动资本,导致洋布价格比那些主要靠人力和手工作坊生产出的土布要有明显的价格优势。在这一时期,洋布价格每匹曾一度落至5.8元,而土布价格便因原料昂贵而每匹售价增至1.5。"这样按四匹土布折合一匹洋布计算,土布还要比洋布贵些。"[③]

表3-8　中国净进口棉布量与土布净输出量比较表

年份	净进口棉布量		土布输出量	
	千码	千方码	码	方码
1927	733 943	618 178	—	—
1928	944 015	808 696	—	—
1929	938 108	792 503	—	—
1930	712 736	598 908	—	—

①厉钧:《由奢侈说到节约运动之意义与实施》,《实业部月刊》第1卷第9期(1936年12月10日)。

②徐新吾主编:《江南土布史》,上海社会科学院出版社1992年版,第205页。

③王翔:《中国近代手工业史稿》,上海人民出版社2012年版,第242页。

年份	净进口棉布量		土布输出量	
	千码	千方码	码	方码
1931	459 186	390 018	—	
1932	420 264	356 618	12 492 000	6 246 000
1933	219 917	186 489	30 945 000	15 472 500
1934	107 140	90 855	20 237 021	10 118 511
1935	100 931	85 590	11 488 022	5 744 011
1936	48 019	40 720	16 349 700	8 174 895

资料来源：根据严中平：《中国棉纺织史稿》，商务印书馆2011年版，第476、477页表19和表20制作。

洋布尽管有一些优势，但在中国并不能很快取代土布的消费，因为农民可以利用农闲时间自己生产土布，而洋布的花费是需要有足够的货币支付能力的。洋布的消费发展缓慢，主要原因在于农民没有足够的收入去购买那些洋布，虽然它们的价格已经不是很贵。表(3-9)是中国农家购买洋布与自家纺织棉布的百分率。全国各地购买洋布的情况不太平衡，由于调查报告的县数有多有少，因此有些省份的情况不一定准确，如宁夏汇报县只有5个，因此购买洋布的农家比例高达62.1%，这比经济发展地区都高，显然是不准确的。总体趋势是沿江沿海地区的农家购买洋布比例高于内地省份，而内地省份又高于边疆省份，主要原因就在于可支配的货币收入不同。就城市里的劳工家庭穿衣来看，衣服消费无论在种类、数量还是质地上都要好于那些农民。

表3-9　中国农家购买洋布与纺织棉布之农家百分率表

省名	报告县数	购买洋布之农家百分率	纺织棉布之农家百分率
察哈尔	10	14.3	0.1
绥远	9	11.9	—
宁夏	5	62.1	—
青海	7	17.5	—
甘肃	22	26.4	12.8
陕西	43	26.5	50.9
山西	87	19.0	38.5

省名	报告县数	购买洋布之农家百分率	纺织棉布之农家百分率
河北	112	38.0	38.8
山东	90	36.6	38.9
江苏	52	39.9	31.4
安徽	41	43.3	29.8
河南	79	24.3	58.7
湖北	31	42.8	35.4
四川	62	21.2	26.3
云南	31	20.4	20.6
贵州	21	10.8	22.2
湖南	29	39.1	29.7
江西	30	36.5	28.8
浙江	55	51.9	19.0
福建	24	31.4	4.9
广东	43	28.0	11.6
广西	42	16.1	37.4
平均	925*	29.9	24.4

资料来源:中央农业实验所:《农情报告》,第4卷第8期1936年8月15日,第198、200页。

20世纪二三十年代,洋布和土布在价格、质量等方面展开的激烈竞争,是传统手工业与现代工业的抗争。虽然这一时期各类棉布的进口税率增加,进口洋布也减少(见表3-10)。由表3-8可知洋布的进口却从1932年的420 264千码下降到1935年的100 931千码,下降了4.164倍,1936年的进口量仅为48 019千码,下降了8.75倍。据1933年海关报告:"比岁以还,进口棉货,每况愈下。查四年以前,所有进口棉货总值,(棉纱在内棉花除外)尚居各项进口洋货之首席。"1931年则退居第二,1932年则降为第三,1933年则一跌而为第六。[1]但国内机织棉布业发展,洋布的销售越来越旺,土布的生产与销售在30年代日渐衰落,大量的消费者以

---

[1] 上海总税务司署统计科:《民国二十二年海关中外贸易统计年刊》卷一"贸易报告",1934年,"洋货进口情形",第71页。

购买洋布为时尚,但是土布的销售与出口仍占有一定的市场份额,显示了顽强的抵抗力。

表3-10　1926—1936年各类棉布平均进口税率

年份	本色棉布		漂白或染色棉布		印花棉布		杂类棉布	
	进口值	税率%	进口值	税率%	进口值	税率%	进口值	税率%
1926	43 621 469	5.20	92 102 760	4.90	23 333 866	4.54	8 885 875	5.07
1927	28 717 021	5.30	6 850 960 592	5.03	22 623 981	4.60	8 974 081	5.06
1928	31 183 792	5.15	92 985 411	5.16	29 387 060	4.70	10 435 537	5.02
1929	27 127 964	7.67	100 422 720	8.77	26 427 225	9.83	10 965 582	8.54
1930	22 510 039	7.30	69 159 128	8.42	25 574 863	8.86	12 472 057	8.79
1931	10 804 427	15.68	62 821 482	16.63	21 368 315	16.92	12 323 884	12.69
1932	7 418 806	16.93	35 680 454	19.13	12 041 479	21.18	6 488 208	11.93
1933	1 520 136	28.68	15 688 398	38.39	9 302 678	41.93	3 311 757	41.45
1934	969 725	28.54	8 167 242	36.14	3 088 799	48.29	1 405 761	32.08
1935	1 123 951	26.77	6 831 259	37.04	2 190 288	38.57	1 311 165	26.85
1936	1 297 437	25.19	3 050 823	31.36	415 312	32.58	577 919	26.02

资料来源:严中平:《中国棉纺织史稿》,商务印书馆2011年版,第475页。

土布之所以能够衰而不灭,一方面是因为国外依然有自己的市场,另一方面在国内的市场也有其存在的空间。对于大多数的国内消费者来说,选择布料的首要考虑因素就是布的质量和价格。土布厚实耐用,一件土布衣服经过缝补还可以再穿上三四年。另外土布保持一定的市场占有率与消费者的习惯需要也息息相关,中国的农民更偏向于土布结实耐用。据保定11村的调查,1930年平均每人每年消费棉布的数量为13.46尺,其中土布7.83尺,占消费棉布的58%,1936年消费棉布14.51尺,其中土布8.22尺,占消费棉布的57%。①农民消费的棉布中,一半以上仍然是土布。洋布并不能完全取代土布的原因在于,不同的消费人群有不同的消费偏好。因此,20世纪二三十年代,中国的土布、国产的机织布与进口洋布成为人们日常生活中的织衣选择。

---

①《二十八年保定农村经济调查报告》,河北省统计局,1958年。

(二)中式服装与西式服装

民国时期,西式服装和中式服装并行。南京国民政府成立后,重新颁布了《民国服制条例》,中山装被确定为男子礼服之一,"中山装"是以孙中山先生的名字命名的一种现代化中式男子服装,它是孙中山借鉴了日式学生服和西式军便服,结合中国服饰文化传统,改制成既带有军装风格,又不失文雅气韵的服装。1929年4月,国务会议议决《文官制服礼服条例》,明确规范中山装的外形款式和意涵:四口袋喻意礼义廉耻,胸五粒纽扣喻意五权,袖三粒喻意三民。中山装是社会变迁时代,能够突破封建主义等级观念的服饰变革,中山装除了身体符号外,也已具有政治符号。有人评价中山装蕴含的革命性、开放性和实用性,"使它对后世的影响已远超出衣服本身,是中国服饰史上最伟大的变革之一。"①"中山装在中国服饰史上享有独特的地位,它代表了中国服饰在西化和现代化进程中独立和自觉。"② 1936年2月,国民政府出台《修正服制条例草案》,再一次明确中山装为男公务员制服,中山装的国服地位得以确立。中山装主要的消费群体是那些政府的公务人员在正式场合。另外,中山装颜色多样,适合不同领域不同阶层的人穿用。对于女性服饰来说,也有新变化。1929年4月,政府制定并公布了有关服装的条例,条例中正式将旗袍定为国服。旗袍则是沿用西式服装的价值和审美风俗,结合中国的某些形制而创作的很有中国韵味的服饰。旗袍的款式多变,裁剪简单,衣料选择多样。20世纪30年代中期,"旗袍在衣长、袖长、衩长上不断翻花样",那时期的旗袍,季有新款,"强调三围,即胸围、腰围、臀围,趋向狭窄、紧绷,将人体曲线、凹凸,暴露与刻画得淋漓尽致。"③旗袍便成为20世纪30年代城镇女子服饰的最佳选择。

---

① 代璐遥主编:《中国雅俗文化》,武汉大学出版社2015年版,第40页。
② 蔡磊:《服饰与文化变迁——以20世纪以来中国服饰为例》,武汉大学硕士论文,2005年,第9页。
③ 万建中:《中国民俗简明读本》,新华出版社2013年版,第42页。

中国服饰西化过程中,西装、大衣、西帽、革履、手杖与夹鼻眼镜一副成为一种时髦派范。西式服装以其简洁、灵活、方便的特点迅速为国内民众所接受并流行。到国民政府时期,西式服装就广为流行,各个社会阶层,各种样式的西式服装为人们所喜爱,即便在一些穷乡僻壤也不能免俗,人们服饰的西化程度得到了不断的提高。崇洋的服装消费,成为中西贸易交流中,西式生活对中国国内日常消费冲击的一个缩影。服装成为一个窗口,展现了中国人追求个性自由的千姿百态。

西装已经成为一些有闲阶层的选择。这一时期,喜欢西装的消费群体主要是城市的中产阶级、学生、教师、公司洋行和各机关的办事员,而就年龄来说,则以年轻人居多,老年人穿着较少。[①]据称"上海人士穿西装的,约占十之四五"。[②]20世纪30年代初,上海大大小小的西装店共有数百家,职工约有万人之多。[③]买一套西装,一般差不多只要二三十块钱,但如果要定做一套,价钱至少要翻两番,式样好一点的西装一百多块钱也颇为常见。特别是只够做一套的进口"套头料"西服,往往是显露成功男士"身价"的标志。当时看西装成为男士们社交时的一项必修功课,衣服的颜色与料子成为人们关注的重点,"美国货的衣服松,英国货的衣服紧。"[④]西装成为当时很多男士出席重要场合的必备服装,也是显示其地位和身份的一种符号。在30年代的上海,标准的绅士需要一套三件头西装,因此,在"只认衣衫不认人"的上海社会,银行职员、大百货公司店员等再穷的人也要淘一件二手西装。男人穿用的西洋风格的服装款式的兴起,比如背带裤和夹克是用进口毛料制成的。而女装则显然比男装受西化影响更大,不仅是欧美的服装,连日本和式服装中宽袖对襟的妇女外套也很受某些名媛和太太的欢迎,成为她们的晚礼服。[⑤]在民国时期,在西

① 连连:《萌生:1949年前的上海中产阶级》,中国大百科全书出版社2009年版,第348页。

② 据郑逸梅《西装商榷》记载。高福进:《"洋娱乐"的流入——近代上海的文化娱乐业》,上海人民出版社2003年版,第8页。

③ 罗苏文、宋钻友:《上海通史》(民国社会),上海人民出版社1999年版,第154页。

④ 连连:《萌生:1949年前的上海中产阶级》,第348页。

⑤《上海妇女最新流行之晚装》,《小日报》1928年6月10日。

风东渐影响下,女性服饰得风气之先,节奏变化加快,向现代化多元化趋势演变。当然,影响女性服饰潮流的因素,外来的服饰冲击是一个重要方面,还有其他影响因素。①

三、对外贸易与国内居民的住行消费

对外贸易的发展,对中国居民的居住与交通和燃料灯火等方面也带来新的变革。

(一)对外贸易发展与居民的居住

1.建筑形式的变化

民国时期的居住建筑,除了沿用中国旧式的住宅之外,在中外贸易的直接与间接影响下,还出现了中西交汇的建筑。

西式建筑在国内流行,最早是从西方的租界开始的。通商口岸城市使中国人模仿与学习西方建筑的开始,并向内地传播。"通商口岸确是近代物质文明引进与传播的基地和橱窗。"②二三十年代建造的公共建筑、银行等多为四五层或更高层次的建筑群,其功能、设计、建材、工艺、结构和设备都是近代化水平较高的建筑物,成为展示西方文明的"样板"。③在公共建筑方面,铁道部办公楼、立法院大楼、外交部大楼这些采取中西混合式,国际联欢社大楼则直接采用欧美的摩登建筑形式。④不仅是公共建筑,私人住所等也开始模仿西式建筑。上海、广州等通商口岸城市出现了以砖瓦、水泥、玻璃及金属等材料筑成的楼房,这明显不同于中国传统的住宅,建筑的样式也非常多样,有独户型住宅和连户型住宅,也有多层公寓与高层公寓等。这些建筑较地基坚实,结构合理,采光通风科学合理,人们称之为"洋房"。到了20世纪30年代以后,高层公寓开始在各大

---

① 郑永福、吕美颐:《论民国时期影响女性服饰演变的诸因素》,《中州学刊》2007年第5期。
② 陈振江:《通商口岸与近代文明的传播》,《近代史研究》1991年第1期。
③ 陈振江:《通商口岸与近代文明的传播》,《近代史研究》1991年第1期。
④ 李少兵:《衣食住行》,中国文史出版社2005年版,第166页。

城市兴起,这种集体式住宅,每栋每层都有多个单元、多家住户,是将欧式花园住宅向空中发展的现代居住样式。

受西洋建筑形式影响,中国最为传统的四合院也开始适应城市生活需要,加以改进。首先就是窗户的改造,使居住舒适度增加。对原有的居住条件的改造,最简单的是用新式玻璃窗代替旧式窗户。过去四合院的窗户往往多是传统的支摘窗或直棂窗等形式,窗格上糊有窗户纸或冷布,再高级一点的则用蚌壳制成的明瓦,室内的采光、防尘受到一定的限制,而玻璃窗只有极少数富贵人家的建筑才能加以使用,全部是舶来品。近代以后,随着西洋玻璃在北京的倾销,加之国内企业也开始生产玻璃,北京有许多普通市民开始购买玻璃,取代原来的糊窗户纸、冷布等。新玻璃窗的采用,使室内采光更充足,显得室内更亮堂,因此得到了绝大多数人的欢迎,但凡有此实力的一定要进行此项改造。同时,四合院原本不对外开窗,到近代后,受西洋建筑形式影响,不少住户开始在南房增开朝南的高窗,改善南房的居住条件。①

西式建筑风格的传入,给中国传统建筑的发展带来新的元素,借鉴西方建筑房的优点,但又不放弃中国传统住房的优点,这种中西混搭使得人们的居住更舒适、更便利,是起了一定积极作用的,也开新的建筑风格的先河。

2.建筑材料的丰富

在建筑式样发生变革的同时,中国的建筑材料也发生了很多变化,传统的砖、瓦、石、木,逐渐发展到水泥、钢铁等新式材料所代替。西方建筑涉及的建筑材料,不仅包括水泥、钢、玻璃、砖等主体材料,也包括细部构件、五金、设备等。

到了20世纪30年代,由于大量的水泥、钢筋等建筑材料盛行国内,一些有经济实力的中上社会阶层人士开始采用钢筋混凝土建造住宅。建筑材料的变化,从中国传统的以木、泥、砖为主材料到水泥、钢材、彩色玻璃等出现,引发的是建筑结构的革命。这些西式的新材料,不仅带来的是住

---

① 宋卫忠:《民俗北京》,旅游教育出版社2005年版,第83页。

房外观的新变化,结实的材料使得房屋的建筑形式更多样,也更容易创新出新的建筑类型,建筑房屋的寿命延长,安全性也更强了。

3.室内家具摆设的西化

中国传统的家具摆设主要是太师椅、八仙桌、樟木箱子、大小几案等,卧具因冬季气候寒冷多采用土炕。家具与房屋建筑相匹配,西风东渐,随着洋房居多,中国传统家具与新潮的花园洋房公寓风格抵牾,时尚家庭或在原来中式家具基础上采用西式风格改良,或直接采用海派家具。随着西式家具的普遍使用,中上层社会人家的家具中增加了带穿衣镜的立地大柜,"后来还出现了沙发、西式大衣柜、新式铁床、皮箱等家具。"[1]有了新型的火炉,原来的暖炕就被人们舍弃,纷纷改用木床,安全又适用。在民国时期,很多有钱人家清一色西式家具,就是嫁女的嫁妆也开始流行中西合璧的家具。因此,西式家具的需求量日益增大,制作西式木器家具的工厂日渐增多。在这一时期,中国传统家具与西洋家具相融合,出现以洋为主、以中为辅和以中为主、以洋为辅两大类别,也有继续沿用中国传统家具的。20世纪二三十年代,中国家具的西式风格从通商口岸城市蔓延到其他大城市,从大城市又吹到乡村,西式风格家具的群体则从城市富豪洋买办影响到乡村绅士和地方土财主。从本质上来讲,民国洋式家具既是中国传统家具变革的缩影,更是西方物质文明渗透的结果。中国传统家具在家具品种、造型风格、家具材料,以及结构、生产工艺等方面受到了西方家具的冲击,中国传统家具独大的局面也被或中西合璧或完全西式家具或保留中国传统家具风格的多元格局所取代,这些多元化的家具,适应了人们日常生活中不同的新需要。

国民政府统治的二三十年代,在欧风美雨的冲击下,西洋的建筑风格被国人所接受,技术和材料也不断输入中国。居民的居住生活受西方影响日渐增加,作为物质和文化载体的建筑与室内家具等在西化风雨的冲击中发生了巨大变化。

---

① 袁熹:《北京城市发展史》(近代卷),北京燕山出版社2008年版,第137页。

4.农民与普通工人的居住

不过,对外贸易的发展,对城市居民的居住影响比较大,对广大农民来说,他们依然是处于温饱线以下或贫困状态,在整个消费结构中,居住所占比例并不高。"近代中国农民大多是入不敷出的,以食物必需品占绝大比例的生活费用分配结构。"①贫苦农民居住的房屋,大多数是草房,光线不足,空气不流通,且屋少人多,只有少量的瓦房。关于农民居住贫困,在很多文献中都有详尽的描述。"(苏北)农家全是蕈屋,矮小简陋不堪;所用家具,完全是土货。(广东顺德)屋宇之建设,大都简陋坦垣,草瓦(多用稻草)比比皆然……黑暗非常,家具多竹制,简单而适用,蚕室寝室,均混而不分。(陕西陇海)农民居住,多为土屋,亦多于土山,土丘之中,筑室而居,以避风雨。土窑深可数丈,向外处有窗及门,后部虽通风,而光线甚缺……家无长物,虽一桌一椅亦多无之。"②"乡间房屋的建筑极其简陋,通风和采光设备常付阙如。中国北部的平原地方,缺乏石料,穷苦的农民,又买不起砖瓦,平常都住土房。(在黄土层区域,还有土穴)这种土房若遇河水泛滥或霪雨暴风立刻就会瓦解的。农家的住房对于卫生和清洁素常也极不注意。"③因此,我们可以认为,近代对外贸易的发展,对广大农民的居住的影响是非常微小的,农民们的"住屋间陋,聊蔽风雨,绝无舒适美观之可言"。④

表3-11　中国各省市农民的各项消费占比　单位:%

调查地域	食品	被服	房租	燃料	杂项
河北三县	63.83	5.31	8.29	12.92	9.65
河南二县	75.90	4.65	3.50	8.45	7.50

---

① 王玉茹:《近代中国物价、工资和生活水平研究》,上海财经大学出版社2007年版,第171页。

②《江苏省农村调查》,第69页;《广东经济纪实》,第267—268页;《农史资料》(三),第803页。转引自彭南生《中间经济:传统与现代之间的中国近代手工业1840—1936》,高等教育出版社2002年版,第51页。

③ 刘明逵编:《中国近代工人阶级和工人运动》第1册,中共中央党校出版社2002年版,第551页。

④ 实业部中国经济年鉴编纂委员会编:《中国经济年鉴》,商务印书馆1934年版,第365页。

调查地域	食品	被服	房租	燃料	杂项
山西五台	50.00	9.60	5.70	15.90	18.80
辽宁二处	55.45	16.35	1.95	11.95	14.05
安徽三县	55.26	8.50	3.80	12.93	19.50
江苏武进	65.50	2.30	6.60	8.70	16.90
浙江二处	77.85	5.70	5.75	1.25	9.45
福建连江	52.90	12.80	5.20	8.20	20.90
北平郊外	65.80	4.5	2.00	12.80	13.90
南京二村	51.10	9.85	4.80	11.35	22.90
上海郊外	75.70	8.00	0.30	1.50	14.60
平　均	62.66	7.96	4.45	9.64	15.28

资料来源:李树青:《中国农民的贫穷程度》,《东方杂志》第32卷第19号1935年,第97页。

对于城市里的普通工人,对外贸易的发展对他们的居住影响也很小,基本是属于生存型居住。上海市社会局当时调查的分类,工人住屋大体有草棚、平房、楼房三种,楼房更可分为石库门楼房(有天井)和东洋式楼房(无天井)两种,内部的构造,优劣不同。[①]工人租的住房,一般都是老式的排房:"砖砌墙,夯过的地,瓦盖屋顶,每排前面有一水龙头。几乎都没有市政卫生设备,但房租却很贵。"[②]上海的工人宿舍,"一间大工房,摆满着三层铁架木板床,人一层层地睡满,天花板上装着半明半暗的电灯,看书识字只有在床上,以箱子当作台子。热天时候最糟糕,闷热到极点,蚊子、臭虫特别多。""冬天时,因为天冷,不得不把四周窗子关起来。"[③]对于那些艰苦行业的工人,居住条件更是恶劣。比如北平的采矿工人住宿,

---

[①] 宋钻友等:《上海工人生活研究1843—1949》,上海辞书出版社2011年版,第82页。

[②] 刘明逵编:《中国近代工人阶级和工人运动》第1册,中共中央党校出版社2002年版,第385页。

[③] 朱邦兴等编:《上海产业与上海职工》,上海人民出版社1984年版,第567页。

"各大矿的工人宿舍与其说是宿舍,不如说是狗窝,甚至于不如狗窝。"①还有许多工人住不起或租不到房屋,于是就租块地皮,用毛竹、破席、草帘等简单材料,搭起草棚居住。这种草棚的建筑材料,多系引火之物本。因此很容易引起大规模火灾。总之,工人不管是哪种住屋,租房或厂房,单身汉宿舍或草棚,基本都是恶劣不堪的。如著名学者陶孟和所指出的:"中国工人所住的房屋没有丝毫习俗的功用,如为休息和愉快,为私密的享受,为家属聚居和会友密谈等等。这些功用一概没有的,所有的只是一席之地以供睡眠……这种过挤的情形赐给家人的恶果不胜枚举,污秽、疾病、不道德和犯罪只是其中不可避免的几种罢了。"②

(二)对外贸易与新式交通的使用

传统社会的代步工具主要是用畜力、人力或自然力,如马车、牛车、轿子、木船等。在近代,随着西方的交通工具的进入,如火车、轮船、电车、汽车、自行车、摩托车等,不仅使中国传统的交通工具发生变革,也使传统的交往方式发生很大变化。尤其是民国时期,中国的交通方式西化趋势也不断加强。新式交通进入中国多是洋人强力输入的,中国人在认识到其便利之处时才开始接受使用。对一般民众影响最大的新式交通工具就是自行车和汽车,而对国内外商品运输起着重要作用的就是轮船和火车。

1. 自行车的普及与流行③

民初之后,随着社会风气的日渐求新,国内每年进口的自行车数量不断增加。这时中国工业发展落后,自行车基本都是进口的,有时还被作为

---

① 北平中国新闻记者:《北平门头沟矿窑里》,1933年10月调查,《劳动季报》第1期1934年4月10日。刘星星、席新编著《中国近代工人阶级和工人运动》第7册,中共中央党校出版社2002年版,第726页。

② 陶孟和:《中国劳工生活程度》,转引自刘明逵编《中国工人阶级历史状况》第1卷第1册,中共中央党校出版社1985年版,第514—515页。

③ 自行车进入中国之初,大致有"自行车""自转车""脚踏车""踏车""自由车"等多种指称,名称并未固定,以"自行车""脚踏车""自由车"为多。较早使用"自行车",并使之固定下来的是1902—1903年间的《大公报》。

贵重的礼物赠送给上层达官贵人。①20世纪二三十年代,自行车在中国发展的较快,进入城市普通阶层的日常生活,从而成为最经济和平民化的交通工具。据统计,1928年,南京市有自行车590辆,1933年为3393辆,1936年迅速增加至8944辆,短短几年时间增加了15倍多。②而上海的自行车发展更为迅速,1928年为29 130辆,1931年为50 844辆,翻了一倍多,到1935年时已经达到了73 144辆。在公共租界和法租界的自行车占的比例较大,以1935年为例,这年自行车占上海总数的近60%,而在上海市区中国人的自行车拥有量仅占40%。就人均拥有量来看,上海的普及程度也是引人关注的,1927年平均每157人中拥有一辆自行车,1935年时已经达到每70人就拥有一辆自行车,而在租界的增加比华人人均拥有要更多,1935年时已经高达35~60人可以拥有一辆自行车。1932年,北京共有自行车64 100辆,“经营自行车的车行三四十家。”③自行车不仅风行于上海等通商口岸城市,在内陆的城市的数量也逐渐增加。“据调查统计,1928年长沙、岳州海关每年输入的自行车仅有81辆,到1931年则猛增到每年437辆。”④在全面抗战前夕,自行车已经不再是一种炫富的奢侈品,而成为城市中等阶层日常使用的交通工具。自行车的普及,使原来比较单一的使用群体变得较为多元化。自行车成为城市居民出行的一种重要交通方式,他们不分男女,骑着自行车在大街小巷穿梭而行。

自行车的输入与流行,刺激了国内民族企业开始仿制,并生产出国产的自行车。中国最早的自行车工业制造是从自行车零件的制造开始。位于上海虹口密勒路的大兴车行,在国内率先制造出了脚踏车,“该厂自造最新式之行李车,闻能毋需家具,可自由装卸,置于见方不及三英尺之箱盒中,舟车携带,颇为便利,诚为国货脚踏车之新发明也。”⑤在轰轰烈烈

① 方平等:《自行车传入与近代中国社会的反应》,载陈绛主编《近代中国》第二十二辑,上海社会科学院出版社2013年版。
② 隋元芬:《西洋器物传入中国史话》,社会科学文献出版社2011年版,第53页。
③ 北京燕山出版社编:《旧京人物与风情》,北京燕山出版社1996年版,第394页。
④ 王瑞芳:《近代中国的新式交通》,人民文学出版社2006年版,第30页。
⑤ 宜菊:《介绍国货脚踏车》,《申报·国货周刊》1933年8月3日。

的国货运动的推动之下，20世纪二三十年代，上海的民族企业家们开始尝试自己造自行车。

交通工具的新旧交替，也是市场与消费者不断自主选择的结果。自行车对路况的适应性强，拥有机动灵活自由的优势，不需要依赖能源的供给，具备小件的运载能力。"自行车是一种人力驱动的简便交通工具，它的输入，加快了中国人的生活节奏。"[1]20世纪二三十年代，自行车不仅成为在上海、北京等大城市居民出行的重要交通工具，而且开始向乡村蔓延。自行车进口与流行不仅是中国出行方式的便捷，也体现了中国人对西方物质文明的一种崇尚。

2.各类汽车的应用

南京国民政府统治前期，汽车进口的增加与国民政府兴筑公路是正相关的，即公路的兴建是为汽车的行驶提供基础设施，而公路的兴建又刺激了汽车的进口量。1927年中国的公路里程为28 967公里，"1930年增加为46 669公里，10年间增加了39.4倍，到1935年全国竣工的公路总长96 395公里，比1930年增加了一倍多。"[2]这些公路建设大多出现在1928年以后，由全国经济委员会公路总局承担，修路所需的经费主要来自外债和利用退还的庚子赔款。我国公路运输业的加速发展，是1933年以后的事情。1933年内全国（东北区在内）可通车的公路里程尚不过72 251公里，各类汽车总共不过40 707辆。[3]到1937年7月止，全国公路网已基本形成，计有干线21条，18 064公里，支线15条，11 336公里。如果再加上各省分别的修筑（88 100公里），计共11.8万余公里（一说11.6万公里或

---

① 闵杰：《近代中国社会文化变迁录》第二卷，浙江人民出版社1998年版，第193页。

② 李英铨：《转型中的近代中国经济》，希望出版社2005年版，第277页。

③ 巫宝三：《中国国民所得（一九三三年）（外一种：国民所得概论）》，商务印书馆2011年版，第579页。

10.95万公里）。①这些公路的修筑，既为军事需要，也为商业需要服务。城市路政建设的发达，也为汽车的行驶提供了便利条件，城市内的汽车数量增加。例如，南京市内道路标准的提升使市内的汽车逐年增多。1928年南京市内行驶的汽车有144辆，而到1936年行驶的汽车已有2119辆。②尽管如此，和世界其他国家相比，中国汽车的增加数仍是比较低的。

国民政府大量进口汽车，在中国马路、公路上行驶的小汽车，几乎全是进口的。仅据20世纪30年代中期的不完全统计："上海街头车水马龙，行驶的汽车厂牌和型号有近二百种之多。从经济委员会调查表所得的数字，各省拥有的汽车数量都比较少，在进口的汽车中，货运汽车的数量也在不断增加，而且品牌众多。就全国范围来看，20世纪30年代我国的汽车数量有了飞速的增长。1929年汽车进口量达8781辆，1930年为38 484辆，"1932年全国汽车（包括普通汽车、运货汽车、公共汽车、机器脚踏车）共计44 462辆，1933年汽车是50 203辆，1934年汽车是57 825辆。"普通汽车、运货汽车以及公共汽车的数量都有明显的增长。据统计，1927—1936年，年均进口客货汽车4.5千辆。③

汽车给国人的出行，运输带来各种便利，汽车正在逐步地进入城市居民的生活。④但是中国各地的汽车拥有量是不平衡的，在上海等大城市汽车数量比较多，而在落后省份则比较少。例如，1936年，全国有汽车44 802辆，贵州只有104辆，不及全国的1/400。⑤就1934年的经济委员会统计来看，到1934年1月1日全国共有汽车50 023辆，这一年进口汽车则为7302

---

① 全国政协文史资料委员会编：《文史资料存稿选编》第22辑经济（下册），中国文史出版社2002年版，第795页。另有资料显示："从1927年到1937年，中国公路通车里程从3.2万公里增长到11.6万公里，新建成7895公里铁路。"严中平等编：《中国近代经济史统计资料选辑》，科学出版社1955年版，第207页。

② 参见南京市公路管理处编著：《南京近代公路史》，江苏科学技术出版社1990年版，转引自吴本荣《公共交通与南京城市近代化（1894～1937）》，《南京工业大学学报》2009年第1期。

③ 许涤新、吴承明主编：《中国资本主义发展史》第三卷，人民出版社1993年版，第95页。

④ 这一时期的火车吨位比较小，货车载重一般就2～3吨。

⑤ 林辛：《贵州近代交通史略（1840—1949）》，贵州人民出版社1985年版，第193页。

辆。可就十二都市的汽车占有量来看,实占国内汽车总量的3/5强。因此,这一年的汽车大概为57 325辆,而这一年我国全国可通车公路的里程,大概是84 809公里,也就是说,一公里半的公路,才有一部汽车。①在广大的乡村,汽车还是城市文明的象征,1934年的5万多部汽车,大都还是用于都市内的交通,其真实的利用公路运输尤其占少数,很多地方的乡民还用传统的交通工具出行和运输。

表3-12 1934年全国汽车使用情况统计表

	普通汽车	公共汽车	运货汽车	机器脚踏车	共计
各省	7373	8679	1544	685	18 281
都市	23 734	1505	5521	1982	31 742
共计	30 107	10 184	7065	2667	50 023

注:都市包括下列各地,南京、上海、广州、北平、天津、汉口、青岛、济南、香港、旅顺、大连、澳门、广州湾。

资料来源:洪瑞涛:《发展我国公路运输之途径》,《交通杂志》1933年第4卷,第1—2期合刊。

汽车消费者群体的多元化,但用于运输的车辆仍很少。民国以后,各大城市街头的汽车数量增多,乘坐者的身份也日趋多元化。主要有私家汽车、出租汽车和公共汽车三类。私人汽车除了原来的那些外国在华居民和国内军政人物外,一些富商和家境殷实者也开始使用汽车。这些私人汽车,"主要是达官贵人、高级寓公、政界显要的代步工具,也是上层社会讲求排场、摆阔气的道具。"②

公共交通汽车成为城市中普通人们出行的重要的新式工具。当时,全国有电车的大城市有上海、北京和天津,电车在城市生活中的地位各有不同。电车因其载客量大、速度快、价钱较为低廉,因而成为城市里即便是下层劳动者也坐得起的公共交通工具,日渐流行。国民政府时期载客汽车比较小,条件简陋,结构简单,大车一般只有26座,中型车16座,小车

---

① 洪瑞涛:《发展我国公路运输之途径》,《交通杂志》1933年第4卷,第1—2期合刊。
② 张利民主编:《解读天津六百年》,天津社会科学院出版社2003年版,第326页。

仅12座。①20世纪30年代,数十辆从英国定购的双层巴士,开始出现在上海的马路上。②载客汽车的进口数量从1930年的2347辆上升到1934年的3587辆,1935年2835辆。③

3.铁路和轮船的货运

除此之外,铁路和轮船的运输,对近代中国贸易的交流与商品经济的发展有着突出的贡献。统计资料显示,1926年,中国修筑铁路共计12 728公里,到1936年为20 009公里,1937年,铁路里程达到21 761公里,10年间净增9053公里。其中1935年中国自己修筑的铁路多达1616公里。④铁路供给的增多,铁路的货运量也在与日俱增,1936年得铁路货运量已增至178亿吨公里。1935年,中国铁路货运的各类产品的比重情况是,制造品11.1%,矿产品52.9%,农产品14.3%,林产品1.3%,畜牧产品1.5%,政府用品4.5%,其他为14.4%。⑤中国铁路的货运量1920年为4541百万吨公里,1936年为6489百万吨公里,增长了43%。中国铁路运输业的产值由1920年的22 374万元增加到1936年为48 342万元,增长了1.16倍。同一时期,日本国有铁路的货运量由1928年的12 770百万吨公里,增加到1937年的18 254百万吨公里,10年间增长了43%。日本铁路的运输量是中国的2.82倍。⑥可见,日本铁路运输能力在当时已经大大超过中国,达到发达国家水平。

表3-13　1925—1936年间中国铁路载运货物延吨量　单位:万延吨公里

年份	总计	制造品	矿产品	农产品	林产品	畜牧产品	其他
1925	411 132	49 924	142 166	85 936	11 954	10 484	110 668
1931	445 747	71 026	177 246	89 666	8218	11 273	88 318
1932	445 661	64 584	202 876	79 044	8165	8204	82 788

---

① 阎希娟:《民国时期西安交通运输状况初探》,《中国历史地理论丛》2002年第17卷第1辑。
② 上海市历史博物馆编:《都会遗踪》第6辑,学林出版社2012年版,第13页。
③ 代春霞:《20世纪30年代大萧条时期中国城市奢侈品消费的变动研究》,《中国物价》2011年10月。
④ 宓汝成:《帝国主义与中国铁路1847—1949》,经济管理出版社1980年版,第671页。
⑤ 严中平等编:《中国近代经济史统计资料选辑》,科学出版社1955年版,第149页。
⑥ 张燕萍:《抗战时期国民政府经济动员研究》,福建人民出版社2008年版,第43页。

年份	总计	制造品	矿产品	农产品	林产品	畜牧产品	其他
1933	477 095	65 746	206 347	83 875	7930	8844	104 353
1934	626 700	77 846	293 207	132 373	9200	10 926	103 148
1935	648 880	87 809	303 043	117 814	8239	12 107	119 868
1936	648 880	87 809	303 043	117 814	8239	12 107	119 868

资料来源:严中平等:《中国近代经济史统计资料选辑》,中国社会科学出版社1955年版,第147页。

至于轮船运输,据研究,1913—1936年间往来各通商口岸的外国轮船由 73 430 886 吨增加为 100 847 373 吨,20 多年间增加 1.3 倍。中国自己的轮船航运业也有发展(见表3-14)。首先,中国的航运力量增长。1914年时轮船的吨位为92 649吨,到1936年时吨位增至576 875吨,20多年中增加5.2倍。[1]在进出中国通商口岸中外船舶总吨位的比重中,从18.6%增加到30.5%,增幅达12个百分点。[2]其次,中国航运公司发展,1936年时拥有5000吨以上的大中型轮船公司已达27家。1930年后中国轮船吨位数呈逐年递增的趋势,到1936年,中国轮船吨位数比1927年增长一倍以上。1936年,往来各通商口岸的中国轮船占32.5%,其中往来外洋口岸的中国轮船占16.2%,往来国内口岸的中国轮船占36.9%。[3]轮运业的发展,促进并加速了国内外产品的交易。

表3-14　全国注册轮船历年增长比较表(1928—1935年)

年份	轮船数		吨位数		该年增长数		历年增长数	
	只数	指数	吨数	指数	只数	吨数	只数	吨数
1928	1352	100	290 791.2	100				
1929	1823	135	334 403.9	115	471	43 612.8		
1930	2792	207	415 447.3	143	969	81 043.4	1440	124 656.1
1931	3273	242	497 599.9	171	481	82 152.6	1921	206 808.8
1932	3456	256	577 256.6	199	183	79 656.7	2104	286 465.5

---

[1] 严中平等:《中国近代经济史统计资料选辑》,科学出版社1955年版,第165页。

[2] 朱荫贵:《1927—1937年的中国轮船航运业》,《中国经济史研究》2000年第1期。

[3] 许涤新、吴承明主编:《中国资本主义发展史》第三卷,人民出版社1993年版,第46页。

年份	轮船数		吨位数		该年增长数		历年增长数	
	只数	指数	吨数	指数	只数	吨数	只数	吨数
1933	3577	265	624 783.2	215	121	47 526.6	2225	333 992.0
1934	3802	281	668 069.3	230	225	43 286.1	2450	377 278.1
1935	3985	295	718 194.8	247	183	50 125.5	2633	427 403.6

资料来源:《航业年鉴》二回第一编,上海市轮船业同业公会发行1937年版,第202页,转引自吴景平主编《近代中国:经济与社会研究》,复旦大学出版社2006年版,第624页。

国民政府时期,新式交通运输业不断发展。1936年,在中国交通运输总收入中,旧式运输业所占份额由1914年的79.69%而下降为69.63%,新式运输业所占份额则由1914年的20.31%上升到30.37%,而且1914—1936年间,新式运输业的增长速度为4.00%,旧式运输业的增长速度仅为1.50%(见表3-15)。

表3-15　中国新式与旧式交通运输业的增长及比重变化(1914—1936年)

货币单位:1936年币值,亿元

年份	项目	新式运输业	旧式运输业	合计
1914年	净收入	1.33	5.22	6.55
	比重	20.31%	79.69%	100%
1936年	净收入	3.16	7.26	10.42
	比重	30.37%	69.63%	100%
1914—1936年平均增长率		4.00%	1.50%	—

资料来源:刘佛丁、王玉茹:《中国近代的市场发育与经济增长》,高等教育出版社1996年版,第79页。

新式交通的发展降低了商品交易的成本,提高了经济活动的效率,同时也促进了市场信息的扩散。交通是连接近代化的工业生产的原料产地和庞大的消费市场的中间渠道,不仅可以有效促进国内贸易的发展,而且在中西贸易的交流互动中,轮船、火车、汽车等近代交通工具扮演着极为重要的载体角色。是地域之间物与物,商业信息流动的"桥梁和枢纽",对近代中国社会经济结构的变化也有着重要影响。

4.新式交通的社会经济效应

西式近代交通工具传入中国,部分地取代了中国旧有的传统代步工具。①"现代之交通,须用新式机械的利器,暨有系统的设备及组织,以尽其敏捷便利通远之能事,而应社会之需要,为进化之前驱。"②这些新式的交通带来的影响不仅涉及交通工具的新旧更替,也涉及社会经济领域,甚至关系到思想文化领域。

首先,新式交通推动了社会经济的发展。交通运输是商品生产和流通的物质基础。传统的运输工具限制了人的出行、货流趋向及商品的远距离流动,不仅运量少,且运输成本也高,阻碍了经济的发展。因此,交通工具最重要的就是运输效率。"运输效率对其他每个因素起到一个支援者的作用:它促使人口增长、使地区专业化、农村商业化以及地区对内对外的贸易。"③便捷的交通,带来的是扩大的市场和丰富的信息。新式交通运输业是现代经济发展的重要组成部分,作为西方工业文明的标志,它能够引导和推动现代化经济的发展。铁路轮船的广泛运用,带动了煤矿、钢铁和机械等资本主义最主要工业部门的发展。新式交通对进出口贸易、农产品商品化、新兴市场的开拓和近代城市的兴起等也起着重要作用。④新式交通使得国外工业产品和各种消费品的进口数额在不断增长中。尤其是轮船和铁路技术的引进,使区域间的商品运输能力极大增长,运输成本也大大降低。新式交通工具的广泛使用,密切了农村与城市、港口之间的联系,扩大了商品流通的范围。快捷、便利的交通工具通过市场,加快了国内外商品的交换。这些外来的商品冲击改变着传统的中国

---

① 苏生文运用丰富的史料,较系统地论述了近代中国轮船、火车、汽车等交通工具从西方引进、受挫到发展的艰难曲折历程及其对中国社会产生的影响。不足之处在于对1927年以后,西方交通工具的普及化及其带来的社会经济效应没有涉及。苏生文:《中国早期的交通近代化研究(1840—1927)》,学林出版社2014年版。

② 张心澂:《中国现代交通史》,学生书局1986年影印版,第36页。

③ [美]施坚雅主编:《中华帝国晚期的城市》,中华书局2000年版,第268页。

④ 参见朱荫贵:《近代新式交通运输业与中国的现代化:以铁路轮船为中心的考察》,载吴景平主编《近代中国:经济与社会研究》,复旦大学出版社2006年版,第622—646页。

商业市场和经济结构,对民众的衣、食、住、用等产生重要影响。因此,以铁路和轮船为标志的现代交通工具,是促进这一时期中国社会经济结构发生变化的融媒和推进器。

其次,新式交通给人们的生活带来显著变化。交通工具是物质文化的重要内容,它不仅可以满足人们往来和交通的需要,也具有社会意义。"轮船、火车这些工业文明的产物冲击着田园牧歌式的古典时代,新式交通工具逐步改变了原有的交通体系,慢慢渗透进了人们的生活。"[1]西式交通工具的引进,扩大了国人活动的空间,随之带来的是更加频繁的人口流动、信息流通。新式交通工具,使人们的物质生活变得丰富,尤其是西方生活资料和生活方式的输进,为社会生活提供了丰富的物质资料和崭新模式,直接影响民众的价值观念和消费心理。人们在接受近代化交通工具的同时,也适应和接受现代交通秩序的观念,这些新的观念对扭转中国人的陋习也有所帮助,有助于树立新的公共空间秩序和形成有序的公共生活空间。因此,交通工具的改进,不仅改变着人们的出行交通方式,更是一场深刻的交通文明意识变革,进而影响人们社会生产、生活的方方面面。

第三,新式交通促进了人们精神层面的变革。机械化的新式交通工具的引入,作为工业文明时代生产力的体现,不仅大大地改变了人们的社会生活方式,也激发了国人学习西方先进技术仿制西方交通工具的民族工业梦想。交通工具的现代化,"从物的角度说,货畅其流,互通有无,缩短距离,刺激生产,从人的角度说,人畅其行,延伸活动半径,拓宽视野,增长见识。"[2]现代化的交通方式,不仅加快了人的空间、时间观念的变化,也带来了人们的社会伦理和价值等观念的变化,这也就直接或间接促进了人自身的发展。新式交通的发展,促进了人们思想的解放和风俗的变迁,开通了社会风气,启发了民智。交通延伸所到之处,为传统的乡土社

---

① 丁贤勇、徐杨:《穿越千年的通途》,杭州出版社2013年版,第111页。
② 忻平主编:《历史记忆与近代城市社会生活》,上海大学出版社2012年版,第319页。

会注入新的血液,城市的发展也有因交通而兴。

总之,新式交通是现代科技发明的标志之一,它的变革是一个革命性的变革,它们为国家带来很多重要的现实价值。火车、轮船、汽车、飞机、自行车等新式交通工具,展示了传统交通工具所无可比拟的优越性,载人、载货便捷而安全,运输成本也低数量更多。这种新式交通工具,一经产生,便产生了诸多的社会经济效应。正如一位研究者所评论的:"工业革命以来各种物质文明的进步,包括食品、服饰、住房、日常用品诸多方面,就其对人类生产方式、生活方式、社会结构、思想观念的影响显著性而言,大概没有任何一项可以与交通工具现代化相比。"[①]西方新式交通工具登陆中国,使中国社会的物质和精神层面都发生了重大变革。

四、对外贸易与国内居民消费趋势

内需、投资、外贸是推动经济发展的三驾马车,其中外贸是经济增长的引擎。对外贸易的发展能造成资本积累而相应地引起工业的发展,由此带来其他行业的发展与繁荣。对外贸易的变迁,也带来商品结构和市场的变化,在日益国际化过程中,贸易结构与商品结构互为因果发生变动。外贸的迅速发展,使得市场在原有的基础上不断扩大。西风东渐,对外贸易给国内居民带来新的生活方式并由此产生了新的需求。对外贸易带来了国内居民消费变动出现以往不同的新趋势。

(一)国内消费需求被迫扩大并与世界市场联系密切

对外贸易的发展带动了城乡经济的发展,而城乡经济的发展促进了国内市场的扩大,参与国际市场的范围扩大。因此,国内居民的消费需求被迫扩大并日益与国际市场联系密切。因为城乡居民的衣、食、住、行大多通过市场来购买,这就带动了农产品的商业化和城市中各种行业的兴

---

① 熊月之:《新式交通与社会变迁:以民国浙江为中心·序言》,中国社会科学出版社2007年版,第1页。

起。城市是国内外贸易的枢纽,尤其通商口岸城市更是对外贸易的桥头堡,这些城市的发展就是在商业和贸易的推动下发展起来的,而广大的乡村也在发生着变化。对外贸易的发展,市场发生性质上的变化。"原来的国内市场被迫与世界市场接轨,在近代海运和陆运工具变革的推动下,以进出口贸易为主的不等价交易成为各贸易口岸城市商品市场的主要内容,为各级市场上商品种类、商业组织形式、经营方式和理念、流通渠道和规模等带来了新的因素,促使通商贸易口岸城市商品市场性质的转变。"[1]民国以后,中国内地市场通过通商口岸为中介桥梁,与世界市场的联系越来越紧密,通过现代化的交通网络,这时的商品流通已经不限于以调剂本地市场需求和消费为主,海外的商品进入中国内地市场,而国内的商品也源源不断进入世界市场。尽管存在着不等价的交换,但这些商品的交流满足了国内外市场的消费需求。商品市场扩大和市场网络重组,在促使国内商品经济发展的同时,也促使本国的产业结构和产品的商品化程度提高,这对提高市场发展水平有很大作用。市场的丰富,为提高和改善人们的日常生活提供了良好的物质基础。

(二)洋货、土货、国货并存的商品结构,满足了不同阶层的消费需求

洋货、国货、土货是近代商品经济发展的产物,是一定历史条件下的历史范畴的概念。[2]在进口洋货的冲击下,中国国内的生产、流通和消费格局都发生了变化。海外商品进入中国,外资厂家也在中国生产商品,再加上国内民族企业的生产,这样形成了土货、国货和洋货并存、生活资料和生产资料并重,以对外贸易和埠际贸易为主的多元的商品流通结构。由此可见,对外贸易打破了中国自给自足自然经济的藩篱,建立起与国际市场相适应的半殖民性质的市场格局。多元多层次的商品市场,是在市

---

① 张利民:《市场发展与中国经济的现代化:以近代城市为例》,《理论与现代化》2006年第2期。

② 王相钦:《论洋货与国货》,中国商业史学会编《货殖:商业与市场研究》第一辑,中国财政经济出版社1995年版,第198页。

场以"看不见的手"操纵的商品供求关系推动下形成的。民国以后，中国进入世界市场由原来的消极被动变为积极主动，一方面是以工业品为主的洋货通过对外贸易渠道进入中国市场；另一方面是世界市场对中国的农副产品和资源的需求也在扩大。这样的结果是，中国不断把自己国内的原料和初级产品以及少量的工业制成品出口到国外，换取必要的外汇；但更重要的是，外国商品大量进入中国，国内复杂的消费需求都可以在对外贸易的进口商品中找到归宿。由于人民经济收入的不同，以及其他各种主客观因素的影响，在中国的市场中，出现了多层次的消费需求，不同的商品都有自己比较固定的消费群体。洋货的倾销刺激了中国的畸形消费和过度消费，当然这种不以人的意志为转移的刺激，也激发了本地近代工业的发展，形成一定的"进口替代"，这些工业商品一定程度上挽回了利益的损失。在洋货的刺激下，国内近代工业发展，国产的工业机制品成为人们消费中的另一选择，在提倡国货运动等因素影响下，国货的销售与洋货形成经济生活中的又一选择，同时，中国传统的土货并没有完全消失，尤其在乡村落后地区。国货、洋货、土货满足了不同阶层的消费需求，在市场上的份额也是此消彼长，消费者根据自己的偏好选择，多层次的市场供给结构对应的是多元化的市场消费需求。外国商品的大量输入和中国近代工业的发展引起了中国国内市场的变化，洋货与国货和土货在市场上形成竞争。这一时期的趋势主要表现为洋货扩张受限、土货不断衰落和国货有限发展。这种趋势，既是外国资本主义影响中国的结果，也是中国近代商品经济曲折发展的产物。

（三）人们的消费生活中，洋货的消费成为趋势，但这种洋货消费是选择性的

进口的西方工业制品，比国内手工制品要结实、精致，而且价格低廉。民国时期，人们对各种机制洋货有了更多的选择，这些洋货也能够满足人们不同层次的消费需要。因此在社会各阶层，南北城乡，日用洋货为广大消费者喜爱，甚至竞相购用，逐渐取代了中国旧有的土货而成为人们日常

生活的购用品。各种西方器物的传入,起到了润物细无声的作用。西方生活资料品进口在中国近代对外贸易中占重要地位。物质生活是人类得以延续的前提,衣食住行等物质层面的需求,在国内市场不能满足时,则需要对外的贸易。中外贸易的迅速发展,各地市场上外国进口的商品种类繁多,人们的衣食住行无不受到外来商品冲击,这些远涉重洋的进口商品在物质上给中国带来巨大的震撼和冲击,导致人们的衣食、日用品等生活需求发生了显著的变化。"这种洋化倾向,体现在生活中的方方面面,大到建筑式样,中到生活习俗,小到生活日用。"①在中西贸易的交流中,传统与现代、土与洋、中与西的融合越来越密切。生产资料与生活资料随着进出口商贸活动的发展而贸易量日渐增加,人们的日常生活不仅与国内市场联系密切,而且与国际市场的关联也日益密切。随着社会经济的发展,人们越来越习惯使用洋货,洋货取代一些原自产自给的日用物品,大量进入中国城乡民众的日常生活。可见,在20世纪二三十年代,中国市场已深深卷入国际市场。西方的现代物件已经全面覆盖中国人日常生活的方方面面。大量进入的西方物质带给普通百姓的也开始有了生活的乐趣并刺激着他们消费的欲望。

但是,洋货在中国的盛行并不意味着可以完全改变中国传统的消费习惯和消费习俗。虽然对外贸易让那些洋货在中国大行其道,但中国是一个落后的发展中国家,经济收入的局限以及消费习惯的惯性,使得中国的近代消费需求和习俗并没有完全西化,即便是在对外贸易最发达的通商口岸城市,人们也并不是完全消费洋货,而是量力而行,有选择地接受。在日常的衣食住行中,掺入了西化的因素,但基本的主体依然是中国元素居多。

(四)对外贸易发展改变了中国传统的消费结构

中国是个传统的农业社会,社会经济形态是自给自足的生产,其目的主要是为了满足自身的生存,这决定了它的消费也带有浓厚的自给或半

---

① 李长莉等:《中国近代社会生活史》,中国社会科学出版社2015年版,引言第11页。

自给的显著特征。中国传统社会的国民消费是一种三元消费需求的格局。"以消费主体区分,大致有贫困型、温饱型、豪奢型三种;以消费方式分,又有自给型、市场型和市场与自给混合型三种。"①无论是就消费主体还是就消费方式来看,都呈明显的金字塔结构。即大多数消费主体处于最低的消费水平。贫富差距明显,富有的阶层是一种奢侈性的消费模式,而大多数社会阶层则是一种压缩性的节俭型消费模式。对于城市和农村的社会底层来说,在其消费结构中,食物、衣服、住房和燃料等生存的资料占绝大比重,也就是大多数社会阶层是生存性消费资料比例最巨,只有少数是发展和享受型消费资料所占比例较大。

对外贸易的发展,不仅带动了中国近代工业的发展,改变中国近代的产业结构,也改变了传统的消费结构和消费习惯。对外贸易进口的持续增长,对人们的消费行为产生了重要影响,人们对进口商品的消费量与品种不断增加。传统的日用生活品正在与进口商品的竞争中失去市场,近代工业品逐渐取代传统商品成为人们消费的主流。1914—1936年期间,中国的工农业总产值、国民收入和人均国民收入三项指标都达到旧中国历史上的最高峰。②全面抗战前中国经济的不断增长和国民收入的提高,决定了国民消费呈现不断上升的变动趋势。从前面的分析我们可以看到,人们的消费种类发生各种变化,主要表现在食品、服饰衣着和灯火照明等几个方面。以食品消费为例,主要表现就是城市中富裕的华人阶层食品消费结构逐渐趋于改善,广大的农民由于部分商品的出口而收入增加,这也使得他们可以适量改变一下原来困窘的饮食结构。对于其他方面,我们也可以看到,与以往的生活状况相比,不同阶层的人消费状况也有程度不等的新变化。这种消费结构的新变化,是对外贸易带动下的中国资本主义经济和商品经济发展的客观要求和必然结果。

---

①　张东刚:《中日经济发展中的总需求比较研究:1886—1936》,生活·读书·新知三联书店2005年版,第19页。

②　王玉茹:《论两次世界大战之间中国经济的发展》,《中国经济史研究》1987年第2期。

本章小结

总之,对外贸易的发展,对中国自然经济的解体起了加速的作用。20世纪二三十年代,旧经济的优势地位已经失去,旧经济基础上的上消费结构和模式也发生变化。在这一时期,中国的近代工业、农业、商业、交通运输等产业发展,资本主义经济成分在中国的经济结构中占有越来越重要地位。经济基础的变革,促使新的消费结构、模式的转型。在对外贸易的影响下,中国传统的衣食住行等都发生了新的变化,西方的消费模式与生活对中国传统的生活造成巨大的冲击,传统的消费结构与模式首先在城镇地区变革,然后蔓延至乡村。当然,中国人消费生活模式的变革并非全盘被动接受,而是有选择地接受。在这一时期,以西式生活为导向中西兼容的消费特性表现尤其突出,在对外贸易的带动下,进口货深深嵌入日常生活,中国人的消费模式与习俗观念也复杂化,形成中西兼容、新旧并存、传统与现代相交织的特性。

第四章　对外贸易与国内居民消费习俗和消费观念

南京国民政府统治初期,对外贸易的活跃,不仅促进了中国自然经济的解体,而且刺激了中国资本主义经济的发展,中国的社会经济结构发生巨大的变迁。全面抗战前的十年,是国民政府统治比较稳定的时期,在外来资本主义经济、文化等因素的冲击下,国内居民的消费风俗与观念也在发生变化,由通商口岸城市向内地城市扩散,并蔓延到广大的乡村,一种吸收西方异质文化的新的消费风俗与观念悄然发展,并不断深化。

一、对外贸易与新的消费习俗的形成

消费习俗是指人们在日常消费生活中,由于自然的、社会的原因所形成的不同地区各具特色的消费习惯。①消费习俗最初只是一些人的专利,随着社会经济的发展,人们纷纷效仿,一些习俗被广泛接受,逐渐固定下来而形成习俗。任何消费经济活动都是依据一定的生活条件和生产条件而产生的,并受一定的经济生活条件的制约。在社会经济发展的基础上,洋货的不断进口与流行,形成一种新的商业氛围与环境,使人们的消费习俗出现了一些不同的新变化和新趋势。近代商品经济的繁荣与发展,洋货的输入带动衣食住行和娱乐等消费习尚的变化,"而这些消费品的大量生产和销售,反过来又促进了消费习尚的变革。"②国人在价值认同上的总趋势是从"中土"转向"西洋",在"崇洋"的氛围里,人们形成新的生活方式和价值追求,而这些追求又强化了消费者对洋货的消费偏好。

---

① 田晖编著:《消费经济学》,同济大学出版社2013年版,第155页。

② 乔兆红:《"一切始于世博会"博览效应与社会发展》,上海三联书店2008年版,第83页。

（一）消费结构的优化

所谓"消费结构"是指人们在消费过程中所消费的各种消费资料的组合和比例关系。在社会经济发展后，人们由原先比较单一的生存性消费需求，转为发展性的消费需求，那些富裕的阶层则追求享受性的消费需求。[①]有人曾说：近代旧中国是畸形的商品性消费、封闭的自给性消费与低水平的供给制消费同时并存。[②]但是在使用洋货这一点上，人们似乎都有共识，只是各阶层使用的多少不同而已。以洋为时尚、以洋为美成为这一时期人们消费结构中的一大亮点。商品的丰富才可以奠定消费增长的物质基础，消费需要是否能够得到满足很大程度上取决于市场商品供给的状况。中外贸易的发展，带来千姿百态的中外商品，各类新奇的洋货更使人们眼界大开，新的消费需求的满足也优化了原有的消费结构。在通商口岸城市，人们的日常消费品中洋货比例增加，人们的消费构成和消费水平超越当时的生产力水平，这在很大程度上是对外贸易产生的社会经济效应。

西方的物质文明向世人展现了其无限的魅力，国民政府时期的国人已经大致接受了来自异域的物质文明，并大行"拿来主义"。我们看1936年中国的消费需求结构，已经比1917年的消费需求结构有所变化（见表4-1）。食品消费总额从1917年的98.47亿元增长到1936年的177.40亿元，年均增长率为3.0%，衣服消费从1917年的9.00亿元增长到1936年的23.70亿元，年均增长率为5.0%；房租消费总额从1917年的10.76亿元上涨到1936年14.30亿元，年均增长率为1.4%；燃料灯火等能源消费总额从1917年的8.23亿元增加到1936年的22.40亿元，年均增长率为5.1%；杂项

---

① 恩格斯在谈到未来新的社会制度下人们的生活消费时指出："通过有计划地利用和进一步发展现有的巨大生产力，在人人都必须劳动的条件下，生活资料、享受资料、发展和表现一切体力和智力所需的资料，都将同等地、愈益充分地交归社会全体成员支配。"恩格斯这里所说的生活资料就是指生存资料。见《马克思恩格斯选集》（第一卷），人民出版社1972年版，第349页。

② 柳思维：《浅论中国近代消费模式的主要特征》，《消费经济》1991年第4期。

消费支出总额在1917年至1936年间从5.99亿元增长到42.00亿元,年均增长率为110.2%。可以看出,消费总额增加的同时,消费结构也在缓慢地变化,食品、衣服、房租和燃料灯火都有不同程度的增加,增长较快的是杂项消费总额部分。从这一时期的消费需求结构的百分比来看,1917年食品的比例为74.33%,1930年则下降为58.23%,1936年又略增到63.40%;杂项的变动情况为1917年4.52%,1930年为18.50%,1936年则为15.00%。杂项是非生活必需品、耐用品和劳务,它的比例增加则显示享受和发展资料的比重呈持续增长的趋势。食品所占比例的下降,则表明居民用于生存资料的比重呈波动下降。

表4-1 近代中国消费结构的长期变动(1917—1936) 单位:亿元,1933年币值

年份	消费需求总额	消费需求各项内容总额				
		食品	衣服	房租	燃料灯火	杂项
1917	132.45	98.47	9.00	10.76	8.23	5.99
1927—1928	224.96	132.89	15.66	25.93	19.20	31.28
1929	238.25	144.29	14.34	19.40	12.56	47.64
1930	218.33	127.14	15.24	20.33	15.24	40.38
1931	265.90	169.20	22.10	13.50	21.20	39.90
1932	273.90	176.80	21.00	13.60	21.40	41.10
1933	273.20	175.20	21.70	13.70	21.60	41.00
1934	252.90	157.80	21.40	13.90	21.90	37.90
1935	267.60	168.10	23.10	14.10	22.20	40.10
1936	279.80	177.40	23.70	14.30	22.40	42.00

资料来源:张东刚:《总需求的变动趋势与近代中国经济发展》,高等教育出版社1997年版,第2页。

"南京国民政府时期,现代物质文明的发展速度较快,主要受惠者是城市,偏远的农村、山区得益甚少,城乡的差距越拉越大。"[1]这种消费结构变化,一方面反映了在新的社会环境下,中国传统消费结构变化的不可逆转性;另一方面,消费习俗的形成是一个漫长的过程,它是潜移默化地

---

① 严昌洪:《社会转型与风尚演变:民国社会风俗变革的若干特点》,见张宪文主编《民国研究》第2辑,南京大学出版社1996年版,第197页。

进入人们的社会生活,在实践中通过一种无形的力量约束而形成的且因地域不同而各异的一种社会风俗。消费习俗具有长期性、社会性、地域性和非强制性的特点。[1]中国消费结构的转变,不仅受到社会经济发展水平的限制,也同时受到人们传统消费观念的影响,转变是一个长期的过程。

(二)商品性消费增加的趋势

在这一时期,中国的商品流通更加活跃,呈现双向式、多层次的商品流通新趋势。中国传统社会商品流通是一种单向式流通,主要是农产品流向城市和乡镇,商品的流通量非常有限,只是自然经济范围内的余缺调剂。到了近代,这种流通方式有了改变。海外商品的输入,带动城乡商品的双向流动。一方面是国外商品和国内工业品的流向乡镇,然后进入村野,外来商品在那些农村的日常经济生活中所占的比重增长,"新需求与新供给的确立与增长,促使商品不间断地由口岸向内地流动";[2]另一方面,农村的商品化率也不断提高,农民除了留少量的农产品自用外,大多开始向市场销售。1936年中国国内市场的商品值共为168.07亿元(法币),其中农产品占44.8%,手工业品占26.1%,近代工业和矿冶业产品占19.8%,其中进口商品占9.3%。[3]农民出卖农产品,然后有了现金收入支配,可以购买一定数量的工业制品,甚至洋货。据20世纪30年代调查,衣着方面,自"洋货输入,而洋布遂充斥乡间,至生活稍裕,或出外佣丁者,则以丝织品为服装,亦数见不鲜"。[4]在这一时期,农民的农副产品的价格波动影响到购买力,农民的购买力随市场的波动而变化。王方中的研究表明:"仅从1930年至1936年进出口物价间的巨大剪刀差使我国在进出

---

① 徐萍主编:《消费心理学教程》,上海财经大学出版社2015年版,第150页。
② 庄维民:《近代山东市场经济的变迁》,中华书局2000年版,第186页。
③ 许涤新、吴承明主编:《中国资本主义发展史》第三卷,人民出版社1993年版,第667—668页。
④ 中国经济统计研究所编:《吴兴农村经济》,中国经济统计研究所1939年版,第129页。

口总值中所受损失将近50亿元。"①农产品的贸易出口情况与农民收入和购买力是正相关的。1929—1936年全国农产物输出贸易指数1929年为109.10,1930年为100.00,1931年为101.61,1932年为62.99,1933年为46.03,1934年为42.90,1935年为52.29,1936年为50.39,中国的贸易输出指数是不断下降的。②中国农民出口的减少,农产品价格的降低,影响到其收入的减少,农民的购买能力大幅度下降。所谓"农产购买力",就是以农用品价格指数平均所得的总指数,除以农产品价格指数平均所得的指数。据张培刚的计算,全国农产购买力如果以1931年为100,则1932年为96.3,1933年为88.7,1934年为83.6,这个指数也是呈下降趋势。③这时的商品主要流向是:"工业品从沿海通商都市流向内地;农产品和农副业加工品由内地流向沿海通商都市。"④这种商品的流向,很明显不同于传统的单向流动。在中外贸易的带动下,中国的近代工商业发展,中国近代的商品经济也不断丰富与活跃。在1927—1936年期间,是近代中国历史上经济发展的一个较好的时期,人们的收入水平提高,消费需求才可能扩大。按1933年币值计算,1927—1936年间中国人均国民消费需求额呈逐步上升态势,1927—1928年为人均消费需求额为49.79元,1932年为最高,达到56.01元,1936年时人均消费需求额则达到54.79元。⑤

从宏观上看,城市中的那些高档的消费品和许多日常消费品大多是进口商品,在对外贸易和西方消费方式的影响下,人们的消费构成和水平随着洋货的增加而提高,这超越了中国生产力发展能提供的生活水平。中外贸易额大幅增长,西方商品渗透到中国城市居民生活的方方面面,也

---

① 王方中:《本世纪30年代初期地方进出口贸易严重入超的情况、原因和后果》,丁日初主编《近代中国》第1辑,上海社会科学院1991年版。

②《中国农产品输出贸易指数表》(1925～1936年),《社会经济月报》,1937年第4卷第7期,第68页。

③ 张培刚:《我国农民生活程度的低落》,《东方杂志》第34卷第1号,1937年1月。

④ 朱荫贵:《辛亥革命与近代中国市场经济的发展》,《学术月刊》2012年第7期。

⑤ 张东刚:《中日经济发展的总需求比较研究1886—1936》,生活·读书·新知三联书店2005年版,第23页。

进入很多乡村,这些商品的畅销,为人们生活水平的提升提供了较多的选择。国民大众平均购买力的提高和国内对进口洋货需求的扩大,促使国内市场经济发展。随着进口商品结构的变化,国内民族工业发展,很多行业出现进口替代,如橡胶业、毛纺织业、水泥业、电灯制造业、化妆品、化工原料业、无线电业、电机制造业、铅笔钢笔制造业等。后发展国家发展本国工业一般采取"进口替代"战略,这种发展战略的工业虽然可以规避从自然经济条件下开拓商品市场的成本负担,但是,"它要承受已经占领市场的进口洋货的巨大竞争压力。"①

(三)衣食住行中西化影响

西风东渐,对人们影响最大的就是西方物质生活的冲击。对于这种影响,从晚清的上海就开始,李长莉曾这样描述"在物质生活方面,随着洋器洋货大量输入,人们生活的市场化,洋货进入人们的生活",这些西方输入的食物、用物、玩好等日用洋货,"受到人们的青睐,人们或为了新奇,或为了炫耀,或为了方便利用,或作为馈赠礼品而购买使用,特别是一些物美价廉的生活日用洋货,更引起人们的争相购用,成为人们的日用品,人们也以购用洋货为时尚,形成了洋货流行之风。"②洋货消费日渐普及,中国近代生活方式西化倾向明显。但是这种西化并不是全盘西化,也不是中国传统的生活方式尽变,而是中西生活方式的冲突与交融,西方生活方式渗入中国传统生活方式。这种渗入的过程是一个经历着充满主动性因素的积极的自我调整和再造过程,新的生活方式和习俗中西夹杂,具有过渡性的特征。

不仅仅衣食住行等西化倾向明显,西方的精神生活方式也为中国人所接受。西方文明带来的不仅有物质与器物层面上的东西,也有精神生活方式上的变化。器物等表层文化直接和人们的生活消费相关,所以直

① 沈祖炜:《近代中国企业:制度和发展》,上海社会科学院出版社1999年版,第316页。
② 李长莉:《以上海为例看晚清时期社会生活方式及观念的变迁》,《史学月刊》2005年第5期。

观性强,但精神层面的演变、思想观念的变迁则要明显滞后于生活方式的演变。赛马、网球、足球、西方戏剧、公园和音乐会等体育、艺术生活方式成为人们休闲娱乐的选择是经历了一个漫长的过程。这些文体娱乐与休闲方式,改变了中国人以茶馆、戏院、庙会为主的传统休闲方式,一些习惯于早睡早起的中国人逐渐开始迷恋了西方式的夜生活。此外,西方物质文明和精神文明的流入与传播,带动中国城市新的用语出现并流行开来,城市用语体系发生巨变。①

二、对外贸易与新的消费观念的建构

对外贸易的交流,则对人们的消费方式冲击力很大,西方国家的消费观念也伴随着洋货带来示范效应,国人追逐摩登成为新时尚,消费等级观念的破除与消费的平民化、大众化。除了上述的重要转变外,在经济生活中,重商观念的强化,近代工商观念和市场意识等也有了新的变化。

(一)崇洋消费与讲求虚荣

在国民政府统治时期,中国对外贸易交流的活跃,带来的是洋货进口的普及与崇洋消费风气的盛行。国民政府关税自主后,对进口洋货的管理日趋规范化。但是由于中国的半殖民地特点以及近代工业发展的落后,很多现代工业品仍需要从世界主要资本主义国家输入。在海关每年的进口洋货中,生活消费品和奢侈品占有比较大的比重。新奇而质优的进口货受到人们的青睐,经营洋货的商店越来越多了,口岸城市到一般城镇,甚至集镇,洋货店中的商品琳琅满目。形形色色的西方现代工业制品,持续不断地传入中国。"照相机、留声机、收音机、录音机、电视机,新器物层出不穷,全面、广泛而深刻地改变了人们的生产方式与生活方式。这些新的器物构成了现代化、城市化的重要元素和零件。"②各阶层从洋货

---

① 邵建:《新生活·新观念·新名词:以近代上海城市用语变迁为考察线索》,《学术月刊》2011年第6期。

② 熊月之:《千江集》,上海人民出版社2011年版,第230页。

的消费中得到不同的物质与心理的满足。"洋货往往质量上乘、价格昂贵和样式新潮,恰好迎合了中上层社会炫耀性消费的强烈需求,从而成为一种熊彼特所谓的'地位性商品'。"①地位尊崇、财力雄厚的上层社会人士,他们消费洋货奢侈品是为了获得物质享受与精神愉悦。社会上层是洋货消费的引领者和主导者,社会下层则势必仿效之,但他们财力无法与那些上层人士相比拟,于是就选用价廉物美的洋货。崇洋消费之示范效应,带动社会的洋货消费习惯。整个社会的崇洋心理,"衣非'洋'不美,食非'洋'不足,居非'洋'不成,行非'洋'不速。"②叫起人来,满口"密斯忒""密斯";"吃食水果,也要吃外国货;生病吃药,也要购外国药;连断了气直了脚,也要一口外国的玻璃棺材,才觉心满意足。"③崇洋之风的盛行,有钱之人争相购买舶来品,洋商品大行其道,使用洋货成为革新、进步的标志。就消费资料和消费结构而言,西方商品几乎渗入了中国日常生活的各个方面,这些进口商品的不断渗透,为崇洋提供了物质基础。

近代崇洋风气与近代西方物质文明的传播是互为表里,轨迹相同的。五光十色的洋货背后其实是西方近代文明的传播,这对习惯了农耕文明的国人来说是一种前所未有的刺激,人们追求、模仿,形成超越现实生产方式变革的崇洋社会风气。④这种风气使社会生活甚至出现"惟洋是采""以洋为荣"和超前消费的奢靡之风,实际上是一种病态的社会心态。民国时期,社会等级较低的人希望通过模仿较高阶层的生活方式和日常行为,来获取他人对自己身份的认同。也就是说,经济的不断发展,使得人们的生活水平提高,人们在消费过程中,不仅是要得到商品的使用价值,而且需要通过其附属价值来满足消费者的虚荣心理。这种讲求虚荣的攀比心理在城市尤其泛滥,这种行为助长了消费者购买洋货的风气。正如

---

① 周石峰:《阶层、性别与空间:民国时期崇洋消费文化的生成与传播》,《贵州社会科学》2013年第10期。

② 颜波光:《妇女应永远负服用国货的责任》,《申报》1934年12月27日。

③ 郁慕侠:《上海鳞爪》,上海书店出版社1998年版,第57页。

④ 陈振江:《通商口岸与近代文明的传播》,《近代史研究》1991年第1期。

时人评论的："少数有钱的人,尽量地从事于奢侈生活的竞争,其结果便有形无形间提高了一般生活费的水准。"①

(二)国货消费意识与经济民族主义

对外贸易发展中,国民的国货消费意识增强。"国货"意识蕴含特殊的爱国情怀,是反帝爱国运动的消费行为。在国民政府时期,为抵制外货,提倡国货,政府与民众采取了一系列的行动。

首先就民众层面来说,通过设立国货年和开展国货展览会,养成人们消费国货的习惯和增强国货消费意识。凯恩斯主义认为,消费促进了经济增长,国货的消费是促进民族经济发展的重要动力。基于恢复社会经济的需要,中国民族资产阶级为发展工业、提倡国货为宗旨,开展了轰轰烈烈的国货运动,广大下层民众也积极配合。"提倡国货近来也成了时髦。国货的展览,国货陈列馆及国货商场的设立,宣誓不买仇货等现象都表示国货运动的前进。"②提倡国货运动,在一定程度上取得了部分效果。尤其是1931年之后,全国掀起抵制日货、提倡国货运动的高潮。为了鼓励人们消费国货,有人提议对商品进行分类,并根据其与本国产业发展的关系及奢侈程度确定不同税率,"限制一切奢侈消费或妨碍本国产业发展之商品输入。"③仍以上海为例,在30年代初以后,永安、先施、新新三大公司经营的国货比重已逐步超过了50%以上,而在这以前,这些公司的经营洋货的比重为70%~80%,国货仅仅占20%~30%左右。④正是由于上下层面的共同努力,国货的消费有所增加,中国的民族工商业也相应发展。在这一时期,国货消费被看成爱国的表现,消费洋货则是一种堕落的表现。时人对不消费国货醉心洋货的现象抨击道:"国人受资本主义之流

---

① 李剑华:《奢侈生活之社会学的观察》,《社会学刊》第2卷第4期(1931年7月)。
② 蒋廷黻著,傅国涌编:《蒋廷黻文》,华龄出版社2011年版,第33页。
③ 《奢侈消费之扩大及其救济》,载《经济旬刊》第2卷第17—18期(1934年6月21日)。
④ 上海百货公司等:《上海近代百货商业史》,上海社会科学院出版社1988年版,第145页。

毒,醉心洋化,发展物欲,以奢靡相竞尚。"①国货的消费政治化,消费国货不仅仅是一种消费行为,而是涉及国家与民族大义,消费国货被贴上了就是爱国的标签。由于把消费国货说成爱国的行为,并和挽救民族危机等社会高尚行为联系起来,"这就把爱国主义从抽象的道德层面疏导到具体的行动层面。"②在这里,爱国主义已经被世俗化到普通民众的消费中,民众把爱国主义体现在他们的日常生活中。

经济民族主义的理性化。这一时期,中国近代的经济民族主义从非理性向理性过渡。理性经济民族主义对待中外贸易的冲突,是在保持本国经济利益最大化的同时,采取扬弃的态度,在加强本国经济发展和对外贸易出口的同时,并不盲目抵制外来商品的销售,最大限度地利用国际贸易的稳定发展促进本民族经济发展和保持本国国民的自尊与荣誉。而非理性经济民族主义又可称为狭隘的经济民族主义。"它对国际贸易中产生的任何对本国产业发展不利的因素均持片面保守、盲目排斥的态度。"③在对外贸易的不平等交流中,中国国内一方面兴起的是理性的实业救国的热潮,民族资本主义经济快速发展,国家官僚资本也加强了各方面建设,以生产本国产品,减少外国洋货的大量倾销;另一方面,也有一些不理性的言行,有的甚至提出中断国际贸易的往来,以挽回中国利权的损失。历次抵制洋货运动的成效不显著,带给国人的思考也越来越理性化。中国近代的经济民族主义是由非理性向理性不断加强的。对于那些实业家来说,应该尽最大努力促进工业与制造业的发展,"通过改良国货,增强竞争力,以达到挽回利源目的的做法,则完全是理性化民族主义的表现。"④在中国近代经济民族主义发展中,提倡国货与抵制洋货是相伴而行的。抵制洋货是一种直接的经济行为,提倡国货则是为达到抵制洋货的一种

---

① 《崇俭去奢》,载《京沪沪杭甬铁路日刊》1934年10月第1091—1116号。

② 王儒年:《欲望的想像:1920—1930年代〈申报〉广告的文化史研究》,上海人民出版社2007年版,第307页。

③ 谢金森主编:《社会实践与思考》,北京理工大学出版社2006年版,第233页。

④ 参见虞和平:《资产阶级与中国近代经济及社会》,中华工商联合出版社2015年版,第16—18页。

间接的抵制行为,在国民政府时期,提倡国货的各种宣传、展览、活动,这些行为方式反映了统治上层和民众的理性化的民族主义观念和行为过程。

(三)早熟消费与享乐主义

这一时期人们的消费水平,主要受对外贸易中进口洋货和西方消费方式的影响很大,显然有消费早熟的倾向。波德里亚认为,现代社会已经从物的消费过渡到符号消费。消费也不再是对物的占有和消耗,而是指向符号的消费。在20世纪二三十年代,物质作为一种日常生活的必需品而被消费,人们早已把追求物质享受作为天经地义的、唯一的生活目的。"商品的消费同时也是商品符号意义的消费。"①在这一时期,对那些城市的中上社会阶层,乡村的地主富豪来说,消费已经超越原来的那种价值理念,即物质的消费仅仅是个人的物质享受,而是更侧重于是一种实现自我价值的手段。当部分居民消费能力提高时,会刺激进口日用品商业的发展,以满足较高层次消费需求。消费主义是工业文明的典型模式,这一时期的中国也出现对物质的无限占有的欲望,并不是中国的生产力极大发展的结果,而是在比较薄弱的工业经济基础上人们超越时代的一种消费。因此,是一种早熟的消费,过度的消费影响了国内的投资,这种早熟的消费对中国经济社会的发展是存在消极作用的。

在国民政府统治时期,中上社会阶层的炫耀性消费现象突出。首次提出炫耀性消费这一概念的是美国经济学家凡勃伦,他在专著《有闲阶级论》中认为,消费者对一种商品的需求程度因其标价较高而增加,即富人们常常通过炫耀性消费来显示其拥有较多的财富以及较高的地位。②炫耀性的消费可以实现两重目的,一方面是达到了物质上的享受,满足了生理需求,同时也实现了精神的享受,满足自己的攀比性心理需求,得到了趋时的虚娇心态。在半殖民地的中国,这种经济繁荣是虚假的繁荣,社会

---

① 周长城主编:《现代经济社会学》,武汉大学出版社2003年版,第74页。
② 参见凡勃伦:《有闲阶级论》,商务印书馆1964年版,第67页。

财富的增长也不是自主的增长,而是一种病态经济繁荣下的超前消费和过度奢靡,其消极作用也是不容忽视的。

在20世纪二三十年代,西方消费主义的思潮伴随着外来的物质产品和文化产品的渗透,在国内市民中开始逐渐出现了一种消费主义生活方式。在一些中西交汇的通商口岸城市,尤其是上海,成为人们追求新奇、时髦、摩登和领先时代潮流的地方,各种西方的精神享乐都可以找到。潜移默化中,那些富贵的社会阶层养成了一种乐观主义的消费心态。可见,消费主义是近代工业文明的典型模式,在物化环境达到较高水平后,人们就会注重精神的追求,从而改变旧有的生活观与价值观。商品在炫耀性消费中成了地位、财富、生活方式和生活品位的象征,其符号价值被凸显为最重要的东西.而其物理属性即其功用价值被忽视掉了。在国民政府时期,面对日渐盛行的奢靡与享乐,虽然大众媒体批评,有识之士谴责,政府也力图通过行政手段改变这种不良的趋势,但人们内心的禁欲主义一旦解放,就很难再返回原来的状况。

(四)开放意识与求新慕异

在对外贸易发展的影响下,人们开始公然逐利,"长期的对外贸易使逐利思想在人们的社会生活中越来越占支配地位。"在接受和崇尚进口各种洋货的过程中,西方的生活方式和价值观念不断影响着中国人的社会生活,人们的思想观念和价值观念不断更新,新的社会阶层产生,人们的开放意识和接受新事物能力不断增强。重义轻利、重农抑商、黜奢崇俭是中国经济思想中严重束缚人们的才智发展的三大障碍,对外贸易发展以后,逐利、重商与高消费的流行,反映出对外贸易对人们消费观念的巨大影响。

洋货的输入,让求新成为一种可能。民国建立以后,消费领域中的等级制度越来越淡化,传统的等级消费制度退出历史的舞台。传统的消费模式中并没有对那些洋货的消费进行等级规定,因此人们可以根据自己的财力,追求物质的消费与享乐。全国各地的消费习俗等在欧风美雨的冲击下发生前所未有的大变化,洋货成了时髦,人们争相效仿,中国居民在消费上求新慕异,追求平等。"普通民众的趋新常以物质生活方式的变化为特征。其影响常常来自西方衣食器物,变化发生在潜移默化之间。"①以服饰为例,在民国之前,人们在服饰上只能循规蹈矩,不敢求新从鲜。辛亥革命以后,这些陈规陋矩不再为人遵从,人们的思想解放,对服饰的追求转向多样性和新奇的个性,人们以新奇独特为时尚,不仅色彩艳丽,款式复杂,而且装饰新颖,用料考究。尤其国民政府统治时期,对外贸易活跃,各式西洋衣料都可以在市场上买到,对于那些中上社会阶层人士来说,更是把服饰的标新立异当作身份的象征,穿衣可以随心所欲。原来那种等级森严被压抑的服饰消费,被感性的冲动所代替,人们的生活在洋布衣料的装扮下显得生动活泼,色彩多样。因此,洋货的新奇特点,满足了人们在对美的追求被压抑后获得解放的这种心理。在这个时期,原来消费物质需要符合伦理道德的要求,被崇尚个性与自由的自主要求所取代。因此,在国民政府时期,中国传统的维持生存的单一消费,变为多元的追求个性解放的多元消费,中西模式消费交融,西方的现代消费观为人们普遍接受。

在那些得风气之先的大城市,消费的西化现象更突出新奇。20世纪30年代的上海被誉为"西面的纽约"或"东方的巴黎"。西方的服饰、饮食、器物源源不断进入上海,奢华之风也日渐炽盛,物美价廉的洋货占领了中国的市场,人们消费习惯改变,消费观念也不断变化。西方的各式现代化的商品都可以输入上海,大到汽车、自行车、电话、打字机、化妆品、无线电收音机、留声机、电灯、电扇、洋房,小到沙发、雪茄、香水、高跟鞋,日常的生活用品也应有尽有,美容厅、回力球馆、法兰绒套装、巴黎夏装、日本和瑞士表、啤酒和苏打水,可以称得上是西方商品在中国的展示中心,即"几乎世界上所有的时髦消费品都能在上海市场上觅得"。②新奇洋货

---

① 孙燕京:《略论晚清北京社会风尚的变化及其特点》,《北京社会科学》2003年第4期。
② 陈惠芬等:《现代性的姿容:性别视角下的上海都市文化》,南开大学出版社2013年版,第165页。

的进口,迅速改造着上海社会的消费习俗,民国时期的上海海派消费文化更加成熟,"求新、求异的消费时尚,既是对外贸易发展的结果,又为进口商品准备了更广阔的市场。"①随着各种各样洋货的大量输入,城市居民的消费倾向越来越趋于新奇,这时居民的消费需求,已经不再是满足于基本的生活需求,而是向更高层次的消费需求发展,人们从以前的购买价廉质劣商品转向购买价贵质优的进口商品。

洋货带来的崇洋趋新社会风尚,为思想变化和价值观念的变更奠定了社会心理基础。洋货的技术含量高,品质优,更新也快,因此对那些有余资的人来说,可以在衣食住行等方面追求时髦和力求时尚。"衣食住行的崇洋趋新虽然只是风尚变化的外在形式,然而对大众心理和社会心态却产生不小的影响。"②洋货消费多了,人们越来越认可洋货的优势,认知外国的先进,进而激发引进学习西学的思想。这种社会趋新的风尚,是中国社会更加开放的一种必然,为人们的思想变化和价值观念的更新奠定了良好的社会心理基础。大量充斥的现代商品使中国人的生活方式与消费观念也在逐渐发生改变。总体来说,这一时期消费生活打破了原有的封建等级制的限制,现代的物质文明得以充分体现,进一步实现世俗化、大众化、平民化。20世纪二三十年代,随着工业文明的发展,中国的物化环境已经达到一个新的水准,中国人的生活方式发生新变化,与此相对应,生活观与价值观,消费心理与消费性格等也有所变化。

(五)消费等级观念的破除

消费观念的变化引发了以往旧的等级观念的更新。民国以后,近代工商贸易更加发展,消费大众化和世俗化趋势明显,传统的消费等级观念也被打破。"封建社会的生活消费是等级化的,国家用法律制度来固定物质消费的等差,衣食住行的消费首先是法律问题、意识形态问题。在极小

---

① 孙玉琴:《中国对外贸易史》(第2册),对外经济贸易出版社2004年版,第141页。
② 孙燕京:《略论晚清北京社会风尚的变化及其特点》,《北京社会科学》2003年第4期。

的意义上才是个人兴趣和经济支付能力的问题。"①以前社会政治地位决定物质消费品的等级，而现在消费主要凭借经济实力，只要有足够的收入来源，就可以随心所欲地购买自己喜欢的消费品，尤其是那些代表西方文明的进口高档品。在新的环境下，民国时期消费观念的变化影响到人们衣食住行等各个方面，随之而来的是人们在日常生活中衣食住行的复杂化、多样化和个性化。"对社会消费的一切政治限制都被打破了，唯一的限制就是钱。"②在拜金主义的商业社会里，消费生活的严格规定被打破，与近代工商贸易的发展观念相适应，日常生活的物质带来的关于"新"的体验影响到生活的各个方面，消费生活进一步走向大众化、平民化。人们只要有钱就可以铺张浪费，而且在"自由"的时代"也无人加以梗阻"。③

20世纪二三十年代，中国居民的衣食住行从等级化向普遍化、从制度化向时尚化，中西消费品杂陈，饮食风俗、服饰风俗、居住风俗、交通行旅风俗越来越复杂。在外来因素的冲击下，等级化对人们的精神禁锢逐渐被化解，原来被制度和意识形态禁锢的衣食住行越来越自由化。"社会中下层对中上层消费示范的模仿与僭越，导致崇洋消费突破社会区隔而实现阶层之间的传播。"④在对中国传统消费观念的否定中，人们对金钱的追求，对利的偏重，崇洋黜俭，这些思想意识的出现，表明伴随着物质消费的变化，消费理念也在变化与重构。货币财富的多寡决定生活方式的富裕程度。重利、唯利成为社会各阶层的价值取向。"在都市化社会，政治上的等级观念逐渐淡泊，生活上的贫富等差渐次引起人们的重视。"⑤正是这种新的社会心态的形成，使千百年来的重农抑商观念受到前所未有的冲击，经营工商业成为社会上的体面职业。"这种重构对于中国近代消费观来说是一次深刻的革命，对近代消费观的形成具有划时代的

① 中华文化通志编委会编：《中华文化通志》90，上海人民出版社2010年版，第127页。

② 乐正：《近代上海人心态（1860—1910）》，上海人民出版社1991年版，第101页。

③ 老宣：《奢侈》，《新生活周刊》1935年第1卷第70期。

④ 周石峰：《阶层、性别与空间：民国时期崇洋消费文化的生成与传播》，《贵州社会科学》2013年第10期。

⑤ 皮明庥主编：《武汉通史》中华民国下，武汉出版社2008年版，第370页。

意义。"①

本章小结

对外贸易是推动中国的消费生活方式的一个重要动力。中国的出口贸易是把本国的农业产品和手工业商品输出到国外市场，而影响最大的则是进口的贸易。在商品互通有无与交流的同时，西方近代工业文明的传播和欧风美雨的阵阵袭来，中国千百年来传统的中国社会生活不断受到冲击与挑战，新的消费风俗与观念在变革中传播。通商口岸是消费生活方式变革的前哨，与人们日常生活密切相关的衣、食、住、行等的变革与增新最为突出。随之带来的就是深层次的变化，即人们在中西贸易的交流中，吸收、借鉴西方的生活方式与消费观念等，有选择地加以吸纳，舶来的近代文明以其变幻莫测的魔术日渐渗透到千家万户，中国传统的消费生活方式扬弃地变革。在半殖民地半封建社会的形态下，虽然对外贸易带给中国的并不是完全平等有利的变化，但它也给中国的很多方面带来发展与进步，在一定程度上推动了中国的近代化进程。

---

① 黄娟：《崇奢除俭思想与近代消费观的重构》，《西南大学学报》2007年第5期。

结论：中国近代对外贸易与国内居民消费生活的转型

对外贸易是中国近代社会经济变迁的先导。中国近代对外贸易交流的加快，推动了中西之间的物质交流与发展。在传统与现代、中方与西方的较量与融合中，中国的消费生活方式越来越具有现代化的趋向。

一、中外贸易交流与中国近代社会经济的转型

在对外贸易的影响下，中国加快了从农业文明社会向工业文明社会的过渡，各种制度的变迁带来的是中国社会经济的转型。中外贸易往来，提供了国与国之间、生产方式与生产方式之间横向比较的机会，也为中国社会经济的近代化提供了重要契机。

近代对外贸易是商品经济条件下生产社会化发展的必然结果。就一般规律来看，在资本主义生产方式占统治地位的条件下，对外贸易扩大了国际市场的需求，但也加速了资本对小生产者的剥夺过程。"中国近代市场的扩大首先表现为对外贸易的扩大。"[1]中国近代的工业化与市场化，主要是围绕商业贸易行业发展起来的。大量事实说明，国际贸易的发展直接或间接推动了国内商品流通量的增长。商品贸易包括对内贸易和对外贸易两个方面，而其中对外贸易的发展最为迅猛。贸易业的发展，带动了相关产业的发展，比如金融业、航运业、报关业、交通运输业、保险业、通讯业、出口加工业等，"并以此为中心衍生了一大批新式商业机构和大量的从业人员。"[2]对外贸易的迅速扩大，不仅有利于中国近代贸易的转型，

---

[1] 刘佛丁、王玉茹：《中国近代的市场发育与经济增长》，高等教育出版社1996年版，第58页。
[2] 张宪文、张玉法主编：《中华民国专题史》第九卷，南京大学出版社2015年版，第404页。

促进传统市场向近代市场过渡，也成为近代中国社会经济发展的重要推动力之一。正如一位西方研究者指出的："外国人在对外贸易和直接投资两个方面，显然对中国国内经济作出了积极而又直接的贡献"，"不管进出口比价或者同外国的贷款和投资联系在一起的不公平待遇和特权如何，中国经济获得了重大的贸易收入和一大批生产资料和技术转让。这种物资和技术转让，没有外国经济部门的存在是不可能的，它们无疑是外国人对中国经济发展所作的最大贡献。"①这种西方中心论的观点是存在偏差的，但也必须承认，近代国门开放，对外贸易的兴盛，是中国近代经济繁荣的根本原因。②因此，近代对外贸易发展，在总体上是有利于中国近代社会经济发展的。

社会转型是一种社会从量变到质变，涉及政治、经济、文化、社会等全方位变迁的过程。"其实质是传统体制获取现代功能，从一种稳定状态过渡到另一种稳定状态，使传统获得现代性的变迁过程。"③因此，中国对外贸易的进出口，是近代中国经济与社会转型的重要视角，透过这窗口，不仅可以透视中西物质的交流，也可以深入揭示中西文化与风俗的交融与冲突。在不断加快的中国近代对外贸易交流中，反映的是中国经济从以自然经济为主向资本主义商品经济过渡，从传统农业社会向现代工业社会演化的过程，以中外贸易的交往为桥梁和纽带，中国被纳入世界资本主义近代化的进程之内。这种经济结构的变迁，也带来政治与社会及思想文化等的深刻变化，在这种转型过程中，传统性不断消解，而现代性不断生成。

在传统社会向近代社会转型的过程中，经历了从器物层面到制度层面然后到思想文化、风俗等方面的递进过程。民国时期，人们对进出口贸

---

① [美]邓伯格：《1840—1949年外国人在中国经济发展中的作用》，载张仲礼主编《中国近代经济史论著选译》，上海社会科学院出版社1987年版，第48页。

② 提出这类观点的有：李国祁：《中国现代化的区域研究：闽浙台地区(1860—1916)》，台湾"中央研究院"近代史研究所1982年版；丁日初、沈祖炜：《对外贸易同中国经济近代化的关系(1843—1936)》，《近代史研究》1987年第6期。

③ 陈国庆主编：《中国近代社会转型研究》，社会科学文献出版社2005年版，第1页。

易已经有了更加客观理性的认识,即认识到作为国内外市场之间的商业行为,难免有其利弊两面。消费者对西方商品的态度已经由最初的激烈拒绝和怀疑转变为全面接受和积极消费。域外各种机制品的进口带来的最直接的影响就是物质生活的变化,"衣、食、住、行是社会生活中最重要的内容,也是反映社会变革最为敏感的领域。"①中外贸易的发展,给人们的日常生活带来便利。

二、中西贸易交流下国内居民消费转型的基本特点

在世界经济贸易体系的影响下,中国的市场与世界市场的联系越来越密切。消费需求在社会经济的影响下发生着变化,消费模式的改变又推动了人们的消费观念的变革。下面简要论述下中国近代消费转型的几个基本特征。

(一)消费转型动力外主内辅

中外贸易的互动是启动中国近代居民消费转型的重要外力之一,进口贸易要比出口贸易的作用更大。进口商品既是西方物质文明的主要载体,也同时把西方的社会风俗等带入中国。洋货的进口,直接使传统消费模式的经济基础瓦解,产生了适应近代消费模式的新的社会经济基础。"市场发达的程度与一个地区经济发展的程度是成正比的。"②中国的消费区域可以分为大中城市、市镇和村三级类型。对外贸易发展过程中,这三个区域因为自然条件等的不同,得风气之先的是那些通商口岸城市和大城市,那里的居民收入水平较高,经济也比较发展,最先享受到进口贸易的实惠,他们的消费结构也更趋于合理,消费转型的动力也比较足。

就出口贸易来说,中国是被动卷入国际市场,市场的扩大,促进了农村地区的发展,而这主要是受益于出口贸易的扩大。当然,"进口贸易打

---

① 周俊旗主编:《民国天津社会生活史》,天津社会科学院出版社2002年版,第72页。
② 刘佛丁主编:《中国近代经济发展史》,高等教育出版社1999年版,第281页。

破了中国农村长期的低收入水平的经济均衡,扩大了市场上的有效需求。"①不同地区的不同类型的农户与市场的关系不尽相同,中国农产品被卷入世界资本主义的市场中,中国的许多农产品就是国际市场的特定货。尽管受到不等价交换和国际市场的剥削,但出口贸易的发展还是对中国的广大农村起了推动的作用,而且越是和国际市场联系密切的地方,其经济发展水平也明显高于落后地区,那里的居民的消费水平和结构也就更优于其他地区。

总体来讲,中国的消费转型的动力主要是来自外力,进口贸易的发展,促使中国社会经济变迁,居民的消费结构等也发生变化。但这并不意味着是一种简单的冲击—回应模式,中国的消费转型是有选择的,内部自身的各种因素推动或制约着这种消费的转型。就消费转型的动力源来看,呈现外主内辅的鲜明特点。

(二)消费方式转型的不平衡性

这种消费方式转型的不平衡性不仅表现为世界范围的西风东渐,而且就中国内部来讲,也表现为地域不平衡与城乡不平衡。从全球范围内来讲,在资本主义的经济浪潮的冲击下,资本主义的工业文明冲击中国的农耕文明。对外贸易包括进口贸易与出口贸易,进口商品满足国内市场需求,带来西方的物质文明和生活方式、观念;出口商品满足国外市场需求,把本国的物质文明与生活方式、观念带到海外。西方先进的工业文明,对古老的中国产生了巨大影响,不论物质消费,精神娱乐乃至消费观念、习俗,都发生了不同程度的变化。而近代中国出口的商品对西方国家的影响无论哪个方面来讲都是微弱的,农业文明的生活方式、生活观念等是不太可能影响比自己先进的工业文明的国度的。

在消费方式转型上,不平衡性的存在是一个值得注意的特点。这种不平衡性表现在两个方面:一方面是东南沿海地区的消费转型要比中西

---

① 刘佛丁主编:《中国近代经济发展史》,高等教育出版社1999年版,第281页。

部地区的消费转型更快一些,也更西化些。这些地区得风气之先,西方文明进入的早,无论物质生活还是消费观念都比内地的反应要快;另一方面则是城市的消费转型要比乡村的消费习俗更西化些。由于交通的便利,信息传播等的优势,城市的生活方式与消费理念要比乡村的快。"近代中国农村与城市社会的转型是从南向北、从东向西,社会转型的程度也随之呈现出递减的趋势。"①消费转型的不平衡还体现在消费群体的不平衡性上,中高收入的群体消费转型的幅度要大于低收入的消费群体,高知识的社会阶层消费转型的力度要高于那些文化水平低或没有文化水平的阶层。

中国消费转型的不平衡性是由中国的国情决定的。中国的半殖民地半封建社会地位,决定了中国消费转型的被动性,只能更多地接受西化的影响。中国地域发展的不平衡性、中国社会群体的分层,决定了在消费物质生活与精神生活中有不同的差异。

(三)中西消费风俗与观念的冲突与融合

中西贸易的交流中,西方国家的贸易居于主导的强势地位,中西消费风俗与观念是冲突与融合两种趋势并存。中外贸易的日渐活跃,伴随着的是中西消费风俗与观念的冲突与融合,改造与适应的并存。西方的消费风俗与观念是与资本主义的生产方式相适应的,而中国消费风俗与观念则与封建的生产方式相联系。这样两种不同价值体系的消费风俗与观念,使近代中国人变革社会风俗的参照系有了选择。对外贸易的交流是不平等的,西方生活方式对中国近代生活方式的转变的影响也是强势的。这种代表工业文明的西方生活方式,从中国的通商口岸城市到内地城市再到乡镇,冲击着中国数千年来的小农生活模式。它在显示自己优越性的同时,也不可避免地遭到中国人有意识的抵制或抵触,先进与落后、文明与粗鄙、强势与弱势、新鲜与陈旧,这些矛盾相互缠绕,使得中国近代消

---

① 陈国庆主编:《中国近代社会转型研究》,社会科学文献出版社2005年版,第287页。

费生活方式中不断迸发中西生活习俗与观念的冲撞。

　　西方的消费习俗与观念,在中国是被选择性地接收。对于那些无关中国风俗伦理的日用品,如洋布、火柴、洋油、洋皂、自行车等进口商品,都因其实用的价值与价廉物美受到青睐,在中国市场热销不衰。而有违中国风俗伦理的某些商品和行为遭到中国人的排斥。西方的消费风俗、习惯等能否在中国立足并融入国民的消费生活之中,在很大程度上取决于中国的环境和自身的经济、政治、文化与社会心态的发展等因素。在20世纪二三十年代,世界主要资本主义国家的消费品进入中国,其消费方式和消费观念也在中国的城市与农村有不同的生存空间,中西的消费生活方式、习俗和观念逐步有冲突也有融合,于是就呈现中西杂糅的并存、传统与现代消费模式分庭抗衡的局面。

(四)消费转型的阶层差异与扩大

　　民国时期,对外贸易的发展给人们的消费带来更多的消费愿望,但各阶层的消费水平的差异由于各种因素的影响而扩大,消费的观念和态度也是迥异的。一般来说,社会阶层是由具有相同或类似社会地位的社会成员组成的相对持久的群体,社会阶层是一种普遍存在的社会现象,每一个消费者均处于一定的社会阶层。由于不同阶层的社会稀缺资源占有不同,他们的社会地位、价值观念和行为动机、生活方式等方面也不同。"同一阶层的消费者在行为、态度和价值观念等方面具有同质性,不同阶层的消费者在这些方面存在较大的差异。"①

　　就物质消费产品与精神文化产品消费来看,富裕阶层与普通阶层的消费是不同的。消费是收入的函数,居民收入水平的高低影响消费需求和消费结构。一般而言,收入变动和消费变动呈现方向相同的变动趋势。一方面是普通劳动阶层自身有较高的边际消费倾向,但由于经济地位和收入的限制,只能维持单一、粗放、短缺的基本生存资料的消费;另一方面

---

① 崔晓文编著:《消费中的经济学》,清华大学出版社2012年版,第150页。

是富裕阶层,大部分高中档消费品的消费需求已经趋于饱和,保持着优厚、丰裕、奢侈的物质消费。一方面是落后、愚昧、贫乏的精神消费;一方面是现代、奢靡、腐朽的精神消费,这形成一种鲜明的对比与反差。[①]在中外贸易的影响下,各阶层的消费差异尤其是进口商品的消费是有明显不同的,这不仅取决于各阶层的消费水平和支付能力,也和他们的消费心理和习惯的不同有联系。

三、近代对外贸易发展与中国消费方式的现代化趋向

中国被迫卷入以西方为中心的近代国际市场,在中外商品贸易的交往中引起人们生活方式的变动和社会观念的变迁。

有现代化理论专家,归纳了现代化的普遍趋向的一些特征,关于人们生活方面的主要因素有这样一些:一是,交通的便捷使人们的流动性增大;二是,通讯、印刷和视听手段的改善,使人们之间的交流增强;三是,货币更广泛地使用,代替以物易物的传统交易形式;四是,对消费品爱好的多样化;五是,继承性的社会地位让位于依能力和成就取得社会地位;六是,劳动关系的社会化;七是,职业技能化和专门化;八是,劳动和休闲的界线更为明显。[②]

如果把这些项目作为现代化的标准,我们来看在20世纪二三十年代,对外贸易等因素带来的许多变化,是符合这些现代化趋向特征的。一是,新式交通工具的引进,代替了人们传统的出行工具,人们活动的空间范围更广,出行的地域更远,流动性也更强;二是,现代化的印刷、通讯方式、视听手段等的发展,能够使人们更快地交流信息,更好地了解国际市场的商业行情和发展,调整经营的方向与策略;三是,自给自足的自然经济解体进程加快,小农经济下的生活方式发生变化,即便是农民也更依赖于市场,人们的日常生活越来越市场化、社会化;四是,中外贸易的发展,

---

① 尹世杰:《中国消费模式研究》,中国商业出版社1993年版,第27页。

② [美]布莱克编,杨豫、陈祖洲译:《比较现代化》,上海译文出版社1996年版,第20—21页。

市场上商品越来越多样化，人们可以根据自己的收入水平，选择合适的消费商品；五是，中国传统的以政治为中心划分社会等级的标准弱化，以金钱为中心，依据经济地位和个人能力与成就划分阶层成为新的标准，原来的等级森严的阶级地位被社会平等意识所取代；六是，中外贸易的发展，商业化和市场化进程加快，人们走出家庭，流动到城市谋求更多的生活谋生渠道；七是，对外贸易的发展，催生了许多新的行业与职业，人们的职业划分越来越细化、多样化；八是，在西方生活方式和观念的影响下，人们的劳动与休闲时间界线清晰，各种西方的娱乐生活方式成为有闲阶层的新的追求。

外贸把中国纳入国际市场以后，中国人的经济生活有了传统性与世界性的两重色彩。"西方商品的输入却打开了千家万户的门户，让普通之家也与世界发生了密切联系。"[1]随着时间的推移，洋货对中国的冲击波越发高强，它们以新奇为特点，裹挟着高质量和低价格拓展中国的销售市场，洋货的品种和数量日新月异，洋货对中国人的生活方式的冲击不断深入与扩大。"从消费结构来看，洋货差不多渗入了中国人日常生活的所有方面，从生存资料到享受资料、发展资料，无不有一个不断更新和丰富的过程。这些洋货逐步地缓慢地改变着中国人的生活习尚和传统观念。"[2]这些洋货对不同的社会阶层的冲击力是不同的，因此，在传统与现代的转型之际，此时中国的消费结构呈现三种方式的并存格局，以富贵阶层为代表的商品性消费、以农民为代表的封闭的自给性消费与以城市工人为代表的低水平的供给制消费。[3]对外贸易交流的活跃，各种新奇巧妙的洋货不断地进入市场，并日渐影响人们生活的方方面面，在消费模式上沿着现代化的趋向动态演变。有人曾这样评论："在近代中国，消费方式的变革与过去相比较，即表现出涉及面广、变化大、影响深的显著特点，称得上

---

① 严昌洪：《西俗东渐记：中国近代社会风俗的演变》，湖南出版社1991年版，第43页。

② 严昌洪：《西俗东渐记：中国近代社会风俗的演变》，第44页。

③ 尹世杰：《中国消费模式研究》，中国商业出版社1993年版，第26页。

是消费领域中前所未有的一场革命。"[1]

消费方式的变化带来一系列的反应和变化,人们的消费心理、消费观念、消费行为和社会消费风气变化,并由此引起价值观念、金钱观念等的变化。思想观念、消费理念等的变迁则是一个比较长期的、复杂的变迁过程。伴随着中外贸易的发展而来的是欧风美雨的肆意渗透,人们的思想观念、生活方式与社会风尚也日渐现代化。面对中国的对外通商的活跃,一些知识人士从国际贸易来解释一国财富的增长,具有重商倾向。"他们批判传统的重农抑商、贵义贱利思想,要求政府改变对商人的态度,实行有利于商人的政策。"生活方式与社会风尚的散播,通过国内与国外、口岸与腹地、城市与城市、城市与乡村、乡村与乡村的交流互动,扩散于社会并达到广泛的认同。生活方式与观念的变化,会更加深层地影响到人们的社会心理。民国时期,人们对中国传统的社会生活的批判与反思在加深,要求抛弃那些封建的陈规陋俗,仿效西方模式,进行必要的改革;趋西与洋化是文明、进步的标志,于是从器物到制度乃至思想文化等层面都有了不同程度的革新与进步。尽管资本主义的文明存在着不足,但它毕竟是比封建社会的旧文明是一种巨大的历史进步。中西消费方式和消费风俗从冲突与排斥、到接触与接受,最后逐渐走向融合,一种全新的生活理念和生活方式逐渐渗透于国内居民的日常生活。

本章小结

对外贸易的作用有直接与间接两个方面。直接的作用就是市场上商品的消费,不仅影响了人们的消费结构与消费生活,促进了中国社会经济结构的转型;另一方面,也对中国的消费习俗、消费观念产生了作用。如果鸦片战争以前对外贸易还被看作是一种特殊而不重要的地区贸易,"犹如古老的长袍镶上的一条新式花边。"[2]到民国时期,对外贸易已经成为

---

[1] 朱英:《近代中国商人与社会》,湖北教育出版社2002年版,第110页。

[2] [美]郝延平著,李荣昌等译:《十九世纪的中国买办:东西间桥梁》,上海社会科学院出版社1989年版,第261页。

影响中国社会经济的核心要素之一，也影响着中国社会经济近代化的走向。中西贸易的发展促进了中国近代资本主义商品经济的发展，伴随着进入的西方消费与生活方式、消费观念等给静态的传统农业社会注入了活力，在一定程度上是对传统消费模式与消费文化的批判。在吸收西方生活方式、消费观念等的过程中，中国农业文明基础上的消费模式也在向工业文明为基础的消费模式过渡。这种消费模式的变异，对中国社会步入近代工业文明的价值重构具有重要导向作用。当然，在西方的消费生活方式也对中国的近代消费生活方式产生了不少消极影响，我们要辩证看待对外贸易与中国近代消费生活方式的关系。

主要参考文献

一、原始档案资料

1.国民政府财政部档案　全宗号:三　中国第二历史档案馆藏。

2.国民政府财政部关务署档案　全宗号:一七九　中国第二历史档案馆藏。

3.国民政府实业部档案　全宗号:四二二　中国第二历史档案馆藏。

4.国民政府行政院档案　全宗号:二　中国第二历史档案馆藏。

5.贸易委员会档案　全宗号:三〇九　中国第二历史档案馆藏。

二、档案与资料汇编

1.财政部财政科学研究所、中国第二历史档案馆编:《国民政府财政金融税收档案史料(1927—1937年)、》,中国财政经济出版社1997年版。

2.陈翰笙、薛暮桥、冯和法:《解放前的中国农村》,中国展望出版社1989年版。

3.陈真、姚洛编:《中国近代工业史资料》第1辑、第2辑,生活·读书·新知三联书店1957年版,第3辑、第4辑,生活·读书·新知三联书店1961年版。

4.丁世良等编:《中国地方志民俗资料汇编(华北卷)》,北京图书馆出版社1989年版。

5.丁世良等编:《中国地方志民俗资料汇编(中南卷)》,北京图书馆出版社1998年版。

6.冯和法编:《中国农村经济资料续编》,上海黎明书局1935年版。

7. 海关总署《旧中国海关总税务司署通令选编》编译委员会:《旧中国海关总税务司署通令选编 第2卷 1911—1930年》,中国海关出版社2003年版。

8. 海关总署《旧中国海关总税务司署通令选编》编译委员会:《旧中国海关总税务司署同令选编 第3卷 1931—1942年》,中国海关出版社2003年版。

9. 黄苇等编:《近代上海地区方志经济史料选辑(1840～1949)》,上海人民出版社1984年版。

10. 江恒源:《中国关税史料》,中华书局1931年版。

11. 孔敏:《南开经济指数资料汇编》,中国社会科学出版社1988年版。

12. 李文海主编:《民国时期社会调查丛编 城市(劳工)生活卷》,福建教育出版社2005年版。

13. 李文海主编:《民国时期社会调查丛编(二编)(近代工业卷)》,福建教育出版社2010年版。

14. 李文海主编:《民国时期社会调查丛编(社会保障卷)》,福建教育出版社2004年版。

15. 李文海主编:《民国时期社会调查丛编(乡村经济卷)》,福建教育出版社2009年版。

16. 李文海主编:《民国时期社会调查丛编(乡村社会卷)》,福建教育出版社2009年版。

17. 李文海主编:《民国时期社会调查丛编(宗教民俗卷)》,福建教育出版社2004年版。

18. 罗家伦:《革命文献》,台北"中央"文物供应社1978年版。

19. 秦孝仪:《革命文献》第71、73、74、75辑,台北"中央"文物供应社1977年,1978年版。

20. 上海社会科学院经济研究所、上海市国际贸易学会学术委员会编著:《上海对外贸易(1840—1949)》,上海社会科学院出版社1989年版。

21. 沈云龙主编：《近代中国史料丛刊三编》，文海出版社1972年—1989年版。

22. 实业部中国经济年鉴编撰委员会编：《中国经济年鉴》，商务印书馆1934年版。

23. 谭熙鸿编：《十年来之中国经济》，文海出版社1985年版。

24. 吴大明等主编：《中国贸易年鉴》（1948年），文海出版社1971年版。

25. 许道夫：《中国近代农业生产及贸易统计资料》，上海人民出版社1983年版。

26. 严中平：《中国近代经济史统计资料选辑》，科学出版社1955年版。

27. 章有义编：《中国近代农业史资料》，生活·读书·新知三联书店1957年版。

28. 中国第二历史档案馆、中国海关总署办公厅：《中国旧海关史料（1859—1948)》，京华出版社2001年版。

29. 中国第二历史档案馆：《中华民国史档案资料汇编》第2辑，江苏人民出版社1981年版。

30. 中国第二历史档案馆：《中华民国史档案资料汇编》第3辑、第4辑、第5辑，江苏古籍出版社1991年、1994年版。

三、报纸期刊

1.《大公报》

2.《东方杂志》

3.《工商半月刊》

4.《国际贸易导报》

5.《中行月刊》

6.《国际贸易导报》

7.《国际贸易情报》

8.《银行周报》

9.《财政评论》

10.《东方杂志》

11.《贸易月刊》

12.《钱业月报》

13.《商业月报》

14.《经济旬刊》

15.《经济统计月志》

16.《中行月刊》

17.《海关中外贸易统计年刊》

18.《新工商》

19.《中央银行月报》

20.《中央银行经济研究处年报》

21.《中国建设》

22.《经济评论》

23.《新中华》

24.《经济动员》

25.《绸缪月刊》

26.《全国经济会议专刊》

27.《经济统计季刊》

28.《工商半月刊》

29.《农村经济》

30.《国货月刊》

31.《民族杂志》

32.《工商管理月刊》

33.《经济研究月刊》

34.《大公报》

四、论 著

1. [法]白吉尔著,张富强、许世芬译:《中国资产阶级的黄金时代》,上海人民出版社1994年版。

2. [美]费正清:《剑桥中华民国史》,上海人民出版社1991版、1992年版。

3. [美]小科布尔:《1927—1937年上海资本家与国民政府》,中国社会科学出版社1988年版。

4. [美]阿瑟·恩·扬著,陈泽宪、陈霞飞译:《一九二七年至一九三七年中国财政经济情况》,中国社会科学出版社1981年版。

5. [日]久保亨著,王小嘉译:《走向自立之路:两次世界大战之间中国的关税通货政策和经济发展》,中国社会科学出版社2004年版。

6. [美]卜凯著,张履鸾译:《中国农家经济——中国七省十七县二八六六田场之研究》,商务印书馆1937年版。

7. 曹幸穗:《旧中国苏南农家经济研究》,中央编译出版社1996年版。

8. 陈国庆主编:《中国近代社会转型研究》,社会科学文献出版社2005年版。

9. 陈诗启:《中国近代海关史(民国部分)》,人民出版社1999年版。

10. 陈无我:《老上海三十年见闻录》,上海书店出版社1997年版。

11. 陈昕:《救赎与消费——当代中国日常生活中的消费主义》,江苏文艺出版社2003年版。

12. 陈旭麓:《近代中国社会的新陈代谢》,上海社会科学院出版社2005年版。

13. 陈晏清:《当代中国社会转型论》,山西教育出版社1998年版。

14. 陈争平、龙登高:《中国近代经济史教程》,清华大学出版社2002年版。

15. 陈争平:《1895—1936年中国国际收支研究》,中国社会科学出版社1996年版。

16.陈争平、兰日旭:《中国近现代经济史教程》,清华大学出版社2009年版。

17.陈争平主编:《中国经济发展史》(第四册),中国经济出版社1999年版。

18.陈重民:《中国进口贸易》,商务印书馆1934年版。

19.戴慧思、卢汉龙编译:《中国城市的消费革命》,上海社会科学院出版社2003年版。

20.单冠初:《中国收复关税自主权的历程:以1927—1930年中日关税交涉为中心》,学林出版社2004年版。

21.董长芝、李帆:《中国现代经济史》,东北师大出版社1988年版。

22.杜恂诚:《民族资本主义与旧中国政府(1840—1937)》,上海社会科学出版社1991年版。

23.杜恂诚:《金融制度变迁史的中外比较》,上海社会科学院出版社2004年版。

24.杜恂诚:《中国近代经济史发展概沦》上海财经大学出版社2011年版。

25.樊卫国:《激活与生长:上海现代经济兴起之若干分析》,上海人民出版社2002年版。

26.国世平、袁铁坚、杜平:《中国人的消费风俗》,中国社会科学出版社1991年版。

27.[美]葛凯著,黄振萍译,:《制造中国:消费文化与民族国家的创建》,北京大学出版社2016年版。

28.郭立珍:《中国近代洋货进口与消费转型研究》,中央编译出版社2012年版。

29.何炳贤:《中国的国际贸易》,商务印书馆1937年版。

30.何明升、王雅林:《中国城镇居民的消费生活方式》,黑龙江教育出版社1992年版。

31.何一民:《近代中国城市发展与社会变迁(1840～1949年)》,科学出版社2004年版。

32.胡祥翰:《上海小志》,上海古籍出版社1989年版。

33.黄德兴等:《现代生活方式面面观》,上海社会科学出版社1987年版。

34.黄敬斌:《民生与家计:清初至民国时期江南居民的消费》,复旦大学出版社2009年版。

35.乐正:《近代上海人社会心态》,上海人民出版社1991年版。

36.李康华:《中国对外贸易史简论》,对外贸易出版社1981年版。

37.李明伟:《清末民初中国城市社会阶层研究(1897—1927)》,社会科学文献出版社,2005年版。

38.李欧梵:《上海摩登:一种新都市文化在中国的兴起(1930—1945)》,北京大学出版社2001年版。

39.李蓉丽:《民国外贸思想研究》,武汉大学出版社2008年版。

40.李少兵:《民国时期的西式风俗文化》,北京师范大学出版社1994年版。

41.李长莉:《晚清上海社会的变迁》,天津人民出版社2002年版。

42.李琴:《中国传统消费文化研究》,中央编译出版社2014年版。

43.梁思成:《中国建筑史》,生活·读书·新知三联书店2011年版。

44.刘佛丁、王玉茹:《中国近代经济发展史》,高等教育出版社1999年版。

45.刘克祥、吴太昌:《中国近代经济史》(1927—1937年),人民出版社2010年版。

46.刘巍:《近代中国50年GDP的估算与经济增长研究》,经济科学出版社2012年版。

47.刘志琴主编:《近代中国社会文化变迁录》,浙江人民出版社1998年版。

48.[美]卢汉超著,段炼等译:《霓虹灯外——20世纪初日常生活中的上海》,上海古籍出版社2004年版。

49.[美]卢现祥、朱巧玲：《新制度经济学》，北京大学出版社2007年版。

50.鲁传鼎：《中国贸易史》，台北"中央"文物供应社1985年版。

51.陆仰渊、方庆秋：《民国社会经济史》，中国经济出版社1991年版。

52.罗钢、王中忱主编：《消费文化读本》，中国社会科学出版社2003年版。

53.罗荣渠、牛大勇：《中国现代化历程的探索》，北京大学出版社1992年版。

54.罗荣渠：《现代化新论》，北京大学出版社1993年版。

55.罗苏文：《近代上海——都市社会与生活》，中华书局2006年版。

56.[美]诺思著，钟正生等译：《理解经济变迁过程》，中国人民大学出版社2008年版。

57.[美]诺思著，罗华平译：《经济史中的结构与变迁》，上海三联书店、上海人民出版社，2003年版。

58.[美]诺思著，刘守英译：《制度、制度变迁与经济绩效》，格致出版社、上海三联书店、上海人民出版社2008年版。

59.欧阳卫民：《中国消费经济思想史》，中央党校出版社1994年版。

60.潘君祥：《近代中国国货运动研究》，上海社会科学院出版社1998年版。

61.潘君祥：《中国近代国货运动》，中国文史出版社1995年版。

62.潘君祥等：《近代中国国情透视》，上海社会科学院出版社1992年版。

63.乔志强、行龙：《近代华北农村社会变迁》，人民出版社1998年版。

64.乔志强：《中国近代社会史》，人民出版社1992年版。

65.青岛市工商行政管理局史料组：《中国民族火柴工业》，中华书局1963年版。

66.上海百货公司等编：《上海近代百货商业史》，上海社会科学院出版社1988年版。

67.上海市工商行政管理局等编：《上海市棉布商业》，中华书局1979

年版。

68.史革新主编:《中国社会通史·晚清卷》,山西教育出版社1999年版。

69.苏全有等:《近代中国进口替代工业问题研究》,中州古籍出版社2000年版。

70.孙燕京:《晚清社会风尚研究》,中国人民大学出版社2002年版。

71.孙燕京:《急进与慢变——晚清以来社会变化的两种形态》,商务印书馆2011年版。

72.孙玉琴:《中国对外贸易史》,清华大学出版社2013年版。

73.孙玉琴等:《中国对外开放史》(第二卷),对外贸易大学出版社2012年版。

74.陶国富:《消费行为心理学》,立信会计出版社2003年版。

75.陶现定:《国货·洋货》,中国人民大学出版社1992年版。

76.佟家栋,周申:《国际贸易——理论与政策》,高等教育出版社2003年版。

77.[美]托马斯·罗斯基著,唐巧天等译:《战前中国经济的增长》,浙江大学出版社2009年版。

78.万振凡等:《江西近代社会转型研究》,中国社会科学出版社2001年版。

79.王方中:《中国经济通史》(第9卷),湖南人民出版社2002年版。

80.王海忠:《消费者民族中心主义——中国实证与营销诠释》,经济管理出版社2002年版。

81.王敏:《从土货到国货:近代消费行为政治化与民族主义思潮》,知识产权出版2014年版。

82.王宁:《从苦行者社会到消费者社会》,社会科学文献出版社2009年版。

83.王宁:《消费社会学:一个分析的视角》,社会科学书献出版社2001年版。

84.王儒年:《欲望的想象:1920～1930年代〈申报〉广告的文化史研究》,上海人民出版社2007年版。

85.王相钦:《中国近代商业史稿》,中国商业出版社1990年版。

86.王相钦、吴太昌主编:《中国近代商业史论》,中国财政经济出版社1999年版。

87.王相钦主编:《中国民族工商业发展史》,河北人民出版社1997年版。

88.王玉波:《超越传统》,京华出版社1997年版。

89.王玉茹等:《制度变迁与中国近代工业化——以政府的行为分析为中心》,陕西人民出版社2000年版。

90.王玉茹等:《中国近代的市场发育与经济增长》,高等教育出版社1996年版。

91.巫宝三:《中国国民所得》,中华书局1948年版。

92.吴承明:《帝国主义在旧中国的投资》,人民出版社1958年版。

93.吴承明:《吴承明集》,中国社会科学出版社2002年版。

94.吴承明:《经济史:历史观与方法论》,上海财经大学出版社2006年版。

95.吴承明:《市场·近代化·经济史论》,云南大学出版社1996年版。

96.吴承明:《中国的现代化:市场与社会》,生活·读书·新知三联书店2001年版。

97.吴承明:《中国资本主义与国内市场》,中国社会科学出版社1985年版。

98.吴明瑜、李泊溪:《消费结构与消费政策》,改革出版社1991年版。

99.吴兴南等著:《近代西南对外贸易》,云南民族出版社1998年版。

100.武育干:《中国关税问题》,商务印书馆1938年版。

101.武育干:《中国国际贸易概论》,商务印书馆1930年版。

102.希克斯:《经济史理论》,商务印书馆2010年版。

103.忻平:《从上海发现历史——现代化过程中的上海人及其社会生

活》，上海人民出版社1996年版。

104.熊月之主编:《上海通史》，上海人民出版社1999年版。

105.徐新吾:《江南土布史》，上海社会科学院出版社1992年版。

106.徐新吾等:《上海近代工业史》，上海社会科学院出版社1998年版。

107.徐新吾主编:《江南土布史》，上海社会科学院出版社1992年版。

108.徐雪筠等译编:《上海近代社会经济发展概况(1882—1931)》，上海社会科学院出版社1985年版。

109.许涤新、吴承明:《中国资本主义发展史》第二卷，人民出版社1993年版。

110.许涤新、吴承明:《中国资本主义发展史》第三卷，人民出版社1993年版。

111.薛君度、刘志琴主编:《近代中国社会生活与观念变迁》，中国社会科学出版社2001年版。

112.薛暮桥、冯和法编:《〈中国农村〉论文选》，人民出版社1983年版。

113.严昌洪:《20世纪中国社会生活变迁史》，人民出版社2007年版。

114.严昌洪:《西俗东渐记——中国近代社会风俗的演变》，湖南出版社1991年版。

115.严昌洪:《中国近代社会风俗史》，浙江人民出版社1992年版。

116.杨德才:《中国经济史新论(1840—1949)》，经济科学出版社2004年版。

117.杨圣明:《中国消费模式选择》，中国社会科学出版社1989年版。

118.杨荫博:《民国财政史》，中国财政经济出版社1985年版。

119.姚洪卓:《近代天津对外贸易》，天津社会科学院出版社1993年版。

120.叶松年:《中国近代海关税则史》，上海三联书店1991年版。

121.尹世杰、蔡德容编著:《消费经济学原理》，经济科学出版社2000年版。

122.尹世杰:《消费经济学》,中央广播电视大学出版社1987年版。

123.尹世杰:《消费力经济学》,中国财政经济出版社2001年版。

124.尹世杰:《消费文化学》,湖北人民出版社2002年版。

125.尹世杰:《消费需要论》,湖南出版社1993年版。

126.尹世杰:《中国消费结构合理化研究》,湖南大学出版社2001年版。

127.尹世杰:《中国消费模式研究》,中国商业出版社1993年版。

128.尤季华:《中国出口贸易》,上海商务印书馆1933年版。

129.于桂芬:《西风东渐:中日摄取西方文化的比较研究》,商务印书馆2001年版。

130.虞和平:《中国现代化历程》第二卷,江苏人民出版社2001年版。

131.袁欣:《对外贸易经济效益研究——中国历史发展的经验》,中山大学出版社2004年版。

132.苑书义、董丛林:《近代中国小农经济的变迁》,人民出版社2001年版。

133.苑书义等:《艰难的转轨历程——近代华北经济与社会发展研究》,人民出版社1997年版。

134.岳庆平:《中华民国习俗史》,人民出版社1994年版。

135.张东刚:《世界经济体制下的民国时期经济》,中国财政经济出版社2005年版。

136.张东刚:《消费需求的变动与近代中日经济增长》,人民出版社2001年版。

137.张东刚:《中日经济发展中的总需求比较研究:1886—1936》,生活·读书·新知三联书店2005年版。

138.张东刚:《总需求的变动趋势与近代中国经济发展》,高等教育出版社1997年版。

139.张静如、刘志强:《北洋军阀统治时期中国社会之变迁》,中国人民大学出版社1992年版。

140.张静如主编:《国民政府统治时期中国社会之变迁》,中国人民大学出版社1993年版。

141.张宪文,张玉法主编:《中华民国专题史》,南京大学出版社2015年版。

142.张忠民:《近代中国的企业、政府与社会》,上海社会科学出版社2008年版。

143.张仲礼:《中国近代经济史论著选译》,上海社会科学院出版社1987年版。

144.章开沅、朱英主编:《对外经济关系与中国近代化》,华中师范大学出版社1990年版。

145.章友江:《对外贸易政策》,正中书局1947年版。

146.郑友揆著,程麟荪译:《中国的对外贸易和工业发展(1840—1948年)》,上海社会科学院出版社1984年版。

147.郑友揆:《中国近代对外经济关系研究》,上海社会科学院出版社1991年版。

148.朱汉国主编:《中国社会通史》(民国卷),山西教育出版社1996年版。

149.朱斯煌:《民国经济史》(上、下),文海出版社1985年版。

150.朱英、石柏林:《近代中国经济政策演变史稿》,湖北人民出版社1998年版。

151.周建明:《19世纪中叶至20世纪中叶的中德贸易》,中国文史出版社2005年版。

五、英文文献

1.Chang John K.*IndustrialDevelopmentinPre-CommunistChina:AQuantitative Analysis*,EdinburghUniversity Press,1969.

2.Chang John K.*IndustrialDevelopment of China*,*1912—1949*.The Journal of Economic History,Vol.XXVII,No.1,March 1967.

3. Hou Chi-ming, *Foreign Investment and Economic Development in China*, 1840—1937 , Harvard University Press , 1965.

4. Hsiao Lianglin, *China Forgeign Trade Statistics*, 1864—1949, Harvard University Press, 1974.

5. Immanuel C. Y. Hsu, *The Rise of Modern China*, Oxford University Press, 1983.

6. Yeh K. C. China's National Income, 1931—36. Conference on Modern Chinese Economic History, Taipei, 1977.

后　记

　　这部书稿是教育部人文社会科学研究一般项目"中国近代对外贸易与国内居民消费生活研究(1927—1936)"(项目编号:13YJAZH007)的最终成果。面对书稿,睹物思情,苦涩、欣慰、惶恐与感激并存。原本计划三年完成的任务,拖了近五年,感觉还是不尽如人意,对学术的敬畏之情久久萦怀。

　　对外贸易是一个国家社会经济发展中很重要的组成部分。对外贸易的发展带来社会经济的变动,使人们的日常生活资源发生结构性变动,社会各阶层调整消费生活方式以求相适应,因而社会生活方式也为之发生变化,消费生活从传统向现代转型,日趋现代化。

　　在对中国近代经济史的研究中,对外贸易与国内居民的消费互动,是一个比较薄弱的研究课题。迄今为止,这方面尚没有系统的研究成果。因此,本项目是一个比较复杂的研究课题,从内容到观点、资料,都需要自己摸索和领悟,具有很大的难度,也是一个比较前沿的研究领域。本研究注重揭示对外贸易的发展所带来的国内居民消费结构、消费生活与消费习俗观念等的变化,以再现"立体""动态"的历史。

　　本书坚持马克思主义的历史唯物论和辩证唯物论,力图运用经济学、历史学和社会学的理论和方法,在鉴别吸收国内外研究成果的基础上,依据大量的文献资料,探究中国对外贸易与国内居民消费生活的关系,揭示中国近代居民消费生活变迁的基本特征,力求在研究的内容、资料和研究方法等方面有所创新。在近五年的研究中,课题组成员精诚合作,广泛收集资料,对课题的研究大纲、内容等进行了充分论证,并请相关专家进行了指导。为使研究的内容经得起考验,课题结题后,为了出版书稿,笔者又对文稿进行了修改和完善，力求精益求精。本书的部分阶段成果曾发表于《贵州社会科学》《晋阳学刊》《兰州学刊》《商业经济研究》等学术期刊。

　　本书的研究与写作得到教育部人社科一般项目（交叉学科）的支持，也得到北京工商大学学科建设-博士点申报专项经费（马克思主义理论19008020140）的支持，在此表示感谢。感谢北京工商大学马克思主义学院领导王鲁娜教授的支持，也感谢清华大学仲伟民教授，首都师范大学施诚教授，清华大学倪玉平教授，南京审计大学徐振宇教授，中国社会科学院经济研究所常旭博士，北京工商大学冯中越教授、庞毅教授、胡俞越教授、周清杰教授、孟昌教授等诸多老师的大力支持与帮助。感谢自己的家人的理解和帮助，儿子陈博涵在我完成课题的同时已经变得越来越懂事了。在本书的撰写过程中，我们参考了学界前辈与同仁的相关研究成果，对这些作者表示最崇高的敬意和最诚挚的感谢，也非常感谢天津人民出版社的吴丹先生。

　　本书的研究力求创新，但有研究资料收集的限制和本人研究水平的有限，书稿中难免存在缺点甚至一些难以避免的错误，恳请学界专家批评指正，笔者将不胜感激。

2020年12月21日写于北京工商大学东区1号楼225办公室